国家互联网信息办公室 / 主编

网络传播 案例集

讲好中国故事

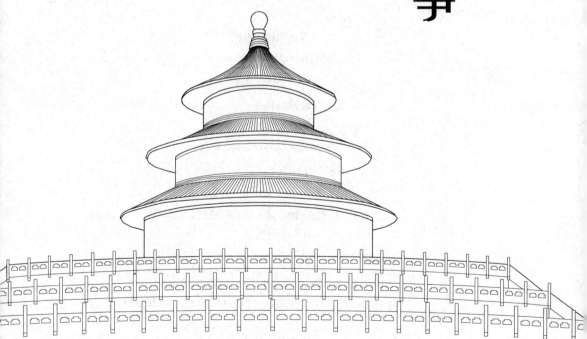

人民出版社

责任编辑:宫　共
封面设计:翟庆佳　徐　晖
责任校对:吕　飞

图书在版编目(CIP)数据

讲好中国故事:网络传播案例集/国家互联网信息办公室主编.
　—北京:人民出版社,2016.10(2021.4重印)
ISBN 978－7－01－016706－0

Ⅰ.①讲…　Ⅱ.①国…　Ⅲ.①对外政策-宣传工作-案例-中国
Ⅳ.①D820

中国版本图书馆 CIP 数据核字(2016)第 220774 号

讲好中国故事

JIANGHAO ZHONGGUO GUSHI

——网络传播案例集

国家互联网信息办公室　主编

人民出版社 出版发行
(100706　北京市东城区隆福寺街 99 号)

北京一鑫印务有限责任公司印刷　新华书店经销

2016 年 10 月第 1 版　2021 年 4 月第 3 次印刷
开本:710 毫米×1000 毫米 1/16　印张:21.25
字数:285 千字

ISBN 978－7－01－016706－0　定价:58.00 元

邮购地址 100706　北京市东城区隆福寺街 99 号
人民东方图书销售中心　电话 (010)65250042　65289539

目　录

第四章　叙中外友谊和传承

让世界了解中国

　　95 年前，嘉兴南湖红船的故事宣告了一个历史的起点，有效传播了建党初期创业维艰；80 多年前，井冈山上"朱毛挑粮"的故事宣示着红军官兵的团结一心，传递着"星星之火，可以燎原"的坚定信念；70 多年前，两万五千里长征的故事起到了"宣言书、宣传队、播种机"的作用，吸引着红色青年纷纷奔赴圣地延安，吸引着世界的目光朝向"中国的西北角"，最终让"红星照耀中国"的梦想变成现实。

　　这些革命战争时期的故事感动了中国、改变了历史、征服了世界，为中国共产党的胜利奠定了坚实的舆论基础和思想根基。在新世纪新时期，中国共产党带领全国各族人民共同奋斗，改革开放取得了举世瞩目的成就，国家经济总量跃居世界第二，但在国际上却常常遭遇"妖魔化"，不再挨打、不再挨饿的中国人却免不了"挨骂"。这既是意识形态不同引起的斗争，也是文化软实力不足的表现。文化自信从何而来？"讲好中国故事"是一个重要的突破口，同时也是一个需要研究的时代课题。

　　习近平总书记是"讲好中国故事"的倡导者，也是践行者。总书记所到之处，信手拈来的那些纵横古今、连接中西的故事常常引起广泛共鸣，取得良好的传播效果，向世界展示了自信的中国、友好的中国、开放的中国。

中央网信办认真落实习近平总书记系列重要讲话精神，与各省区市网信办和各大主流网站联合开展了一系列网络传播活动，从不同角度"讲好中国故事"，展现人性之美，展示发展成就，展示灿烂文明，采用国际通行的表述，以"接地气"的方式直抵人心，取得了较好的传播效果，为营造清朗的网络空间作出了积极的探索和实践。本书选取 31 个案例，希望能够引起广大网信事业从业者的共鸣，共同为建设我们的美好精神家园而努力。

中国需要了解世界，世界更需要了解中国。

带上你的故事，我们一起与时代同行。

2016 年 7 月

第一章
展中国人性之美

网信事业"以人民为中心",讲好中国故事的核心就是把握人性,展现人性之美。我们积极探索在传播新业态的格局中淘尽鲜活的具有中国特色的人性之美,将其慢记、速写、抓拍、定格,化为时代历史的记忆,成为营造网络清朗空间的精神滋养。

这些鲜活的案例是在媒体融合的时代浪潮下,传统媒体与新媒体的同仁们通过一次次脑力激荡,将共识放到大写"人"之精神,时刻考虑受众心理,"以用户体验为主体"习而行之。通过记者的激情写作和编辑的温情操作,最终在新媒体的再造中完成化茧成蝶的蜕变。

于是,一幅幅特制的网页,一篇篇大爱的书写,一个个生动的瞬间,汇聚出一个鲜明的主题:讲好中国故事。这些故事的背后,主人公的人生之路照亮了我们生活的幽暗面,破译了心灵深处的密码,最深厚的文化软实力——人性之美在这里光荣绽放。

学习网民好榜样　注入网络正能量

——中央网信办深入开展"2015中国好网民"系列活动

【导读】

　　为贯彻落实习近平总书记在中央网络安全和信息化领导小组第二次会议上关于"培育中国好网民"的重要指示精神，充分发挥网络文化活动在网络社会治理中的积极作用，大力培育有高度的安全意识、有文明的网络素养、有守法的行为习惯、有必备的防护技能的"四有"中国好网民，推动网络空间进一步清朗起来，中央网信办自2015年6月中旬启动"2015中国好网民"系列活动，活动持续至2015年底。

　　活动由中央网信办指导，新华网、人民网、中国网、央视网、中国青年网、中国新闻网、光明网、新浪网、腾讯网、新浪微博等网站联合承办。一个月时间，"2015中国好网民"系列活动专题网上累计浏览量就超3000万次，累计用户访问量近1100万人次。舆论普遍反映，"2015中国好网民"系列活动内容丰富、恰逢其时，将为培育中国好网民挖掘好榜样，为网络空间注入正能量。

　　关键词：中国好网民　网络大讲堂　正能量　中央网信办

《2015 中国好网民》专题页面截图

　　"2015 中国好网民"系列活动，从 2015 年 6 月开始陆续启动，一直持续到 2015 年底，时间跨度长，范围广，力度强，影响大。举办"中国好网民"系列活动旨在贯彻落实习近平总书记有关重要讲话精神，充分发挥网络文化活动在网络社会治理中滋养人心、凝聚力量的作用，通过倡导文明健康的网络生活方式，培育崇德向善的网络行为规范，引导广大网民争做中国好网民，推动网络空间进一步清朗起来。

　　舆论普遍认为，"中国好网民"系列活动内容丰富，恰逢其时，为文明上网挖掘好榜样，为网络注入正能量。有网民称赞，"中国好网民"系列活动顺应了"互联网＋"的战略举措，是在网上培育和践行社会主义核心价值观、弘扬正能量、建设网络强国的又一重大举措。舆论认为，做"中国好网民"要积极传递网上正能量，自觉维护网络安全，希望多方面齐抓共管，尤其要注意青少年网民群体。

活动形式多样化　网民积极响应

"2015 中国好网民"系列活动包括网络大讲堂、流行语与故事征集、公益广告设计大赛、第十二届全国法治动漫微电影作品征集等十项活动，以"接地气"的方式，让遵纪守法、理性表达、文明上网、争做中国好网民的理念深入人心；与此同时，推出和活动主题相关的线上游戏、漫画等，通过寓教于乐的方式，让网友在轻松、有趣的氛围内学到网络素养知识。

"2015 中国好网民"流行语与故事征集活动，得到全国各地网民积极响应和参与，在一个半月的征集期内共收到流行语投稿作品 6116 件，故事投稿作品 1128 件，经过初评、网络公示及投票、终评等阶段，从两类投稿作品中分别评选出一等奖 5 件，二等奖 10 件，三等奖 20 件。这些流行语和故事作品，让"中国好网民"理念接了地气，深入人心；网络大讲堂节目上线，2015 年 8 月 3 日，央视网上线播出网络大讲堂第六集节目《媒体融合下的舆论生态》，邀请清华大学网络舆情专家沈阳教授，围绕热点网络谣言和网络事件，深度分析各类谣言的类型和特点，增强了网民辨别谣言的能力和网络安全意识，提升网民整体媒介素养。"2015 中国好网民"公益广告设计活动自 2015 年 8 月启动以来，面向全国普通网民、高校师生、影视创作爱好者以及广告公司等专业机构，广泛征集平面和视频公益广告作品，并最终评选出金、银、铜奖和优秀奖作品共计 60 个，对培育中国好网民、构建网络文明、传递网上正能量、繁荣网络文化起到了促进作用。

线上线下齐推进　凝聚网民共识

在这个多元多样多变的大时代，互联网——我们共有的家园，不知何时，从个人信息泄露到网络诈骗，从色情图片到非法网站，从人肉搜索到网络炒作……经历太多"风浪"的7亿网民，渴望拥有一片网络的安宁，行走在信息高速公路上的你我他，怎样在此安全行车？是以狰狞的面目天马行空任意冲撞，还是时刻注意温馨提示、打造网络空间命运共同体？答案当然是后者，但成为一名合格的网民却不是我们的目的，我们希望继续前进，通过这个开放的平台，众筹起共同遵循的标准：在共享共治下成为一名中国好网民。

"有高度的安全意识、有文明的网络素养、有守法的行为习惯、有必备的防护技能"，这32个字能成为网络回归祥和的利器吗？能成为网民畅游网络的"护身符"吗？短短7个月，214天，"2015中国好网民"系列活动就给出令世人鼓舞的答案，那就是全社会参与维护网络安全的倡议在此汇聚了百万同道，每6秒就有一位网友深情地为之点赞。

在这块园地，闪闪的星光，鲜红的网页，百万网友激浊扬清，最终形成三大共识：一是用优秀思想道德文化滋养网络，自觉把网络谣言、网络暴力、网络欺诈、色情低俗等污泥浊水清除出去的共识；二是网络空间不是法外之地，法律底线不可逾越，网下不能做的事网上同样不能做的共识；三是要用法律的标尺衡量自己在网上的言行，自觉学法、尊法、守法、用法，筑牢网络安全法治屏障的共识。

为了将"中国好网民"的线上声势传播得更远，主办方不失时机地启动一系列线下活动，如"网络文明进校园"主题教育活动，均形成了一个又一个以人为本的主题热潮，取得良好的社会共识。当中央网信办全体负责同志寄语点赞"中国好网民"的这一刻，争做中国好网民的新浪潮成功掀起。

"中国好网民"理念已成为引领我们网络时代全速奔跑的新引擎，奋力前行的安全阀，公益向善的助推器。

网友热情参与 点赞好网民活动

活动上线以来，"倡导文明健康网络生活 培育崇德向善网络行为"理念得到了网民和舆论积极评价和广泛认同。

1. "中国好网民"系列活动内容丰富，恰逢其时，将为培育好网民挖掘好榜样，为网络注入正能量。中国网评论认为，"以人为镜，可以明得失"。"2015中国好网民"系列活动，可以为文明上网挖掘好榜样，推动更多网民在潜移默化中文明上网。新华网评论说，网络不文明行为不仅误导网友，也让整个网络乌烟瘴气。遵循文明健康的网络生活方式、恪守崇德向善的网络行为规范，对每个网友自身也有积极意义。有媒体喊出"中国好网民，青年须当先"，争当网络好公民，是当代青年义不容辞的历史使命。国平表示建设网络强国离不开"中国好网民"。当我们树立"中国好网民"理念，人人成为"四有"中国好网民，中国人的网上家园必会更加美好清朗，网络强国的目标必然能够实现。

2. "中国好网民"是社会主义核心价值观的体现，成为"中国好公民"的网上行为标杆。网民称，"中国好网民"有利于网民自身素质的提高，有利于网络环境的净化，有利于网络社会文明的发展，是在网上培育和践行社会主义核心价值观、弘扬正能量、建设网络强国的又一重大举措。网民"独守空城"说，我们每个网民都应该争做中国好网民。一事当前，先问真假，不轻信，不盲从，不跟风，不上当！坚决做到：不造谣、不信谣、不传谣。文明发言，文明跟帖，自觉抵制低俗丑陋，远离黄、赌、毒，实实在在为祖国发出好声音。

3. "四有"顺应了广大网民的期待和愿望，做"中国好网民"人人有责。网民"大地回春"说，当网络空间已经成为陆、海、空、天之后的第五大主权领域空间时，培育新一代的"中国好网民"不仅是中国网络发展的需要，国家安全的需要，同时也关系着我们个人利益。而丰富多样的活动，让我们每个人都能参与进来，也让我们每个人都有了责任感。网民认为，培育中国好网民，将引领和开创网络空间更加美好的未来。学习并人人争做中国好网民，将构建起"互联网＋中国好网民"的无限生机活力，这也是建设网络强国的根基。网民表示，要自觉践行"中国好网民"理念，积极传递网上正能量，并希望"中国好网民"系列活动能形成常态，办出特色、办出成效。

国家网信办将继续认真贯彻落实习近平总书记的指示精神，以社会主义核心价值观为统领，继续围绕"培育中国好网民"的主题，策划开展系列网络文化活动，着力打造网络文化精品项目，充分发挥网络文化"滴灌"滋养人心的作用，在满足网民精神文化需求的同时，进一步提升网民素养，培育造就新一代的"中国好网民"。

清朗网络空间从"中国好网民"开始

当前中国网民已经接近 7 亿，且绝大多数是年轻人。这些年轻人有着强烈的爱国热情，但却理性不足，很容易于网络世界中标签化、情绪化，在不知不觉中散发出网络负能量。"2015 中国好网民"系列活动就有助于通过不断加强法治宣传教育推动年轻网民知法守法，同时加强其媒介素养教育引导，进而减少情绪化表达，营造文明上网氛围，也为网络空间注入强劲正能量。

"2015 中国好网民"系列活动的一个深度效应，就在于通过多种方式多种载体促使网民在上网时绷紧安全这根弦，不断培养文明的网络素养，努力树起守法的行为习惯，切实掌握必备的防护技能，最终推动每个网民都能够成为一个合格并成熟的网民，在尊法守法中助力网络空间不断清朗。

由此可见，举办"2015 中国好网民"系列活动恰逢其时，也确实有助于引导广大网民自觉地远离网络谣言、网络暴力、网络欺诈、色情低俗。不可否认，做一个"中国好网民"并非是一朝一夕的事情，也并不是一个"2015 中国好网民"系列活动就能实现的。但可以相信，只要我们每个人都以"中国好网民"标准要求自己，从自身做起，学法、懂法、用法，网络空间清朗起来就不再是梦想。

回望 2014 年 2 月 27 日，习近平总书记主持召开中央网络安全和信息化领导小组第一次会议就鲜明提出："依法治理网络空间，维护公民合法权益。"网络安全不仅事关国家安全和国家发展，也直接关系到每一个网民的切身利益。只有保护好每一个网民的安全，才能让网络安全落地生根，用坚实的一砖一瓦构筑起国家网络安全的坚固长城。

由此，活动收获了累累硕果，百万网民自觉践行总书记的要求，他们愿意做传播正能量的"键盘侠"，他们愿在这片天空中——休戚与共，耕耘安全，收获平安。

 幕后故事

多部门通力合作形成拳头效应

精心策划、统筹推进，认真贯彻落实总书记"培育中国好网民"重要指示

1.高度重视，研究制订"2015 中国好网民"活动方案。认真贯彻落实习近平总书记"培育中国好网民"的重要指示精神，多次组织召开办务会，专题研究组织开展"2015 中国好网民"系列活动有关工作，将总书记重要指示落细、落小、落实。从 2015 年 5 月下旬开始，召开专题策划会，邀请人民网、新华网、中国网、央视网、中国青年网、中国新闻网、光明网、新浪网、腾讯网、新浪微博等网站有关负责同志，对活动开展提出意见建议，并组织力量研究制订了"2015 中国好网民"

系列活动工作方案。

2. 精心准备，组织开展十大专题活动。协调新浪微博、腾讯，提前开设"中国好网民"官方微博和微信公众号，指导新华网制订"2015中国好网民"流行语与故事征集活动工作方案，指导中国网制订"中国好网民"官方微博和微信公众号运营方案。紧紧围绕争做中国好网民的主题，通过线上为主、线上线下结合的形式，精心策划开展"2015中国好网民"流行语与故事征集、公益广告设计大赛、网络大讲堂、网络媒介素养研讨会、新媒体产品制作等十大专题活动，让遵纪守法、理性表达、文明上网、争做中国好网民的理念深入人心。

3. 扎实推进，形成活动"拳头效应"。积极发挥统筹协调作用，组织各地网信部门和中央新闻网站积极开展相关活动，做好活动宣传推广工作，充分调动各单位参与活动的积极性，有序推进"2015中国好网民"系列活动。同时，统筹各相关业务部门，做好媒体报道、网上宣传、"两微一端"传播、跟帖评论、舆论引导、舆情跟踪分析等工作。各部门通力合作，扩大活动影响力，形成了"拳头效应"。

4. 中央网信办全体负责同志寄语点赞。2015年6月29日，中央网信办全体负责同志在"2015中国好网民"系列活动专题网页"寄语中国好网民"专区集体在线留言并为活动点赞。时任中央网信办主任鲁炜同志留言："争做好网民，共筑中国梦。"时任中央网信办副主任徐麟同志留言："争当内外兼修'四有'好网民，凝聚崇德向善社会正能量！"中央网信办副主任王秀军同志留言："用网络安全意识筑牢防线，用网络防护技能武装头脑，用守法行为习惯自我约束，用文明网络素养滋养网络，自觉培养'中国好网民'意识！"中央网信办副主任任贤良同志留言："践行核心价值观，弘扬网上正能量，争做'四有'好网民，实现网络强国梦。"

全媒体多终端传播中国好网民

多渠道传播、全媒体覆盖，形成争做中国好网民的浓厚氛围

1. 传统媒体集中关注活动启动。2015 年 6 月 18 日活动启动当天，新华社对外发布新闻通稿《"2015 中国好网民"系列活动正式启动》，央视《新闻直播间》栏目播发新闻《国家网信办："2015 中国好网民"系列活动启动》，央广《中国之声》栏目播发消息《"2015 中国好网民"系列活动正式启动》，人民日报刊发《"2015 中国好网民"系列活动启动》，光明日报刊发《"2015 中国好网民"活动启动》，中国青年报刊发《提高网民素养 让"中国好网民"概念落地——"2015 中国好网民"系列活动正式启动》，各地报纸、广播、电视等传统媒体都对活动进行了报道。

2. 各大网站积极转载相关报道。据不完全统计，近千家中央和地方新闻网站、主要商业网站和视频网站转载活动报道，网上有关"2015 中国好网民"系列活动的网页信息达 18 万余条，其中新闻报道 2 万多篇，微博信息 4 万多条，论坛、博客信息 2 万多条，微信信息 10 万多条。广大网友纷纷参与点赞活动表示要争做中国好网民。专家学者也发表了《做"中国好网民"，不妨从日常工作生活做起》《"中国好网民"标注时代风骨》等评论文章，对如何做"中国好网民"进行解读、建言。

3. "两微一端"配合做好移动端传播。"中国好网民"官方微博、微信公众号，@ 新华网、@ 网络新闻联播、@ 环球网等各大网络媒体公号以及 @ 传媒大观察等知名自媒体在活动期间积极参与宣传报道工作，制作、转载了《争做中国好网民 传递网络正能量》等新闻报道和解读文章，全面介绍活动开展情况。@ 宁波民生 e 点通转发中国宁波网组织开展的"争做好网民网络接力活动"，推出不到三小时，参与接力网友突破千人。

4. 各地网信办认真配合做好"2015 中国好网民"系列活动。湖南省网信办推出《湖南好人·网民篇》人物特稿专栏、"弘扬核心价值观，争做'四有'好网民"主题签名和网络接力活动。安徽省网信办组织开展"安徽好网民"评选，联合安徽新媒体集团制作《争做"四有"好网民主题活动宣传片》、图解《"小新"带你做"四有"好网民》。贵州省网信办组织推选"2015 中国好网民 贵州好 Young"的形象代言人及系列故事会。黑龙江网信办组织全省重点新闻网站开设暖新闻专区，每日刊发正能量新闻。湖北省网信办开展"青年网民走基层——寻访湖北抗战遗址"活动。云南省网信办开展"网络安全知识进万家"知识普及活动，向机关、企业、社区、学校发放《网络安全基础知识手册》。甘肃省网信办与省高校工委联合，组织指导高校开展"争当陇原好网民"专题讲座、演讲、竞赛等主题教育实践活动。内蒙古自治区网信办面向全区 100 个旗县区挖掘、征集中国好网民故事，并通过微博、微信进行展播。

大美无言　草根有力　感动中国

——新华网"中国网事·感动 2015 年度网络人物"

【导读】

中央电视台 2002 年启动"感动中国年度人物"评选活动，坚持十几年，影响极大，被媒体誉为"中国人的年度精神史诗"，是以电视传播为主渠道的一个精品栏目。2010 年开始，新华社创办《中国网事·感动人物》栏目，以寻找并挖掘网络草根人物为报道和评选对象，经过六年的砥砺打磨和完善，该栏目已成为新华社报道的一大品牌。截至 2015 年年底，栏目共计发稿 800 余篇，单篇稿件平均采用近 90 家，实现了从新创栏目向多媒体知名新闻品牌，从传统新闻栏目向多产品运行的新媒体栏目，从传统新闻生产模式向多媒体融合"行动式"报道模式的三大跨越。

《中国网事·感动人物》是网络时代"从群众中来，到群众中去"的创新探索，栏目遵循新媒体传播规律，集束式放大正能量，持续产生巨大社会反响，彰显新华社在放大社会正能量中的"国家队"作用。如今，"中国网事·感动人物"评选已成为中国参与网民人数最多、投票参与渠道最丰富、专家媒体覆盖范围最广、全国乃至海外传播影响力最大的公益品牌。

关键词：中国网事　草根　公益品牌　新华网

《"中国网事·感动 2015"网络人物评选活动》专题截图页面

　　"中国网事·感动人物"评选活动由新华社发起主办,新华网、新华社《中国网事》栏目承办,自 2010 年起连续举办。6 年来,"中国网事·感动人物"评选活动本着"起源于网、放大于网、互动于网、影响于网"的宗旨,积极传播"真善美"的感人事迹,凝聚社会正能量。6年时间,新华网通过遍及全国的记者,深入基层,细心发现,寻找身边的"草根英雄"。平凡中孕育感动,普通中传递力量。

　　与以往的大选题不同,新华网的"中国网事·感动 2015"活动主要聚焦草根人物,以小人物的故事为切入点,传递爱和希望。在和平年代,我们成不了叱咤风云的江湖侠客,也做不了改写历史的大领袖,但这并不妨碍温情和美好的传递,平凡人的坚守和努力,也可以创造一个又一个爱的奇迹。

　　"中国网事·感动 2015"活动经中央外宣办批准，由新华社主办，新华网为官方网站，中央重点新闻网站、主要商业网站、地方知名新闻网站和知名都市报共同参与报道。从首届至今，6 年时间，踏遍万水千山，只为寻找平凡中不凡的你。

　　"中国网事·感动人物"评选活动从最开始的举步维艰，到现在的游刃有余，不光是新华网 6 年内苦苦探索、总结经验，更在于中国网民的积极参与、共同发力。寻找"草根英雄"，构建和谐社会，传递正能量。在本次活动的报道中，大众媒体更是不断革新技术，采用多平台、多媒体、多角度进行报道；参与报道的媒体越来越多，传播范围由中国逐渐扩散到海外。由此，让草根英雄的事迹更广泛地传播，平凡人的正能量更大化地传递。

　　"中国网事·感动 2015"颁奖典礼当天，人民网、光明网、中新网、国际在线等 20 多家中央重点媒体网站和全国上百家主流网站同时进行网络直播。传播方式也由原先的以 PC 端和微博为主，到如今新媒体融合呈现，网民可以通过 PC 端、手机终端即时观看，随时通过微博、微信、网页参与实时讨论，真正做到便捷接收资源，发表言论，传递信息。

聚焦草根人物，感悟平凡力量

　　"大美震撼心灵，大爱感动网络"。2016 年 1 月 18 日，由新华社举办的"中国网事·感动 2015"颁奖典礼在清华大学举行。由网民从全国 63 位年度候选人中投票选出的十位（组）"草根英雄"依次揭晓。获奖人物中间，有身残志坚的励志人物、有坚持"凡人善举"的普通人、有不断向社会传播正能量的英雄团队……他们的事迹感动人心，他们的故事简单平实，但是对善良、正义、梦想的坚守，温暖了冬日里的人心。

最动人的力量，不是英雄式的一往无前，而是普通人的几经彷徨仍勉力奋进。他们是凡人，面临抉择时有软弱、恐惧和挣扎，却终以最朴素的情感和超乎寻常的勇气，坚守了人性的亮光。凡人的微芒，足够将前路照亮。穿越 6 年的光阴，让我们一起来探寻，"他们，为什么能够站在舞台中央。"

颁奖典礼上，当音乐缓缓响起，大屏幕上播放讲述"中国大山里的海伦·凯勒"贵州省盲人女教师刘芳事迹的视频，她坚强、平和、快乐，感动了亿万网友。与刘芳站在同一舞台上的还有 9 位（组）"草根英雄"，他们是："用生命守望生命"长江救援志愿队、"捡垃圾博士"王锋、"轮椅上的创业玫瑰"谢芳丽、"百姓贴心人"念以新、"铿锵玫瑰"琼中女足、"幸福傻子"叶德奕、"国门卫士"吉隆口岸边防战士、"最美蓝盔"中国赴利比里亚维和警察防暴队、"17 年支教接力者"清华大学研究生支教团。

这些人像沧海中的一粒沙，没有丰功伟业，没有惊天动地，没有豪言壮语，站在这个"草根英雄"舞台上的每一个人，看上去都很普通。他们都是"草根"，和你我一样。也许略有不同的是，他们多了一些坚守的勇气。

几位衣着朴素的长江救援队志愿者走上舞台，他们自豪地说起自成立救援队起已从汹涌波涛中救起几百人，救援队伍正在壮大。"一旦加入，没有一分钱的报酬，还可能牺牲自己的生命。"这是长江救援队志愿者在入队前要签署的《水上救援队报名表》上的内容。

从繁华都市到深山苗寨，北京大学学子王锋在苗寨"捡垃圾"的选择令一些人并不理解。为什么选择留在深山？他简单地回答："我只是希望让周围的人过得更好。"为了改善农村的生产生活环境，这位 80后博士生把青春挥洒在大山。

"轮椅上的创业玫瑰"谢芳丽在花样年华里遭遇严重车祸，肢体不再健全。如今 33 岁的她有了"芳丽水晶"等自创品牌和一个幸福的家庭。她与丈夫、孩子一起出现在舞台上，笑靥如花。"我永远是她坚实的臂膀，会支持她走下去。"丈夫李晶深情地说。

在山东省聊城市东昌府区人民检察院白云民生服务热线办公室主任念以新看来，花时间接听百姓热线，是全心为民、维护公正的平台。11 年，他接听咨询电话 3 万多个，化解纠纷 1290 多起，用耐心的倾听与帮助维护群众的和谐梦。在访谈中问他有什么想说，他熟练地报了一串电话号码：让大家有事咨询。

当来自海南琼中县女子足球队的"铿锵玫瑰"青春洋溢地走上舞台时，绚烂笑容让舞台灯光也黯然失色。为了踢好球，豆蔻年华的女孩们俨然一副男孩模样。回忆起代表中国参加 2015"哥德堡杯"世界青少年足球锦标赛的经历，她们的教练——传递足球梦想的肖山不禁潸然泪下：孩子们练得太苦了，希望她们今后有热水澡洗。

一位普通的电工，累计帮助别人花费 20 多万元，满抽屉都是给贫困学生、孤寡老人的汇款单。福建周宁县供电公司的电工叶德奕、环卫工人叶美梅一家的"凡人善举"和坚持不懈，让在场的观众报以持久的掌声。

驻守在吉隆口岸的边防战士们派代表领奖。在尼泊尔"4·25"大地震中，他们坚守阵地、誓死守卫国门。"当时每个人都写了遗书，我给奶奶写了记得吃药，托哥哥照顾好父母……我不够孝顺，但我穿着军装，所以一定要留下来。"一位小战士回忆地震时的情景这样说道。

中国第二支赴利比里亚维和警察防暴队的队员们迈着英武的步伐戎装登台。他们这支"蓝盔部队"曾遭遇埃博拉疫情的大爆发，在恶劣的自然条件、动荡的社会环境下坚守岗位，被利比里亚人民称为"上天赐予的礼物"。

在大屏幕上，一位位大学生的面容洋溢着青春的风采。从 1998 年开始，清华大学向西藏、青海、甘肃等省区的贫困县累计派出 259 名支教志愿者。在代表他们前来领奖的一位学生看来，17 年薪火相传，把青春时光投入到支教事业中，将成为他们一生的留恋和向往。

每个时代都有每个时代的精神，每个时代都有每个时代的英雄。"喜看稻菽千重浪，遍地英雄下夕烟。"寻找那些用质朴故事书写传奇人生的"草根英雄"，传播他们的事迹，感受他们的力量，传承他们的精神，正是"中国网事·感动人物"评选活动的宗旨。

还原"真实的感动"，传播公益理念

6 年前，新华社遍布全国的记者深入基层，挖掘角落里不为人知、简单而平实的故事；渺小、平凡甚至卑微，手中没有金钱和权力，却能用自己的行动带给身边的人快乐和温暖的故事。

6 年来，上万名基层"草根英雄"被发现，近 3000 名感动人物候选人参加评选，60 名年度感动人物受邀来京参加颁奖典礼，并被授予奖杯和每人 2 万元奖金。

每一个默默无闻的感动人物都有属于自己的梦想、追求和希望。在挖掘并寻找这些感动人物的同时，"中国网事·感动人物圆梦计划"应运而生，这个圆梦计划帮助了上百名感动人物解决生活中面临的困难，帮助 19 年跪着植树造林的残疾青年寻找医院和先进的医疗技术，通过手术让他重新站立行走；帮助残疾人组成的民乐团，通过艰难的"死磕"精神、众多好心人的积极参与，最终完成了在国家大剧院演出的梦想；帮助乡村医生得到了在中国高等医学院获得免费深造的学习机会并得到高水平导师的指点；帮助"用戒指换教学楼女孩"通过网络募捐完成云南乡村小学教学楼修建的梦想，并帮助女孩找到理想工作。

上述圆梦的故事数不胜数，粗略估算，"中国网事·感动人物"评选 6 年来涉及全国 31 个省区市，覆盖 41636 个自然村，全国上亿网民

参与，其中社会引领的精神价值无法用金钱估量。

如今，"中国网事·感动人物"评选已成为中国参与网民人数最多、投票参与渠道最丰富、专家媒体覆盖范围最广、全国乃至海外传播影响力最大的公益品牌之一。无论从最初的推荐、到众多媒体的联合报道、到网民的热情投票，还是颁奖典礼的舞台表现形式和参与的组织机构，6年来都有了质的创新和不断的突破。

最初组织机构单一，2010年只有新华社牵头在呼吁全民参与，到2015年主要参与的组织机构除了新华社以外，有中央网信办、民政部、公安部、教育部、最高人民检察院、中国教育电视台等，参与的民间公益组织也从一个没有到宋基会、壹基会、一基金、善举基金等10多家NGO等。

传播方式也在一年比一年创新，2010年主打PC端和微博，表现渠道比较窄。经过孜孜不倦的努力，2015年新媒体融合移动端加强，互动黏性凸现。网民可以通过PC、手机、微博、微信等更多元化的渠道参与到评选互动中来。

值得一提的是"中国网事·感动2015"年度颁奖典礼首次引进移动社交的"微信摇一摇"，将颁奖典礼现场互动气氛一次次带入高潮，提高了年轻化群体的参与度。

颁奖典礼的名人效应也得到凸现，除了德高望重的老艺术家积极参与帮助感动人物，年轻的知名演员和互联网"大V"也纷纷来到现场，还通过自己的微博、微信和个人公号等社交平台和自媒体平台传播对这些感动人物故事了解后的感受，在互联网平台传递的公益理念影响力巨大，粉丝跟帖评论多达几十万条。

 幕后故事

"凡人善举 网聚大爱","草根英雄"的感人故事温暖了无数人的心。6年来,新华社历任社长多次在重大场合提及感动人物事迹精神,亲自出席颁奖典礼并接见感动人物;新华社总编辑何平为"中国网事·感动人物"评选专门题词"网络无疆 人间有爱 大美无言 草根有力"。本着"起源于网,放大于网,互动于网,影响于网"的活动宗旨,该评选开创了国内首个以"网络草根"为报道和评选对象、发动网民通过互联网评选的公益活动。经过不断发展,各省(区、市)的感动人物事迹影响力日益扩大,已形成"新华社记者深入采访+中央和地方合作媒体推荐+各地省(区、市)委宣传部、网信办推荐+各大高校和NGO推荐+互联网深度发酵"的"互联网+"新模式。

特别是2015年,"中国网事·感动人物"评选得到了海南、江苏、山东、西藏等近25个地方省(区、市)委、省(区、市)政府的高度重视。网民评价说,"中国网事·感动2015"年度颁奖典礼称得上中国"草根英雄"的"星光大道"。地方省(区、市)委宣传部和网信办也给予大力支持,积极发掘并组织报道当地基层百姓的感人事迹,形成社会道德价值观传播的爱心温暖接力。

"中国网事·感动人物"的公益题材和众多故事,不仅得到网民关注,也得到文化产业众多投资人的青睐,其中根据2014年度感动人物"山水乐团"改编的电影《乐来·悦爱》2016年5月在全国各大院线上映。由公益艺术领域众多艺术家和名人共同发起的"公益艺术中国行"活动也在2016年陆续开展。

"中国网事·感动人物"评选活动创立之初,通过互联网参与的网民人数不足200万,点击量不到1000万,媒体报道全要靠自身"吆喝"。

经过 6 年的摸爬滚打，不算季度仅年度感动人物评选就约有 3 亿网民参与投票，人民网、光明网、中国网、中新网、国际在线等近 20 家中央重点新闻网站和全国上百家主流网站共同对 2015 年颁奖典礼进行网络直播。截至颁奖典礼录播当天 19 时，颁奖典礼 PC 端点击量突破 2 亿，中国网事官方微博浏览量达 4000 万，话题参与人数突破 7000 万。

最初几年，"中国网事·感动人物"评选面临资金少、人手少、线索少的难题，从发现并寻找人物线索到通过网络上线评选、线下邀请这些四面八方的人物来京参加颁奖典礼等各个环节皆面临巨大挑战。由于颁奖典礼是对当年的人物故事进行梳理，因此年度评选结束筹备颁奖典礼都在每年的 12 月到 1 月，正是寒冬腊月。曾经有一位来自新疆的感动人物"修桥大爷"艾尼亚特，记者前往大爷所在的新疆伊犁州巩留县东买里乡莫因古则村，仅路上就花费 7 天时间，大雪封山、没有任何交通工具，记者们扛着沉重的"长枪短炮"，克服重重困难将老人请出一辈子不曾走出的天山来到北京，老人激动得热泪盈眶，直说这辈子最大的心愿就是来首都看看；来自西藏阿里"生命信号的守护者"藏族夫妇其美多吉和边巴卓玛，更是由新华社全国 5 个分社组成的 8 人音视频小分队，克服海拔 4700 米的高原反应，在 12 月大雪封山期，连藏族本地人都已撤出山区的情况下，记者们冒着生命危险，寻找并挖掘出的感人故事。在颁奖典礼的舞台上，当主持人问藏族小伙其美多吉多次接到游客求救电话冒着大雪打着手电徒步八九个小时去救人，他想没想过自己会不会死在大山里，其美多吉的一句"能让他们和家里人联系上，我没什么的"让在场很多观众流下感动的泪水，经久不息的掌声把大家送到那个天空如心灵般纯净、质朴的青藏高原。

宣扬温暖美好品格的价值，更多的是一种引领、一种传递和呼唤。感人的故事不一定惊天动地，往往平淡如水、朴素平凡，正是这样一个个充满正能量的故事，让凡人善举走进千家万户，让中国好故事传遍四海五洲。

人生是一场爱的马拉松，我们在跑道上不断前行，没有终点；人生有幸居住在爱的大院，满是善良的人，温暖的手，真诚的心。出身草根的真心英雄，他们在曲折中艰难前行，在不幸中坚守本心。生命的伟岸并不一定要攀爬高峰，日常的坚韧和不屈也能创造不凡。

在平凡中孕育伟大，在日常中不忘初心。这群"草根英雄"，用自己的亲身经历，讲述了中国最好的故事。网络无疆，人间有爱，大爱无言，草根有力。这一个又一个的中国故事，代表中国普通民众的真善美，展现当代中国的真实状况，传递这个社会的温暖和关爱。

感动不一定惊天撼地，点点滴滴也能汇聚成汪洋大海。让温暖传递，让爱心汇聚，让角落里的人们看到春天，让微小的生命留下浓墨重彩的一笔，这就是"中国网事"评选活动的意义。让这些充满正能量的中国故事，插上梦的翅膀，走进千家万户。让中国草根力量，让中国故事，传到世界各地，让真爱感染千千万万人。把真实的草根故事，通过互联网深度发酵，让平凡中的不凡力量更大化地传播，是互联网时代下的一款优质精神文化产品。

用图片讲述"老百姓自己的故事"

——腾讯网金牌栏目《中国人的一天》

【导读】

1993 年，在中央电视台《东方时空》"点燃理想的日子"，说书人王刚一句"讲述老百姓自己的故事"将陈虻策划的《生活空间》娓娓道来，在一定程度上改变了中国电视的话语体系和生态。2010 年，在网络时代，腾讯网以图片的形式开创了《中国人的一天》栏目，同样将目光投向每一个普通人，以一天记录一个人，天天更新，6 年来成为腾讯网金牌栏目，先后被中信出版社、东方出版社结集出书，带动了图片故事的繁荣和大众关注度。在浩如烟海的网络世界中，如何做一档靠图片讲述好故事的优质节目？

关键词：中国人的一天　视觉影像　一面　腾讯网

腾讯网《中国人的一天》栏目截图

　　一日，一人，一世界。2010 年 1 月 1 日，腾讯网上线《中国人的一天》栏目，旨在用图片故事记录并展现普通中国人的真实生活。自上线伊始，栏目每日推出一期人物故事，一年 365 天从未间断，从名人富贾至贩夫走卒，涵盖了社会的各行各业。截至 2015 年 12 月 1 日，栏目已累计推出 2161 期，是腾讯网最具人气和知名度的原创栏目之一。栏目单期 PC 端点击量超 1000 万；移动端用户量超 200 万；单期评论数均值超 5000。

　　就是这样一档讲述普通人故事的互联网影像栏目，如何在 2000 多个日夜里记录下国人的喜怒哀乐？又如何通过平民的视角和真实的影像与笔触，讲好中国故事，感动无数网民？

365 天 365 个故事

　　腾讯网创办《中国人的一天》栏目的初衷，是为用户提供一个可以分享自己喜怒哀乐、分享自己和身边人故事的平台。"无论是默默无闻还是轰轰烈烈的人生，无论收获的是平淡还是光鲜，一点一滴的付出都应当留下纪念。"

然而，随着栏目的更新和运营，编辑们慢慢发现，网友乐于去分享的故事，是有很多共性的：他们大多是普通人，虽然平凡，但都在努力生活，并且为了自己的梦想在打拼。换句话说，"正能量""接地气"的故事很受网民欢迎，他们也极有意愿分享和传播。

无论是温情满满的情感帖，还是充满悲伤的人间故事，抑或是充满希望的励志人生，《中国人的一天》在日复一日的更新中，逐渐形成了自己的风格，那就是"以真实、人性、贴近、积极向上的主题表达和影像风格"，讲述网民身边的人和故事，印刻下时光流淌的痕迹。最终获得了不同阶层、不同行业、不同年龄的网民的广泛认同。

视觉影像的情感冲击力

那么，一年 365 个故事，《中国人的一天》是如何呈现的呢？栏目的初衷是每天一组"图片"讲述故事、呈现生活。因为，在互联网时代，图像的感染力与传播力比单纯的文字要更适应网民的阅读偏好。于是，《中国人的一天》形成了自己独特的"组图叙事模式"，并且多年来一以贯之保持图片和选题的高水准。

进入移动互联时代，《中国人的一天》则继续强化移动端的视觉影像传递。一方面，制作适配移动端的视觉故事产品，如 H5 内容策划；另一方面，也从单一的图片向视频、交互影像等立体视觉维度进化。但是，无论怎样进行产品形态的迭代和技术的适配，《中国人的一天》在运营中，始终坚持初衷，并形成了独特的选题定位。

四类选题　激发国人情感共鸣

秉持着"展现普通人故事"的原则，在选题上，《中国人的一天》

选择关注不同阶层和职业的人群，希望通过以选题上的包容性和持续不断的更新，"全景动态式"展现国人真实生活。其中，既关注传统的手工艺人，记录他们对传统文化的坚守；同时也顺应潮流，记录下属于这个时代的新兴职业与生活方式。

在6年多的运营时间中，《中国人的一天》逐渐总结出4大类选题类型，触动网民心弦。

选题类型一：情感励志类

情感励志类选题试图捕捉生活中最真挚的情感，触发网民共鸣。例如，《中国人的一天》2106期《小站"盲警"夫妻岗》，讲述43岁的贵州铁路民警潘勇，13年前因病导致失明，在保安妻子陶红英的帮助下，坚守高原小站，辖区整整10年刑事案件、铁路交通事故和危及行车安全案事件"三无"奇迹的故事。组图真实地记录了夫妻二人相濡以沫的生活，"工作时陶红英是潘勇的眼睛，生活上是潘勇的双手"。腾讯网友"孤独小草"说："默默地奉献，中国有你们才更温暖。"

可以说，情感励志类的选题，讲述的是平凡生活中的真情实感，但最质朴的往往最动人，多个类型选题戳中网友"泪点"。

选题类型二：公益类

《中国人的一天》作为知名影像栏目，不仅仅停留在传递故事和情感，更担负着社会责任，因此，公益类的选题同样是《中国人的一天》重要的组成部分。例如，《中国人的一天》曾推出一期组图——《8岁"小当家"》：8岁女孩徐娜的妈妈在3年前患上尿毒症，求医花光了所有的积蓄，于是原本的小康之家只能蜗居在一处月租200元的旧楼里，靠父亲打工和社会爱心人士救助维持生活。为了帮助父亲减轻负担，徐娜便力所能及承担起了家务，并照顾年幼的妹妹。最初，《中国人的一天》编辑在新华社的通稿里发现这条新闻线索，之后便联系了江西当地媒体的摄影记者前往拍摄。

在看到摄影记者传回的照片之后，编辑们决定：不仅要在 PC 和移动端推广这组故事，还要为徐娜做点什么。于是，编辑与当地宣传部联系，建议他们在腾讯公益平台帮徐娜一家发起"乐捐"，为她的母亲筹集手术费。

组图在腾讯网各个平台（PC、App、微信公众号、社交媒体）同步推出后，不到一天时间，便引发了强烈的社会反响，1 万多网友发表评论，募集善款 15 万元。记者把这个消息告诉徐娜父亲徐文时，他在电话中大哭。

而类似这样的公益项目，《中国人的一天》发起过多次，帮助逆境中的人们获得社会帮助。

选题类型三：新兴职业类

时代的不断进步，催生了各类新型职业与生活方式，他们反映着时代的变迁。《中国人的一天》关注这类新鲜的生活方式。例如，2015 年上半年，《中国人的一天》推出单期《张塞子旧物改造》，记录主人公收集别人不用的旧物，并集中起来进行改造，"变废为宝"；《代驾女》讲述上海一家代驾公司的中年女司机在大都市打拼的故事；《为富豪找对象的爱情猎头》，则记录下一位婚恋网站的"爱情猎头"是如何为高端男性客户寻找优质女性资源的。

而这类新兴职业的出现，反映的是社会变迁背后的"机遇"与"痛点"。例如"爱情猎头"反映的是城市剩男剩女和婚配问题，"旧物改造"反映出人们对资源循环利用和环保意识的觉醒。

选题类型四：民俗文化和手工艺类

在运营中，《中国人的一天》编辑团队发现：尽管时代在快速变化，人们对于中国传统手工和民俗文化依然抱有极大的兴趣，"匠人精神"依然有很深厚的土壤。因此，《中国人的一天》推出多期关注中国民俗文化和传统手工艺的组图故事。例如，云南腾冲固东镇的荥阳村是个仅有 100 多户人家的古老村落，那里的油纸伞已经有 300 余年的历史，《中国人的一天》推出《九旬油纸伞传承人》，讲述家族第十代传人郑映海的油纸伞人生。腾讯网友"随心所向"说："一直都对中国的传统艺术持有敬佩与赞叹，如果都能传承下去该有多好。"此前，《中国人的一天》还推出过《云南诺邓古井制盐》《贵州深山里的古法榨油人》等关注传统手工的选题，受到欢迎。

除了上述四类常规选题，《中国人的一天》还在重要节点进行能动策划。例如，2015 年春节期间，连续推出《腊肉里的年味》《写挥春的长寿老人》《正月里的焦家"大趴"》《春运志愿者》《90 后女看守工的春运》《最后一班春运岗》等十几篇温馨、"接地气"的报道。"两会"期间，则推出了 16 期"两会"特刊，包括《最美洗脚妹的两会声音》《两会礼仪小姐》《两会武警》《85 后女人大代表铁飞燕》《四川广元大山里的"背篼法官"》等等。

创新报道形态　实现多终端覆盖

一个推出 6 年的图片栏目，如何保持它的创新力？在 PC 时代，《中国人的一天》曾经凭借出色的影像水准与选题视角，登上腾讯王牌栏目宝座；进入移动时代，《中国人的一天》如何继续保持领先，覆盖主流移动用户呢？

打法一：适配移动端产品形态

移动阅读时代，图片的呈现也需要作出适配。正如美国波音特网（Poynter）视觉新闻资深教员 Kenny Irby 所说："在手机上，你难以完全体会一套富有震撼力的摄影图集的内涵。"应对此类问题，Irby 建议将图片进行剪裁，以凸显最重要的细节。

《中国人的一天》为了适应新的阅读需求，不仅在移动端推广时选取那些在移动端更具视觉张力的图片，同时开发移动端内容产品。例如，在 2000 期特别策划时，《中国人的一天》推出 H5 策划《永远的一天》。编辑团队先面向网友征集故事，请网友回忆和分享自己生命中最重要的一天所发生的故事。最终，《中国人的一天》选出了 9 个故事，去展现"普通人的不普通的日子"，并用 H5 产品形态包装。

可以看到，在 H5 产品中，图片均选取竖图，在移动端更具冲击力。9 个故事，提炼成 9 个汉字，而凝聚在这 9 个汉字背后的，则是中国人最普世的情感。《永远的一天》在社交网络上也获得了广泛的传播。

在这九个故事里，最后一个是《孕的故事》，讲述者就是《中国人的一天》的栏目责编田野。"2011 年 9 月 25 日，出差途中，我发现自己怀孕了。和老公结婚才几个月，还想过几天蜜月的日子，我完全没有思想准备，一下子慌了。同事劝说：'早晚都得要，不如早点要。'经过一整晚激烈的思想斗争，我下了决心。"孕是生命，同时这个金牌栏目又何尝不是这些幕后编创人员的生命呢？

打法二：推出移动端轻量化栏目

移动时代传播，除了考虑适配，更强调与用户的互动。2015 年，《中国人的一天》在其微信公众号（chinaoneday）上开发了子品牌栏目《一面》，致力于开启移动端轻量化互动新场景。《一面》栏目邀请网友进行投稿，只需一张人物图片＋一段故事，编辑团队每日从中选取一则刊登在微信公众号上。这种轻量化的互动模式，吸引了大量网友和摄影师参与，编辑团队惊喜地发现，网友自发投稿的图片和故事质量甚高，并且轻量的呈现形式更加适合移动阅读场景。

2015 年年底，《一面》向网友和摄影师征集"年度照片"，已在微信公众号陆续推出。网友"李涛"就为《一面》投稿了一张照片，照片中，穿着军装的他和战友们一起海训，顶着烈日浸泡在清冷的海水里，"感受到的却是开心的味道。"

打法三：移动视频让情感升华

如今，短视频大行其道。《中国人的一天》也试图从一个图片专栏，向视频生产方向拓展。例如，在《中国人的一天》2000 期特别策划时，就推出了一段短视频，街头采访了普通百姓人生中最重要的一天。真实的访问、朴实的叙述，却让人颇受触动。

移动时代的全民影像生产

智能硬件光速普及的今天，影像生产也发生了巨大的变化。如今，任何一名普通人，都可以拿起相机捕捉影像，无关技巧、无关专业，只关乎记录。而全民影像生产的时代，用户拥有比以往任何时代都要强烈的记录和分享愿望。

《中国人的一天》就抓住了这种变化，并且开始进行一系列布局：搭建平台，鼓励全民影像生产。

举办全民手机摄影大赛

2014 年下半年起，腾讯图片开始举办多期"影像力"手机摄影大赛，编辑团队设置主题，鼓励网友投稿。例如，2014 年 10 月下旬，临近"光棍节"，便发起了主题为《光棍节：一个人的饭桌》的手机摄影大赛，每期选出的作品以特刊的形式在腾讯网、腾讯新闻客户端和腾讯图片微信公众号等平台推广，而且所有获奖者可免费参加腾讯网主办的手机摄影培训课程。系列手机摄影大赛吸引了大量网友参加。

发力"众包"影像生产

未来，《中国人的一天》还将继续发力全民影像生产，并且研究众包内容生产模式。例如，芝加哥公共广播电台 WEBZ 开设了一个名为"Curious City"的平台，该平台旨在通过"公众报道"拓宽新闻来源。"在我看来，普通公民有许多非常棒的问题和新闻想法，"Curious City 的创始人 Jennifer Brandel 说道，"我希望能创建一个系统来获取它们，以便人们能够自己创造出具有代表性的新闻。"

《中国人的一天》也通过《一面》等栏目，探索如何激发公众参与，并在影像创作方面搭建众包平台，让所有的网民都能参与到影像记录中。

 幕后故事

腾讯图片《中国人的一天》栏目旨在记录并展现普通中国人的真实生活，把关注给予那些用心生活的人。这里没有阶级之分，每一位中国人，只要会拍照，会写字，无论专业还是业余，都可以在这里找到观众。善良的人们，总是会把关注和赞扬投给真实生活的人。

以平民的视角印刻下时光的流淌

本栏目分为六个部分：通过图片策划、图片故事、强图打榜、摄影俱乐部、组图连放、365 天故事等，用影像渗透中国人生活的各个角落，像切片一样展示中国人生存状态。

用影像缓缓讲述身边的人和故事

《中国人的一天》用图片故事记录下普通中国人的故事。有些充满温情，有些充满悲伤，也有些充满希望。无论主人公是明星还是底层百姓，他们都能带给我们一个个活生生的范例，让我们体会到，每天忙碌着，为自己、为他人而工作和生活是一件幸福的事。

在这样的土地上，没人知道，会有多少楼宇推倒重来；在这样的土地上，没人知道多少面孔生死明灭；在这样的土地上，没人知道有多少记忆戛然而止。这些影像无法复制，这些影像转瞬即逝。

所以，用影像讲述身边的人和故事，以平民视角印刻下时光流淌，让我们发现，自己的幸福，和身边的所有人息息相关。

熟悉行当里的陌生人：特写凡人光芒

《中国人的一天》在腾讯网独家刊载，整个板块设计以大图片、精文字为理念，极具国际化的视觉建构，专栏以红灰两色为主调，迅速将网民的吸引力聚焦在图片上。这组报道最鲜明的特征是创作者用图片记录真实，记录了我们很容易忽略的身边故事，这些罕有的题材成为历史档案库的一部分，具有极其珍贵的史志价值，吸引了近千万网民追踪点击"小人物"们的时代精彩。

值得一提的是，腾讯这个专栏的出品人具有较强的主题策划先行概念，他们将诸多题材聚焦在铁道线和航空港上，这些跟每一个人息息相关的出行"护卫军"，网民却鲜为人知，传统媒体也很少能深入于此，这就是新媒体腾讯的视野优势。换句话说，腾讯提供的如此丰富的视域，使受众不再被传统媒体的记者编辑提供的单一视角所局限，他们依靠数据揭示事物的走向，在此基础上又全盘继承了传统媒体写作中的底层思维，为人民时刻鼓与呼，于是在坐拥自己强大的数据支撑下，实现了书写故事的精准定位。

于是他们聚焦了《铁道线上的"御林军"》，讲述了郑州铁路局最南端一个半道工区第二代养路人 38 岁的杨学敏的故事，他和工区 10 位平凡又质朴的汉子守护 18.2 公里的铁道线，整个图片采用低角度的摄影，形象瞬间挺拔屹立。他们聚焦了《黄浦江上最后守桥兵》，故事拍摄值得称颂是因为成了时代历史的摄影典范，作者在一座崭新的铁路桥即将替代松浦大桥之际，为坚守在这里的上海武警记录了他们成为最后守桥兵的那一刻。尤其是作者将最后的镜头落在即将与铁路桥离别的战士们用粉笔将自己的名字写在铁轨之上后转身离去的瞬间，化成令网民唏嘘不已的永恒，吸引了无数网民的敬意式留言。他们聚焦了《列车上的夜行者》，这个题材令网民惊讶，可见作者和编辑的独具匠心。作者以 2014 年南宁铁路局开行"八桂货物快运"列车，敞开办理零散货物的快运业务为题材，深入生活，抓拍了一组列车背后的"夜行者"——黑夜中服务这趟列车的数以百计的默默无闻的工作人员，吸引了网民百万次的点击。

在这场钢筋结构展现力量之美、工业之美、男性之美的主题下，在网站营造的氛围中聚焦人性之美的光辉，在人性品质的开掘中记录诗意美的境界，让读者不知不觉获得一种审美期待的满足和灵魂净化的感动。腾讯网显然没有停留于此，却依靠自身强大的数据获取能力引导写作走向，最终别开生面地将焦点定格在与铁路为伴的女性为故事着力点，全方位推出具有鲜明个性化新闻特征的新尝试。在这样的数据支撑下，面对我们熟知的铁路，腾讯以介入的方式深入她们的生活。《一位90 后铁路女看守工陆文游的春运》，讲述距湖南石门县城约 10 千米的易家渡镇，一座 500 多米长的铁路钢梁桥，横跨在澧水河面上的故事。

腾讯一鼓作气，继续深挖这一行业的新闻产品，将触角又聚焦陕西一机场飞机"体检医生"，这同样是一组经常乘坐飞机的旅客司空见惯的场景，但少有人知道他们真正的职责，机务人员其实是飞机的"体检医生"，他们在飞机起飞前排除飞机上的一切隐患，为其保驾护航，让健康的飞机承载旅客安全抵达目的地。这篇并没有多少文字的报道引人注目，网民评价充满了正能量："从来没有关于他们的报道，今天看到你们了！辛苦了你们……敬礼！谢谢你们，在飞机上看到你们还不知道你们是干什么的，现在知道了。谢谢。"

除此而外，腾讯聚焦《小尹，一位北京保险理赔员》《山西美女记者游姣转型为婚礼策划师》《吉林老铁匠田洪明用行动和执着诠释着古老职业》《江苏 90 后评弹演员吴斌杰和霍琬璐的曲艺路》，都引起网民巨量的点击和数以千计的评论。腾讯的标题展现出新闻专业的立场，所有的标题都在高度概括、直达事物本质、表达美感方面做了精心编排，这样才最终呈现出视觉冲击力。

这就是图片报道成功的魅力所在。

面向 80 后的孝义故事怎么讲

——大众网网络访谈专题《孝在三生》

【导读】

中国传统文化历来讲究孝道，"以孝治天下"曾是传承千年的治国纲领，孝道由家庭伦理扩展为社会伦理、政治伦理。在日新月异的网络时代，如何讲好"孝"的故事并与 80 后为主的年轻人产生共鸣是一个有些挑战的课题。济南市历下区曲水亭街有这样一户人家，他们把一位毫无血缘关系的孤寡邻居接到自己家里，母子二人接力赡养了老人 36 年。义传两代、孝在三生，母子二人的大道孝行改变了老人的晚年生活，也成为齐鲁大地的孝之典范。

大众网独辟蹊径，坚持"内容为王"，通过极具现场感的视频、带着温度的文字还原了这份孝感动天的故事，2014 年推出了网络访谈专题《孝在三生》，并在第 25 届中国新闻奖评选中获网络访谈类二等奖，这是大众网乃至山东网络媒体首次荣获网络访谈类奖项。《孝在三生》是一个典型的传承优秀传统文化、弘扬社会主义核心价值观的网络专访案例，对于讲好中国故事、传播中国声音具有重要意义。

关键词：孝在三生　核心价值观　80 后　大众网

案例回望

孝义家庭35年照顾瘫痪邻居 80后"孝星"续写"三生缘"

在济南市历下区，有这样一对母子，他们接力赡养一位与他们毫无血缘关系的邻居35年。

1979年，61岁的孤寡老人李玉柱突发脑血栓，年仅19岁的邻居房泽秋毅然把他接到自己家中照料，并许下一句简单的承诺——"以后我来养活您"。如今，房泽秋已年过半百，她的儿子于霄宁接过了"接力棒"，继续坚守着母亲在35年前许下的承诺。

义传两代、孝在三生，母子二人的大道孝行改写了老人的晚年生活，也成为齐鲁大地的孝之典范，大众网记者对话于霄宁，听他讲述这个没有血缘关系的"接力赡养"故事。

大众网网络访谈《孝在三生》专题页面截图

房泽秋，是山东省济南市历下区泉城路街道贡院墙根社区的一位普通居民，却因为一件不普通的事让全国网友为其点赞。36年前，她将毫无血缘关系的瘫痪老人接回家中照顾，直至55岁华发已生，用自己的华美时光扮靓一位97岁老人的人生。房泽秋的孝行感动天地，她被评为"山东省十大孝星""全国孝亲敬老之星"等，荣登"中国好人榜"。山东省门户网站大众网制作网络访谈专题《孝在三生》，独辟蹊径，从采访房泽秋的儿子于霄宁入手，通过他的讲述，展现了母子二人的大道孝行，有力地弘扬了孝义主题和社会主义核心价值观。

文化传承，80后"孝星"续写"三生缘"

齐鲁大地是中国优秀传统文化的重要发源地，山东是孔子故里，以孔子为代表的儒家思想学说世代传承，不断创新，最终形成了山东人民尊重传统、敬老孝亲的文化精神。

房泽秋，一位泉水孕育的泉城儿女，对伟大与平凡的意义进行了完美阐释，中华民族尊老爱幼的传统美德在她身上得到了集中体现。为了一句"跟我走吧，我来养活您"的承诺，36年如一日，无微不至地照顾没有任何血缘关系的瘫痪老人李玉柱，直到老人97岁高龄安然离世。房泽秋以自己的爱心，弘扬着社会主义时代的精神，用无私奉献讲述了一个"小家大爱"的动人美德故事，谱写了一曲感人至深的和谐之歌。

耳濡目染中，房泽秋的儿子于霄宁感受最多的就是邻里间的和睦温馨、守望互助。母亲36年的坚持与守护，是对于霄宁最好的教导。两代孝义、三生传承。作为《孝在三生》的主角，于霄宁是一位"非典型性80后"，接过母亲手中的重担，继续奉养没有血缘关系的老爷爷李玉柱。于霄宁身上没有部分80后群体太过自我、人际边界感差的缺点，相反他的言谈中总是有一种淡然、谦卑。他沉稳老练的性格、温和谦恭的态度，折射出以齐鲁优秀传统文化为基础的厚道诚信家风的感召力。

党的十八大提出的社会主义核心价值观，与中华优秀传统文化和人类文明优秀成果相承接，是我们党凝聚全党全社会价值共识作出的重要论断。随着时代的进步和科技的发展，中国传统文化陷入危机。文化传承，需要的是言传身教、脚踏实地，需要鲜活的思想和生命。《孝在三生》访谈的主题与社会主义核心价值观的思想高度契合，通过生动的故事涤荡了人们的心灵，对于在当前时代背景下弘扬社会主义核心价值观、树立良好家风、夯实道德之基、培育文明风尚，具有极大的舆论引导和教化作用。

独辟蹊径做访谈，内容为王是保障

房泽秋、于霄宁两代人的孝义传承无疑是一个有重大意义的新闻事件。但是同一人物、同一事件，经过媒体连续多年的关注，报道密度过高，从新闻的角度上来讲很难继续做出新鲜感。作为山东省重点新闻网站和外宣网站，大众网具有近距离接近新闻人物的优势，理应做出不一样的报道。

大众网《孝在三生》网络专访坚持"内容为王"，独辟蹊径，以现场访谈与故事背景相穿插的形式，两条线讲述母子二人的大道孝行，将孝义主题与弘扬社会主义核心价值观高度契合，以极具现场感的视频、带着温度的文字还原了这份孝义代代传承的故事。《孝在三生》坚持"内容为王"，主要体现在两个方面：一是访谈专题稿件的确定；二是后期编辑的精心策划。

"让于霄宁忘掉摄影机"是大众网在访谈过程中坚持的重要原则。将访谈地点设置在于霄宁家的阳台而不是演播厅，使整个访谈与故事环境的融合更为紧密，增强了现场感。《孝在三生》专题网页以"一个没有血缘关系的36载'接力赡养'故事"为切入点展开，在"内容好"的基础上，最终形成了两篇稿件，一篇通讯、一篇访谈实录，两篇文章相辅相成，构造了专题的主体架构，通过访谈实录，用细节呈现大爱。除此之外，大众网还在专题中配以六段微视频突出"孝义"，锦上添花。

《孝在三生》网络专访在后期制作时力求朴素，在色调选择上规避鲜亮，模块设置上突出重点，为采访奠定基调。相对于其他媒体的报道，大众网之所以脱颖而出，最大的亮点在于视频。现场采访的视频并未做太多的修饰剪辑，目的就是为了凸显现场感、真实感，让网友直接同于霄宁"对话"，感受这一份"孝"。优质的内容制作，可以强化访客对用户的粘连度并使之保持持续关注，不间断的优质内容提供与分享，会像蝴蝶效应般促进网站全方位发展。在网络媒体泛滥的今天，大众网独辟蹊径，坚持"内容为王"，以质量取胜，俘获了广大受众的心。《孝在三生》是一个典型的传承优秀传统文化、弘扬社会主义核心价值观的网络专访案例，对于讲好中国故事、传播中国声音具有重要意义。

点对点推荐，创新传播渠道

大众网《孝在三生》专访稿件一经推出便引起重大反响，引发了各主流媒体和门户网站的广泛关注。除了山东省内各家媒体纷纷转载，部分中央网站、商业网站以及省级重点新闻网站也都予以转载，大大增加了《孝在三生》的曝光率，有力地扩大了该专访的传播范围。

大众网在宣传推广过程中，积极拓宽传播渠道，通过网站的对外联系沟通，将网站优质稿件点对点推广，实现传播的针对性和高效性。大众网的网络访谈专题主要依赖网络媒体、移动媒体进行展示传播，通过网络传播扩散信息，属于大众传播的范畴。随着网络展示传播技术的日益成熟、普及，我们在视频、图文直播、微视、微刊、H5 的报道和展示方面水平越来越高。网络展示传播作为一个信息资源发布和交流的公共平台，在技术层面上拥有传统媒体推广所无法比拟的优势，所以大众网在《孝在三生》推广过程中积极应用网络新技术，进行报道创新，实现孝义传承的有效推广。

在本次稿件推广中，大众网作为山东省重点新闻网站和外宣网站，第一时间联系了部分中央网站和商业网站，覆盖主流媒体和商业媒体，推出《孝在三生》专题稿件及视频，并在这些网站的重点位置突出推荐，吸引更多的网友点击阅读，使《孝在三生》为更多的网友所选择和接受。大众网点对点传播的方式有效地推动了文化的大众化，使得孝义传承主题文化信息借助于网络这一公共媒介在社会大众中得以广泛传播。

 **幕后故事**

一句"我来养活你"的承诺，两代人齐心协力的坚守，抒写了这段感人的"三生孝义"。再次翻开写满这段故事的采访本，那一幕幕催人泪下的场景，又映入眼帘……

策划：谋定而后动，多次开会商讨方案　另辟蹊径不同凡响

房泽秋已经是"名人"，全国各级媒体都在宣传她的善行孝义，各路记者都在描写她的孝行故事。可以说，房泽秋的故事感人质朴，每一次见到她细致入微地照顾老人，都会让现场的记者受到震撼。但是同一人物、同一事件，经过媒体连续多年的集中报道，从新闻的角度上来讲很难继续做出新鲜感。大众网作为山东省门户网站，离新闻现场如此近，理应不同凡响。

怎么"响"？大众网为此多少次召开策划会，讨论如何将房泽秋的故事更好地传播。在对相关材料的讨论中，一个细节引起了大家的注意：2012 年，房泽秋的丈夫于海突发疾病去世，儿子于霄宁接过父亲的班，每周背老人去医院换尿管帮老人排便洗澡等，于霄宁结婚后，小两口又一起分担照顾老人的责任。对于房泽秋及其家人来说，这是他们的责任；对大众网而言，从其中看到了孝义的传承。经过反复的讨论，大众网决定另辟蹊径，从采访房泽秋的儿子于霄宁——一位典型的"80后"文艺青年入手，通过他的讲述，走进他的内心世界，剖析这种言传身教的孝义如何影响一个人，又如何在一代又一代中传承。

采访对象和思路确定后，通过哪种方式进行采访呢？传统纸媒在文字和图片上已经做得近乎完美，电视台的视频新闻也做了多条，作为网络媒体，大众网决定利用网络新技术进行报道创新。这几年，随着网络技术的层出不穷，大众网在视频、图文直播、微视、微刊、H5 的报道和展示方面水平越来越高。于霄宁作为事件的亲历者，让他自己在镜头面前，以一种聊天或漫谈的方式回顾、讲述自己所见所感所想，应该更能表达出这份真实的情感。

为了增强现场感，我们并没有将采访地点设在室内演播室，而是决定在于霄宁的家门口架起摄像机，走进他的内心世界，记录这位"80后孝星"对孝和爱的理解。

访谈：忘掉摄影机，5 小时诉说行孝路，半个月磨砺访谈稿

制订采访提纲前，大众网和于霄宁有过三次沟通。不知是本身性格使然，还是经历了亲人的悲欢离合，于霄宁的言谈中总是有一种淡然，仿佛他见过的一切、所做的一切都是顺理成章，这一点和他的母亲有些相似。而与之成为鲜明对比的是他的妻子，这位和他青梅竹马的女孩没有因为于家有常年瘫痪在床的老人而却步，但每每提起婆婆和丈夫的苦累，总是泣不成声。

在跟于霄宁的多次沟通中，大众网记者越来越明白这位有些沉稳老练的"非典型性 80 后"的性格构成，也了解了他温和谦恭的态度不畏惧任何问题，访谈的提纲也逐渐成稿。

2014 年 7 月 8 日，午后，太阳不再酷热直射的时候，记者们在于霄宁阳台前的花园里搭建起了录制设备。选择这里是因为在他居住生活的地方，会让他感觉轻松自然，而且访谈地点背后五米就是于霄宁家的阳台，与故事环境的融合更为紧密。

访谈开始，主持人以漫谈的方式和于霄宁聊了起来。"让于霄宁忘掉摄影机"是访谈之前策划组给主持人的一项任务，只有这样，才能让这个略微腼腆的人说出内心最真实的感受。所以，从小时候家边的泉水、调皮时被父母打开始问，如何认识了老爷爷（孤寡老人李玉柱）？

父亲去世后你们家里是怎么过来的？接过这个担子给你生活带来了怎样的影响……在主持人的引导下，于霄宁逐步进入状态，把记者在前期采访中得知的故事架构一点点丰富起来，让记者对这一家两代人接力行孝的故事有了更立体丰满的认识。顺着这条主线，主持人一步步走进了于霄宁的内心世界，聆听这段感人的孝义故事。

对于访谈记者来说，同于霄宁的交谈既是一次工作的采访，又是一次人生的洗礼。他善良朴实的性格、真情实意的情感无时无刻不在影响着身边的每一个人。"我觉得我照顾老爷爷可能不是最好的，但是你如果站在他的角度上为他考虑一些事情，都考虑得相对周全，我觉得这样就是往好的方面努力，一直不断地努力，不断地完善……"于霄宁的话语里没有过多华丽的辞藻，没有抑扬顿挫的修饰，他只是将这些年的所见所闻、所做所想一五一十地讲述给我们。这里面，包含了他从母亲房泽秋那里传承而来的善行孝义，记录了他这么多年悉心照料老爷爷的一言一行，诉说了他们两代家庭接力铸就的人间大爱。这种朴实无华的画面，是我们需要的，也是网友希望看到的。

在完成采访后，网站各个部门密切合作，开始了紧张的制作成稿过程。三易其稿，写出了长篇人物专访稿件；编辑按需所求，形成网络专题；视频人员细心剪辑，推出了采访视频及六个带着主题的分视频。在图文视频等的稿件制作中，视频制作难度最大，如何将一个多小时的现场访谈剪辑到 20 分钟以内，让视频记者们犯了难。

"围绕这家人'孝'的开端、传承、影响这条线，其余的不要。"副总编辑李冉点醒了有些困惑的编辑。最终，不管是文字还是视频，编辑都紧扣主题，围绕"孝"字讲述故事。虽然采访的是于霄宁及其妻子，但通过他们的诉说反映出他的家庭及他母亲的家庭对李玉柱老人的这份孝道。编辑在制作专题时也力求朴素，在色调选择上规避鲜亮，回归素雅；模块设置上突出重点，呈现稿件。本次采访最大的亮点就是视频，现场采访的视频并未做太多的修饰剪辑，目的就是为了凸显现场感、真实感，让网友直接同于霄宁"对话"，感受这一份"孝"。

推广：讲好山东故事，形式新颖情感真挚 诸多网站纷纷转载

在众多媒体竞相采访房泽秋的时候，大众网另辟蹊径的做法吸引了众多关注，专访稿件一经推出便引起重大反响，山东省内各家媒体纷纷转载，开始从不同的角度看待这段情感。部分中央网站、商业网站以及省级重点新闻网站也都予以转载，于霄宁为照顾老人辞职回家、接替母亲的义举，以及他对孝的深刻感悟，感动了众多网友。这个故事成为对社会主义核心价值观最为生动、现实的解读。

在推广宣传的时候，我们还尝试了点对点的推荐，通过外联编辑建立的良好沟通渠道，将网站优质的稿件点对点的推广，扩大报道的传播力及影响力。在本次稿件推广中，编辑第一时间联系了部分中央网站及商业网站，推出了《孝在三生》这个专题的稿件及视频，并附上了稿件的推广意义，这些网站在重点位置突出推荐，吸引更多的网友点击阅读。

于霄宁接力照顾老爷爷的故事，折射出年青一代主动践行社会主义核心价值观的光芒，以及以齐鲁优秀传统文化为基础的厚道诚信家风的感召力，这也是网站力推的宣传主题。对记者来说，讲故事是本职，讲好故事是本事。把好故事讲好需要水平，好故事是有味道的，好故事更是有吸引力的。这次访谈的稿件形式新、情感真、故事深，以"孝"为主题贯穿始终，以讲好山东故事为目标大力推广，让众多网站与诸多网友为之动容。

讲好中国故事，传播好中国好声音。回顾《孝在三生》这个专题，无论是前期策划、现场访谈、后期成稿、传播推广等过程，都体现了网络特色，紧紧抓住了"孝"这个宣传主题。故事之所以影响广、传播远，还在于"内容好"这个基础上。《孝在三生》专题形成了两篇稿件，一篇通讯一篇访谈实录，两篇文章相辅相成，一主一辅，简单明了，构造了专题的主题架构，在专题中配以六段微视频突出"孝义"，锦上添花。

从这次宣传报道的经验来看，讲好中国故事关键还是看内容品质。好的内容易传播。《孝在三生》访谈的主题与社会主义核心价值观的思想高度契合，通过生动的故事讲述涤荡了人们的心灵，对于在当前时代背景下弘扬社会主义核心价值观、树立良好家风、道德传承，具有极大的舆论引导和教化作用。

习近平总书记在党的新闻舆论工作者座谈会上指出，做好正面宣传，要增强吸引力和感染力；要转作风改文风，俯下身、沉下心，察实情、说实话、动真情，努力推出有思想、有温度、有品质的作品。《孝在三生》的策划采编过程，就是一个俯下身、沉下心的过程，因此讲述的故事才能有思想、有温度、有品质。

草根视角讲好故事　典型人物引领舆论

——河北省网信办、新华网河北频道
"中国网事·感动河北"活动

【导读】

"网络无疆，人间有爱；大美无言，草根有力"。"中国网事"活动由新华社发起并主办、新华网承办，以网络草根为评选对象。2013 年 10 月 25 日，河北省互联网信息办公室联合新华网，促使"中国网事"活动在河北落地延伸。作为"中国网事"评选组委会首次在河北地区特设的区域评选，"中国网事·感动河北"开创了河北省以草根人物为对象的网络评选活动。经过 3 年打造，她已然成长为燕赵大地上有品质、有内涵的网络宣传知名品牌，助力"经济强省、美丽河北"建设。

226 名（组）感动人物，100 余组原创故事，1200 万网民参与，1 亿人次总浏览量……

就是这样一个以平凡草根为评选对象的活动，在 3 年的时间里，如何感动无数网民？如何在互联网上掀起了"好人就在身边"的热潮效应？又是如何通过草根视角讲好河北故事？

关键词：中国网事·感动河北　燕赵大地　平凡草根　美丽河北

案例回望

《"中国网事·感动河北"网络人物评选活动》专题截图页面

"中国网事·感动河北"网络人物评选活动是"中国网事"评选组委会在河北地区特设的区域评选。活动由河北省网信办与新华网联合举办,新华网河北频道承办,各市网信办、长城网、河北新闻网、中央重点新闻网站河北频道、商业网站河北频道协办。活动以"网络无疆 人间有爱 大美无言 草根有力"为主题,旨在评选出"起源于网、放大于网、互动于网、影响于网"的发生在网民身边的感人事迹,引导广大网民把"善"和"行"结合起来,激发和传播正能量。

自 2013 年活动开展以来,得到广大网友和社会各界的广泛关注,共有 270 多万网友参加了网上投票,从 99 位候选人中选出了"饸饹面哥"申文堂、"轮椅天使"丁玉坤、"大爱不打折"王勉等 10 名年度网络人物,形成了强大的宣传声势,为建设"经济强省、美丽河北"营造了良好的网上舆论氛围。

"中国网事·感动河北"持续为新华社"中国网事"提供河北典型网络人物，为宣传河北打开了一扇世界之窗。2012 年，张家口马江父子成功当选"中国网事"感动人物；2013 年，"知恩报恩"段非当选"中国网事"感动人物；2014 年，河北爱心救援队当选"中国网事"感动人物；2015 年，申文堂、丁玉坤、王勉成功入围"中国网事"感动人物。

"中国网事·感动河北"网络人物评选活动分为 5 个环节：提名、审核、展示、投票、公布。活动采取季度评选＋年度评选、网络投票＋专家评审相结合的方式，每季度评出 10 名网络人物，年底对 40 名季度网络人物进行评选，评出 10 名年度网络人物，再推送至新华社"中国网事·感动 2015"年度评选。由新华网河北频道推出评选活动专题，展示候选人事迹，同时也接受社会监督，对候选人资格提出疑义的，由组委会负责核实并向社会公示结果。评选活动从 2013 年启动，迄今已经举办 3 届，共评选出"中国网事·感动河北"网络人物 226 名。这一活动的成功举办，给人以有益启示：

让草根"火"起来　用网络培育感动力量

"中国网事·感动河北"通过挖掘"起源于网、放大于网、互动于网、影响于网"的正面典型，成风化人，凝心聚力，强势树立道德风向标，把平凡草根从信息爆炸的盲点带到网络聚焦的中心，为网民提供了一个发现、分享自己身边故事的网络平台。

第一年先声夺人推出"红衣女孩"李丽君，"举线交警"白玉河，"最美环卫工夫妇"段换文、赵翠巧等网络草根。他们无可争议地走进大众视野，让人们看到，在 2013 年的燕赵大地上曾有过的勇气与坚守。

2014 年，"中国网事·感动河北"再度起航。"城市暖心人"河北爱心救援队、"雷锋奶奶"靳国芳、"最美村医"刘贵芳……他们恪守良知，秉持正义，崇德向善，大爱无疆。

2015年，"中国网事·感动河北"第三次扬帆。"饸饹面哥"申文堂、"及时雨"苏俐、"开拓创新"鲁学志等网络草根，他们用善行义举，温暖世道、照亮别人，让无疆网络变得可感可触。

志行万里者，不中道而辍足。三年来，我们慢慢发现，越是平凡的感动越有力量。"中国网事·感动河北"从诞生之日起，便坚守那份"草根情怀"：以网络点赞与顶起发现爱，以网民泪奔与感动诠释爱。这些草根人物或在逆境中自强不息，或在平凡的岗位上春风化雨，而这些发生在你我身边的故事恰恰是网民喜爱并乐于分享和传播的。

鉴于此，"中国网事·感动河北"自启动之初，便秉承"网络视角、草根情怀"，在互联网上掀起了一场又一场"好人就在身边"的热潮效应，为践行社会主义核心价值观树立了一个有思想、有温度、有爱心、有品质的网络道德范本。

创新推荐模式　广泛拓展候选人来源渠道

"中国网事·感动河北"在推进过程中，不断创新推荐模式，依据网络传播特点，广泛拓展来源渠道，创新培育"网信办＋媒体"的网络人物推荐模式，充分调动河北省石家庄、邯郸、邢台等11个地市网信办以及定州、辛集市网信办，中央驻冀和河北主流媒体，省内相关厅局等单位的积极性，得到各系统、各行业的广泛关注和参与，让网络草根奏响燕赵大地最强音。

在这种推荐模式下，"中国网事·感动河北"候选人群体逐渐呈现出多样化的特点，励志类、公益类、创业类等典型群体层出不穷，几乎涵盖了社会的各行各业，且网络新生力量占比逐渐增加。

三年来，"中国网事·感动河北"相继推出"王老抠"王勉、"大爱村医"林玉才、保定学院西部支教毕业生群体等 226 名（组）感动人物，得到广大网友和社会各界的广泛关注，形成了强大的宣传声势，为建设"经济强省、美丽河北"营造了良好的网上舆论氛围。

完善评选机制　开创河北网络评选新局面

启动之初，"中国网事·感动河北"采取季度评选＋年度评选的方式，投票采用专题投票和短信投票两种方式。随着新媒体的不断发展，如何改进评选机制，采用网民喜爱的方式提升活动知名度和影响力，成为"中国网事·感动河北"评选组委会面临的重要问题。

为此，组委会数次召开会议商讨解决办法。组委会一致认为，在评选中，应该把互联网思维下的新媒体技术为活动所用，推动"中国网事·感动河北"与新兴媒体融合。

最终，组委会决定，以网民喜爱并乐于接受的评选方式为依托，改进"中国网事·感动河北"评选机制，提升活动影响直达用户的能力。2016 年，"中国网事·感动河北"采取半年度＋年度评选、网络投票＋微信投票＋新媒体互动、线上投票＋大众评审的方式，推动评选活动在内容、渠道、平台等方面的深度融合。

创新互动交流平台　打造新媒体传播矩阵

2015 年的一系列调查数据显示，移动访问已经成为主流，信息传播从"桌面"向"指尖"迁移的进程正在加快。在此背景下，"中国网事·感动河北"创新互动交流平台，打造新媒体传播矩阵，把互联网基因真正根植于活动发展的血液里。

为了适应网民的需求，"中国网事·感动河北"不仅在 PC 端传播正能量，更是充分运用新媒体手段，在移动端大力推广典型事迹，实现"覆盖式"发稿。"中国网事·感动河北"在依托新华网权威平台的同时，积极引导媒体联动。每次活动启动之时，由新华网河北频道推出官方专题，40 余家省内网络媒体在页面重要位置统一设置专题入口，在河北手机报设置专栏刊登稿件宣传典型事迹，并把获奖人物的典型事迹编辑成册，进一步提升活动及网络人物的影响力。

与此同时，以网为媒，"联姻"河北有影响力的报纸、电视台等传统媒体，全业态推广，达成平台融合、品牌融合、效果融合的互联网传播特色。

在河北省互联网信息办公室与新华网河北频道的共同努力下，共有 1200 余万网民参与投票，专题总浏览量超 1 亿人次，原创、转载等相关稿件达 53 万篇。

让网民"动"起来　用行动践行真善美

"中国网事·感动河北"在开展过程中，充分发挥网民的链式传播效应，在网络上建立起"网络人物典型库"。

经常自嘲"老土"的"平安哥"王峥，利用一年多的时间，自主探索网络宣传途径，成功建立 3 个微信公众号，建成 29 个"正义的力量"微信群，覆盖网民达 10 万余人。他说，未来，还会坚定地走下去，用"正义的力量"守护一方平安。

杨艳是一名普通的 80 后。她创立的"隆化爱心联盟"将不同地域、不同职业、不同年龄的志愿者紧紧联系在一起，实现传递爱心、帮助弱势群体的愿望。他们因爱心而凝聚，因善举而壮大。目前，爱心联盟已经拥有 8 个 QQ 群，成员上千人。

2013 年的冬天，毕业于河北科技大学的卢英洪再回母校领奖时，心情颇为激动。16 年前，卢英洪创办了爱心无限网；16 年来，他的足迹遍布县城、乡村。16 年的公益路，8000 余名受资助孩子的笑脸，映射出的正是人性最本真的善良。

在河北省承德市从事自媒体工作的退伍军人孙占军，5年里通过微信、微博、贴吧等媒体平台帮助近千人。当地人称，他每一次轻点鼠标传递出去的都是一份爱心和感动。在孙占军眼里，帮助需要帮助的人就是一种快乐，他也在通过自己的努力，让更多的人去享受这份快乐。

这些草根人物的价值理念和道德观念，集中体现了中华民族的传统美德与时代精神，被广大网民高度认可，引起网民思想和情感的共鸣，使其在参与中实现自我教育与自我提高。

网友"快乐女孩"说，"社会需要爱，时代呼唤爱，对善行、爱心的感动，存在于每个人心中。"网友"我心向善"说，"感动背后承载的善良，足以温暖河北大地。"网友"一抹阳光"说，"让美丽之花开遍燕赵，让感恩之心撒遍神州。"

"中国网事·感动河北"在活动开展中，准确把握"时、度、效"，积极引导网民"善于发声""巧于发声"，让网民真正"动"起来。

"中国网事·感动河北"还相继开展"感动人物回访""感动人物进高校""感动人物微电影拍摄"等系列活动，发挥网络人物"有形的正能量、鲜活的价值观"作用，感染和激励更多的网民与感动人物同行，用平凡的感动给人以道德支撑和精神力量。

让正能量"聚"起来　强势引导网络舆论

"中国网事·感动河北"在自我发展和完善过程中逐渐形成了自己独特的叙事模式，把网络变成真善美的"发酵厂"，让诸多草根的"微事迹"在无疆网络里释放源源不断的正能量。这些在平凡的生活中创造传奇的"草根人物"，集中体现了中华民族的传统美德与时代精神，在网络碰撞中迸发出炽烈的道德光芒。

2013年10月，新华网河北频道以《情动沙漠　红柳育人》为题首次挖掘保定学院西部支教群体背后的故事。2014年"五四"青年节前夕，习近平总书记给河北保定学院西部支教毕业生群体代表回信，勉励青年在实现中国梦的伟大实践中书写别样精彩的人生。新华网河北频道作为首发媒体，积极采用原创报道、专题制作、图集、漫评等多种形式进行全方位、多角度、立体化宣传，并依托新华网平台，开展"对话保定学院：到西部支教去 唱响青春之歌"微访谈，活动当天，跟帖超过3300条，参与人数超5万，引发全国网友热议。

活动期间，"新华河北"等官方微信公众贴号及时报道活动情况。此外，采用专题图文、新华河北官方微博、新华网炫闻客户端等多终端形式对颁奖仪式进行微直播。

页面展示、新闻发布、微信推送、H5展现、微访谈……三年来，"中国网事·感动河北"累计发布微博、微信1000余条，推出H5特刊10余期，微信推送近20组。

在报道中，新华网河北频道勇当龙头，通过对草根人物翔实而权威的报道，全面占领舆论阵地，让正能量在网络上"聚"起来，着力营造"讲好河北故事、传播河北声音"的舆论氛围。

 **幕后故事**

网聚河北正能量　共筑美丽中国梦

用心灵感受真，用行动践行善，用眼睛发现美。

石家庄市、衡水市、唐山市、辛集市、井陉县冶里村……三年来，这些地方都留下了记者们的脚印。在对典型人物的持续报道中，新华网河北频道采编人员深入基层，带着问题、带着思考与网络草根进行面对面交流，用心感受草根人物的感人事迹、用心体验草根人物的生活环境，努力让新闻报道接地气、冒热气。

最终，先后刊发《八旬雷锋奶奶靳国芳：小社区里的大人物》《侯宝明：兼职做好事　全职做好人》《河北爱心救援队：春节期间暖心坚守》《"残疾愚公兄弟"：誓让荒滩变绿洲》等多篇有血有肉的精品稿件，引起强烈反响。

2015 年 12 月 29 日，"中国网事·感动河北" 2015 年度网络人物颁奖典礼在河北科技大学举行，为十位（组）网络人物颁奖。

"轮椅天使"丁玉坤、"河北省博客联盟"李东顺、高碑店爱心联盟……他们当中，有身残志坚帮助残疾人创业的坚强女子，有带领博客圈成员用爱心温暖人心的"东方大哥"，也有坚持多年默默付出的志愿者群体。他们从无人可见的角落走到舞台中央，在风云变幻的世界里带给我们无尽的思考。

颁奖典礼上，伴随着缓缓的音乐，往届网络草根段非、刘贵芳、严爱国、靳国芳走上舞台，共同发起"网聚河北正能量·共筑美丽中国梦"暖心倡议。

段非是从大山里走出的贫困学子，年幼时爱心人士的帮助，在他的心里播下了爱的种子。2006 年，他创办了以报恩为主题的公益网站——中国报恩网。目前，他创办的国内首档慈善脱口秀"非说慈善"已上线播出。多年来，他始终坚守那份质朴与纯情，与中国报恩网一道在公益的道路上成长。

刘贵芳倾力付出，探索实践"医养结合"模式的敬老院。2015 年 11 月 17 日，李克强总理回信鼓励刘贵芳，"深为你的义举和爱心感动。"刘贵芳说："这封信就像冬天里的太阳，给我们一家带来了极大的鼓舞和力量。"

当河北爱心救援队创始人严爱国动情地说"我有一个侠客梦，梦想行走出一个大爱'江湖'"时，这个平凡草根的伟大梦想感动了无数现场观众，掌声经久不息。

年近 80 岁的靳国芳是个爱管闲事儿的老太太，她的"大靳热线"24 小时在线。她常说："别看我管的都是'闲事儿'，但对居民来说都是大事。"颁奖典礼现场，她的年龄引起在场观众一阵惊叹。她却乐呵呵地说：做好事帮助人快乐，快乐就年轻！

当我们看到一个个真实可亲的普通人，凭借着"王老抠""平安哥""大爱村医""城市暖心人"等流行昵称被大家所铭记时，我们发现，爱与温暖，是人类永恒的向往。

"中国网事·感动河北"从诞生之日起，便坚守那份"草根情怀"：以网络点赞与顶起发现爱，以网民泪奔与感动诠释爱。

三年来，"中国网事·感动河北"以其独特的视角筑就"平凡草根"的网络道德城墙，为宣传河北打开了一扇世界之窗。这些心路历程，已经汇聚成一个个气势如虹的真善美方阵，一道道坚不可摧的精神道德长城，滋养着河北这方沃土。

大爱无疆，德行善远。每年，我们都在期待着与感动相遇、与温暖并肩。2016 年，当"中国网事·感动河北"再次起航时，我们发现，那些感动并没有随着岁月的前行而黯然褪色；我们知道，千百年来中华民族生生不息的传统美德将再次熠熠发光，照亮燕赵大地。

讲好河北故事 引领社会风尚

记录每一段感人至深的微小故事。

跟踪每一位动人心弦的网络草根。

倾听每一刻真实善良的内心感动。

在穿行的岁月中，"中国网事·感动河北"有着太多精彩，她用真诚的感动引领着河北的善行之风。

时至今日，我们依然不忘初心。

时代在变，思想在变，但人们心底对于真善美的追寻丝毫未变。

"中国网事·感动河北"固执地把短暂的善念，变成永久的善举，永葆对真善美的渴望。

讲好河北故事，引领社会风尚。这是公众的期望，也是我们努力的方向。在浩浩荡荡的时代潮流中，"中国网事·感动河北"正焕发勃勃生机。

上一年度的网络草根带来的感动还在心中激荡，这一年度的网络草根又向我们徐徐走来。当更多的人自愿加入好人行列时，好人才能层出不穷；当个体的行为转变为群体行动时，争做好人才会成为时代追求。

今天，我们需要这样的榜样力量，让每个人在坚持中少一些徘徊踟蹰，在复杂中学会简单相处。

"中国网事·感动河北"对我们而言，更像是一种追寻，追寻善的美德，追寻时代精神，追寻草根力量。用爱心筑起无疆网络的道德长城，我们始终在路上。

学习道德榜样　引领文明风尚

——广西新闻网第三届道德模范评选活动

【导读】

道德，就像是蒲公英的种子，随风飘散，落到哪里就在哪里生根开花结果；而我们的行动就像那传播种子的缕缕清风。让你，让我，让我们大家都行动起来，共同播下道德的种子，让我们身边开满道德的鲜花，我们的世界一定会绚丽多彩，芳香宜人。

道德模范是社会道德建设的重要旗帜，深入开展学习宣传道德模范活动，弘扬真善美，传播正能量，激励人民群众崇德向善、见贤思齐，鼓励全社会积善成德、明德惟馨，为实现中华民族伟大复兴的中国梦凝聚起强大的精神力量和有力的道德支撑。

2015年4月，由广西日报传媒集团广西新闻网承办的第三届广西壮族自治区道德模范评选表彰活动进行，平凡的道德榜样或铁肩担道义，或大爱洒人间，他们用自己的言行，传承着中华传统美德，显现着中华民族精神，他们成为"讲好中国故事"的鲜活素材，道德榜样平凡而又不普通的事迹乘着"互联网＋"的翅膀在八桂大地传颂，传递着网络正能量，引领着文明新风尚。

关键词：道德榜样　广西好人　身边暖新闻　广西新闻网

广西新闻网《德耀中华·大美广西——道德模范在身边》专题页面截图

为进一步培育和弘扬社会主义核心价值观，在全社会形成知荣辱、讲正气、作奉献、促和谐的良好道德风尚，广西第三届自治区道德模范评选表彰活动全面启动。

第三届自治区道德模范在广西壮族自治区党委宣传部、自治区文明办等单位的指导下，广西新闻网精心策划，组织报纸平媒、网络PC端、手机广西网、广西手机报、广西网视、广西新闻网官方微信和微博、掌上广西新闻客户端，全媒体阵营全面推开道德模范评选活动。

本届道德模范评选活动分为"助人为乐模范""见义勇为模范""诚实守信模范""敬业奉献模范""孝老爱亲模范"五类，每类表彰5名，共表彰25人。评选活动着重推选来自基层、群众看得见、摸得着、信得过、学得到的道德建设先进人物。

一、网媒走基层的具体实践，展现"公益范儿"

本届道德模范评选活动取得成功，首先是本次活动着重推选来自基层、群众看得见、摸得着、信得过、学得到的道德建设先进人物，是网络媒体"走基层、转作风、改文风"的生动实践。最美丽的风景在基层，最感人的温暖在基层。他们中，有生前用微薄的工资以及向社会各界募捐的 3000 多万元善款，资助近 2 万名贫困生圆了上学梦，被学生们亲切称为"校长爸爸"的莫振高，也有防艾先锋、艾滋病患者的"邻家大姐"杜丽群；有 86 本笔记定格扶贫路的"人民好公仆"赵文强，也有挑起山里娃上学梦的"扁担姐"麦琼方；有"背父上学"孝爱满怀的 90 后女孩陈春林，也有"最美乡村医生"谢序忠、谢本合父子，服务乡村几十年，成为大山里百姓健康的守护者，他们都有一个共同的名字：广西好人。"他们都是平凡人，却做出了这么多了不起的事。"参与投票的网友"阿伶"很感动，"这些身边的好人，值得我们每个人学习。"

其次，在于它满足了大众对健康网络文化的需求。一段时间以来，网络暴力随处可见，一些网络俗语弥漫在不同年龄、不同层次、不同性别的网民之中，似乎不会使用低俗的网络"流行语"，就不配做一个合格的网民。这些网络负能量侵害着我们的文明肌体，侵蚀着主流网络文化的根基。营造清朗的网络空间，必须清除网络暴力，铲除网络低俗语言的生存土壤，让网络低俗语言失去在网络"繁衍"和传播的能力。通过传播道德榜样、身边好人去种下网络文明的种子，生根发芽，开出"文明之花"，激发人们向善向上的正能量。

第三，本次活动充分应用"两微一端"、手机报等新媒体平台推广，新媒体"微力量"凝聚，产生了意想不到的社会动员效果。通过活动，我们深深感觉到，只要有越来越多的新媒体愿意主动展现"公益范儿"，引导舆论充满着积极向上的良好心态，社会阳光下的主流价值正能量就能更大效应地弘扬起来！一个人的善心是加法效应，一个团队的善举是乘法效应，千万人们的点滴善举又借助网络这个平台向社会传递着向善的力量，一个爱心网络专题，一条微信，一个微博，一个帖子……能迅速掀起整个八桂大地的爱心潮，生动诠释着社会主义核心价值观的现实意义，铸就着广西人民的精神砥柱。

二、媒体宣传闪耀道德之光，助推"好人"建设

道德模范评选活动官网为发现广西好人、展示广西好人提供了一个良好的载体，是弘扬社会公德、正能量的重要平台，成为传播文明、引领风尚的重要阵地。2015年4月至6月，广西新闻网旗下各平台号召、发动广大网友、读者为广西道德榜样投票、点赞、评论，积极传播正能量，成为八桂大地的主旋律，让"好人文化"深入民心。

其实，无论男女老少，每一个普通人，都是自己生命的主角。只要你愿意，我们都能够成为某个家庭的雪中之"炭"。本次活动展现了57位道德榜样先进事迹，每一位身边好人均平凡普通，可正是在平凡的岗位上，他们却做到了普通人都能做却又没做的事情。参加投票的网友"林感"留言说："在很多人都讲究自我，强调自我的当下，他们怀着一颗大爱心，用他们所做的小事，让我们看到了人性的光辉，看到了整个人群，还是好人多，我们可以是一个普通人，但必须要是一个好人。"

一个个鲜活的故事，一幅幅感人的画面，一曲曲动人的赞歌，广西新闻网打造的道德模范评选活动官网成为"广西好人发布厅"，将广西好人的故事传播到全国。自治区文明办相关负责人表示："组织道德模范评选活动、建设好人发布厅是一个好的起点，也是一个阶段性的标志，广西将会有更多的载体来发现好人、展示好人、传播好人故事，传

递社会正能量。"

古希腊哲学家德谟克利特说过，"一个人必须要么做个好人，要么仿效好人"。除了做好人、效仿好人，还要有人发掘好人、宣传好人，让好人精神产生"滚雪球效应"，使更多人效仿好人、做好人。如果说好人是一个乘数，群众就是另一个乘数，积有多大更多取决于后者。广西新闻网组织本次评选活动便搭起一座桥梁，成为信息化助推广西"好人"建设的一个标志，让好人文化搭上"互联网＋"快车，让好人精神产生"滚雪球效应"。活动充分利用微博、微信、微视频、手机报、客户端等全媒体手段展现好人事迹，善用"互联网＋好人"传播好人文化，在广度上做文章，获得了"病毒"传播效果，许多网友、读者不仅自己参与其中，还自发帮助这个"产品"向朋友、家人、同事和朋友圈进行推广和宣传，充分体现立体宣传的强大优势。

三、践行媒体社会责任，推动社会主义核心价值体系建设

"当我们都在感叹好人难做，世风日下时，你们用自己感天动地的行为展现了中国人的善良。"参与道德模范评选活动的网友"飞扬的青春"说道。网友"年轻的翅膀"表示："让我们用实际行动去学习道德榜样，去感染别人，让我们的身边出现更多的道德模范，少一些冷漠，多一些帮助，人人争做道德模范，让我们的社会更和谐。"

网友的心声，正是媒体人的心声，也是媒体的社会责任。道德模范和身边好人，无处不在、无时不有。他们似一盏明灯，给人们带来光明与温暖；他们是一首赞歌，传颂着人间的真情与美好；他们是一面旗帜，引领着社会的和谐与进步。媒体有责任有义务去关注这些凡人善举，去传播"好人精神"，去感召我们身边的每一个人。

这些年来，广西新闻网非常重视网上公益平台建设，加大对线上公益活动的资源投入，线下公益活动的组织实施，大力发展公益事业，

打造广西公益品牌。从 2011 年举办"红拇指·广西全民健康短信大赛"孕育的"红拇指"品牌，到 2012 年开展"感恩教育"主题活动，倾力打造的"手机报感恩平台"；从 2014 年开展的主题为"中国梦·我的梦"全区征文活动，号召读者、网友用"微言微语讲述中国梦"，到 2015 年推出的全新正能量专栏《身边暖新闻》，一个个主题活动，一个个平台建设，旨在践行媒体责任，讲好广西故事，传播社会文明，为营造和谐的社会氛围出力。

值得一提的是，"红拇指"健康短信大赛从 2011 年年初启动，大赛贯穿 2011 年全年，分别以春节、清明节、"五四"青年节、端午节、建党 90 周年等节庆日为节点，分阶段分主题进行比赛。不少参赛作品主题积极向上、反映时代变化，既有歌颂党的政策的，也有记录时代英模的；既有赞美经济建设发展成就的，也有描绘祖国大好河山的。近万条经典"红色短信"在广西人民的手机中不断传递。

2014 年 6 月至 7 月，广西新闻网开展主题为"中国梦·我的梦"全区征文活动，针对"微心愿""寻足迹""说变化""付实践" 4 个主题，细化成《微心愿·亮出你的中国梦》《晒心语·争做出彩广西人》《梦足迹·寻身边最美追梦人》《追梦路·圆梦故事你来晒》《说变化·壮乡奇迹我们绘》《爱家乡·清洁乡村美丽梦》《幸福里·晒家庭成长故事》和《爱祖国·携手共筑中国梦》8 个"接地气""互动强"的小主题，持续推动征文活动火热开展，利用手机报平台、微博微信平台，征集微言微语，大到国家发展成就，小到个人追梦历程，读者、网友畅谈对中国梦内涵、价值与意义的理解，描绘令人期待、催人奋进的"我的中国梦"。截至当年 7 月底，共收到手机报读者参与征文活动短信近万条，网友微言微语 1000 多条。

广西新闻网策划实施的这些活动，身体力行，践行媒体责任，尤其是新媒体也肩负起使命和责任，用健康文明的手机报短信互动、微博微信粉丝互动推动网络文化建设，营造积极健康向上的群众文化生活，推动社会主义核心价值体系建设。

习近平总书记关于党的新闻舆论工作的重要讲话引起强烈反响。广西新闻网将把握正确舆论导向，充分发挥网络传播优势，唱响时代主旋律，传播正能量。一方面加强互联网公益内容建设，巩固互联网公益品牌，利用技术优势创新互联网公益形式，让网络公益大有可为。另一方面传播正能量，讲好广西故事、中国故事，让主旋律、正能量主导网络空间，坚持创新理念，改进传播方式，讲求质量和实效，加强网络议题设置和有效发声的能力，把握舆论引导的"时度效"。

"这是一个大时代，我们需要时代风云的记录者，社会进步的推动者，公平正义的守望者，政策主张的传播者。"广西新闻网总编辑王庆表示，将践行总书记提出的"四者"要求，站在时代潮头，为社会改革和进步贡献力量。

 幕后故事

故事一　莫振高　瑶山泪别"化缘校长"

莫振高，一位普通的中学校长，生前曾获诸多官方的荣誉，但对于他来说，身后来自学生的如潮哀思，或许才是至高无上的荣耀。

2015 年 3 月 15 日早晨，广西都安瑶族自治县县城，数千人自发前来，人们抹着眼泪，送别离世的都安瑶族自治县高中校长莫振高。

莫振高的家，位于都安高中后面，是一栋普普通通的居民楼。他的家里，装修得很简单，记者没有看到一件值钱的家什，一些家具看起来还非常老旧。他的卧室只是简单地批灰刷白，摆放着一张简易床，对着床头的，摆放着一个上世纪 80 年代的木柜，柜门已经损坏。

记者在莫校长家二楼的墙角看到了一双黄里透黑的塑料拖鞋，上

面写着"2008"几个字。这是莫校长在北京奥运会的时候买下的，鞋子质量不错，在家里他已经穿了7年。不过，鞋子已经从当初的黄色差不多变成了如今的黑色。

生前，他用自己微薄的工资资助近300名贫困生，让他们顺利考入大学。10年"化缘"3000多万元帮助近2万名贫困学子圆了大学梦。在他的感召下，一代代瑶乡山里娃走出大山、勤奋求学，用知识改变了自己和家人的命运。他，是大瑶山中筑梦人，是瑶乡师生的"化缘校长"。

身后，一公里的队伍，数千学生不远千里从各地赶回，送他最后一程，465个花圈，以致县城花圈脱销。去世当晚，4600多名在校学生自发举行"停电"仪式，数十间教室同时熄灯，时间长达3分钟，他们这样做只是为莫校长默哀。校友群、朋友圈、网络论坛，怀念、追忆如潮……他，是瑶乡学子的"校长爸爸"。

出身贫寒的莫振高经常说，贫穷不见得就是一件坏事，它可以锻造一个人的品格，可以锻造一个人的毅力。

故事二　小记第三届自治区道德模范胡美连

在蒙山县大车村古账组，有这样一个女人：14年如一日，无微不至地照料生活无法自理的丈夫；尽心尽力照顾80多岁的公公婆婆和一位90岁无子女的伯母；独自挑起家庭经济重担，悉心抚养两个小孩至成年。

她，叫胡美连，一个48岁的普通女人。

2001年6月，丈夫张裕建遭遇车祸，经全力抢救，虽保住了性命，但下半身完全瘫痪，生活不能自理。家中顶梁柱突然倒塌，生活的艰辛数次让胡美连产生一死了之的念头，但是看到年迈的公公婆婆和未成年的儿女，胡美连心软了。从此，她瘦小的肩膀承担起了一个家的重量。

丈夫每天要定时翻身、吃饭、清理大小便。胡美连说最困难的是每天帮丈夫翻身，"翻动他100多斤的体重，相当于干一天的农活。"加上胡美连本来就贫血，常累得她头晕眼花。至今她还记得，第一次从地里干完农活回来给丈夫擦身，累得趴在床边不能动的情景。

全家的重担压在胡美连的身上，让她饱尝了"上有老下有小"的艰难滋味。但困境没有让胡美连退却，却激发起她和命运抗争的勇气和力量。

公公婆婆年纪大了，经常生病，每次胡美连要公婆去看医生，二老都舍不得："一点小毛病，没关系，年纪大了都这样，过几天就好了。"胡美连坚决不同意，执意要公公婆婆看医生，有时劝不动，她干脆就把医生请到家里来给生病的二老看病。

家里养了几只鸡，下的蛋要拿到市场上卖，以补贴家用，但每次胡美连总会留下一些给公婆吃。虽然家里经济拮据，但逢年过节胡美连总会想方设法给老人做些好吃的，或者买几件新衣服。她常常对二老说："你们身体好了，我就能放心地下地干活。"

胡美连丈夫的伯母邓秀英没有子女，一个人生活。有一次邓秀英病重，幸好胡美连及时发现并将老人送往医院才抢救过来。为了更好地照料老人的生活，胡美连干脆把88岁的邓秀英接到了自己家里。六口之家变成了七口之家，生活的担子更重了，但胡美连从来没有抱怨过，每天天不亮就给老人、丈夫和孩子做好饭，然后下地干活，天黑后回家给丈夫擦身、做家务，十几年如一日，有时候累得腰都直不起来，她却没有喊过一句累、叫过一声苦。

除了担起家里的重担，胡美连还十分热心村里的公益事业。去年10月，村里78岁何守旺大爷突然发病，不省人事。当他的家人找到胡美连帮忙时，她二话没说就把老人送到了医院，还帮交了入院费。医生说如果晚来半个小时，何大爷就没命了。

2013 年，胡美连荣获蒙山县"十佳好媳妇"的称号，2014 年被评为梧州市"十大好儿媳"。面对别人的称赞，胡美连总是说："我只是在尽儿媳、妻子、母亲的一份责任。"

触摸山城温情　打造有温度的新闻

——华龙网品牌栏目《百姓故事》

【导读】

行进在中国，处处有故事。习近平总书记曾提出"生动讲述中国人、中国家庭的精彩故事""深入阐释中国梦，塑造中国国家形象"，党的十八大以来，中国新闻工作者把握网络传播互动性、参与性的特点，用大众的语言，讲述中国故事、弘扬中国精神、传播中国声音。而这其中，深入基层、深入百姓，讲好老百姓自己的故事，发出老百姓自己的声音，是重中之重。

2014 年，结合"行进中国·精彩故事"全国新闻战线走转改大型主题采访活动，华龙网推出品牌栏目《百姓故事》。栏目结合重庆本地实际，聚焦基层，对准一个又一个小人物，着力挖掘普通人物的闪光点，通过零距离接触、面对面采访，用真实具体的事例、有血有肉的人物、引人入胜的情节，生动讲述了一个个精彩故事，践行着"讲好中国故事，弘扬中国精神，传播中国声音"的媒体责任和使命，让中国精神和社会主义核心价值观得到了更好的传播和弘扬。

关键词：百姓故事　山城温情　草根英雄　华龙网

案例回望

华龙网《百姓故事》专栏页面截图

2014 年，中宣部召开专题会议，对在全国新闻战线开展"走转改"大型主题采访活动"行进中国·精彩故事"进行动员部署。在此背景之下，华龙网推出品牌栏目《百姓故事》。创办伊始，栏目就定位明确，聚焦基层，对准一个又一个小人物，着力挖掘普通人物的闪光点，彰显重庆人的担当与大爱。

栏目创办一年多来，始终坚持走转改的作风，讲老百姓的故事、讲故事给老百姓听。华龙网原创采编团队走进基层，挖掘"草根"身上最闪光的故事，这些故事不仅感动着、激励着广大关注该栏目的网友们，同样也让整个团队充满了正能量，实现着团队中每个编辑、记者的新闻理想。

给"草根英雄"一个舞台

草根相对强势精英人群而来，其说法产生于 19 世纪美国寻金热流行期间，盛传有些山脉土壤表层、草根生长的地方就蕴藏黄金。其实这称谓带着贬义，但被草根人群自身接受了，暗合了某种自嘲精神的尊严护卫需要，托网络发达之福，草根的话语权增强了，而草根中的英雄也更容易被发现。

在重庆这座偌大的城市里，时时刻刻都上演着许多令我们动容的故事，出现着令我们感动的人。而深入基层，把新闻视角对准平凡人，挖掘出他们身上不平凡的故事，正是我们一直在探索和坚持的。依托于"行进中国·精彩故事"的主题，华龙网推出了《百姓故事》，栏目定位为"触摸城市温情·讲述百姓故事"。截至 2015 年 11 月，共推出了 598 期栏目，讲述了 598 个属于老百姓自己的故事。

在重庆市委宣传部所评选的"2014 年度感动重庆十大人物"中，由华龙网《百姓故事》推荐的犹小飞、郑璇、周润柳、樊劲松四位故事主角，成功获选。追寻梦想的"琴痴"，搭起"聋"与"听"两个世界桥梁的聋人博士，乐观感恩的小女孩，让家团圆的打拐警察，这四位完全不同人生境遇的人却用同样的正能量感染了华龙网记者，也通过华龙网记者手中的笔，将那一份份正能量传递给全社会。

2015 年 3 月 6 日，《百姓故事》栏目以《"最后"的礼物》为题，报道了重庆綦江区 27 岁的渐冻症患者犹波为其 50 岁父亲送上"最后"的生日礼物，故事中，他的一曲《父亲》唱哭了 20 余年顶天立地的老父亲，唱哭了现场采访的记者，也唱哭了看故事的读者。2015 年 12 月 4 日，犹波成为"中国网事·感动 2015"年度网络人物候选人。该评选由中央外宣办批准，是"草根英雄的奥斯卡舞台"。"2015 年度感动重庆十大人物"，华龙网《百姓故事》所报道、推荐的人物在 20 个候选者中占据了 8 个席位。

将身边好干部的故事说给老百姓听

基层干部是《百姓故事》一直以来所关注的焦点。他们当中有许多人，在自己的工作岗位上默默耕耘、无私奉献，甚至一生无求，把基层老百姓的家事当成自己的大事，把基层老百姓的生活幸福当成自己的幸福。《百姓故事》第 416 期所报道的《林国宁倒下前的 130 个小时》正是讲述这样的基层干部。

林国宁 1987 年 9 月加入中国共产党，先后任重庆市奉节县大树镇党委副书记、大树镇人大主席、大树镇信访办主任，至 2014 年因公殉职党龄已有 27 年。他因在"8·31"特大洪灾中抢险救灾突发疾病不幸身亡。为了追溯宁国林的先进事迹，华龙网记者几乎踏遍了整个大树镇，采访数个救灾中与他接触过的人，还原他在牺牲前的 130 个小时里，为了保护受灾老百姓的人身财产安全，不眠不休工作在抢险救灾第一线的场景。

该报道引起了强烈的社会反响，全国各地网友跟帖多达数十页，称赞这样的基层干部就是身边的好干部，这样的重庆正能量应该扩散到全国。报道点击量上万，包括新华网、人民网、中新网、凤凰网等 20 余家媒体纷纷转载，相关微博转发数千次，阅读量达 10 万；华龙网微信平台发布相关报道后，数百人对故事进行了分享传播；重庆手机报进行专帧报道后，影响了 100 多万重庆手机报用户。

网友们在留言中这样说道："人民好公仆，精神永驻人民内心。""救灾一线的 130 小时，夺去了优秀共产党员的生命，留给乡邻的是平安、感动以及反思。林国宁为民奉献的精神将被永远铭记。""林国宁同志用生命诠释为民服务的宗旨，维护了群众的根本利益，这位优秀的共产党员将永远感动我们。"

像林国宁一样，把家搬到基层、在老百姓身边办事的基层干部还有很多，《百姓故事》第489期《溜索法官》，讲的也是这样的故事。三个审判员、一个法警、一个书记员，组成了常驻在海拔1000米高山农村的奉节县第三人民法庭。这五个人平均年龄不到30岁，最小的刚满24岁。这个年纪的人大多数都向往着更广阔的天地，但他们却从大山里的小山村找到了自己存在的价值。

他们中，有的人到任8年未曾休过公休假，有的人一年才能见上爱人一面，他们把最好的青春留在了大山深处，但却用一个字来诠释所有：值。为了给辖区内的村民普法，他们常常要翻山越岭，甚至要靠索道出行。他们怀抱着国徽从数十米高的河面上空溜索滑过的场景感动着当地的村民，也感动着《百姓故事》的读者。

《溜索法官》被多家媒体转载，多地法院官方微博也对该报道进行了转载。网友这样评价："这样的故事不仅感动了我们老百姓，也成为更多法律战线上的工作者们学习的榜样。""一直以为法官都是高不可攀的，原来他们就是我们身边。""很多普通老百姓都会吃不懂法的亏，但有了这样的普法者，我相信，大家对法律的认识会越来越多，既能保护自己又能保护他人！点赞！"

用融媒体丰富人物报道手段

传统形式上的深度人物类报道，动辄数千字。在如今这个数字媒体时代，人人都可以是自媒体，对看新闻报道的要求不再仅仅局限于过去那种，几张图片加上一大版文字的形式。如此长篇幅的报道怎样才能吸引人们静下心来去读，并且主动与周围的人分享？华龙网原创团队基于这个问题，下了苦功夫。

"两人安静坐在樱花树下，花儿飘落身上，你为我轻轻拈去。"你也许会以为，这只是电视剧中才有的桥段；你也许会以为，这只是专属于年轻人的唯美浪漫，如今它却发生在两位年过七旬、银发斑驳的老人身上。在重庆南川，因为年轻时对恋人的一句承诺"带你去看粉色的花火"，老人吴绍明用他大半生的时间为妻子亲手建造了一座安乐无忧的"后花园"，并兑现承诺为老伴栽种两棵象征爱情的樱花树。

2015年4月，华龙记者无意看到一张网上流传的照片，两位老人相互依偎在两棵樱花树下，老爷爷正在为老婆婆朗读报纸。一张照片一个场景，便足以打动人心。看到此照片后，记者多方打听到这张照片的拍摄者，并通过他联系到了照片中的当事人，第一时间赶往南川金佛山下的一个农家小院，找到了这个浪漫的"世外桃源"并倾听他们的爱情故事，成功策划推出了《百姓故事之樱花树之恋》。

2015年4月8日，《百姓故事》同时推出了《樱花树之恋》的PC版、H5版。在H5版的制作上，原创团队用心良苦。点击进去，首先映入眼帘的即是满眼的粉色樱花，动态的花瓣徐徐飘落，配合着娓娓道来的文字以及温情的音乐，将整个页面打造得温馨、感人。

稿件发布后，迅速被人民网、凤凰网、网易、中国日报、中国青年报、搜狐客户端、今日头条等媒体转载，还有不少媒体也给华龙网记者打来电话询问联系方式，想去现场采访报道。二老的故事也随之在微博、微信、各大论坛上流传开来，并在微信朋友圈疯狂转发。也因为华龙网的报道，老人吴绍明被评为感动重庆月度人物。

为实现中国梦而释放智慧与力量

重庆，英雄山城，英模辈出，感动常在，尤其是那些草根英雄，他们的劳作身影，闪现在角落边缘处，主观为自身生计，客观为城市面貌贡献着自己的力气与智慧，他们身上那种耿直、豪爽、勇敢的气质正在成为坚持正义、勇于献身的代名词，正在自觉地以主人翁的姿态，积极参与城市精神塑造，这正是城乡一体化下公民意识不断增强的体现。

迄今，华龙网《百姓故事》已报道近 600 期，挖掘了许多乐善勇为、敬老爱亲、爱岗敬业的典型人物，也讲述了许多追梦不止、感人爱情的故事。栏目背后的记者团队，不论刮风下雨，还是高山深壑，坚持在一线触摸山城温情，讲述百姓故事。为开展好"走基层、转作风、改文风"活动，记者们对《百姓故事》报道坚持着一贯的理念：接地气才能有灵气，俯下身才能心贴心。

党的十八大以来，以习近平同志为总书记的党中央把实现中华民族伟大复兴的中国梦确立为全体中国人民的共同理想，同时，大力倡导社会主义核心价值观这一全国各族人民价值观的"最大公约数"，并以此为统领，明确方向、振奋精神、凝聚力量，为实现中国梦提供坚强的思想保证。中国梦是国家、民族的梦，也是每个中国人的梦。在践行的过程中，既有感天动地的大故事，又有平凡可见的小故事，但都不乏精彩之举。

一个典型就是一面旗，一个好人就是一盏灯。华龙网深入挖掘区域内的典型人物和先进事迹，逐步建立起了选送、推荐、宣传、培育典型的长效机制，将其作为城市现代化进程中必须努力推进的一项基础性工程，让深怀感恩的心，用草根英雄真善美的高尚道德来进行一番灵魂深处的洗涤，从制度层面常态化地对义举良心给予尊重与褒奖，让整个社会形成"崇尚先进、学习先进、争当先进、勇做表率"的良好风气。我们相信：借助网络的力量，有英模精神的激励，我们整个民族，都将因崇高思想道德的支撑而更加积极地投身于全面深化改革热潮之中，为实现中国梦而释放全部的智慧与力量。

 幕后故事

记者手记：我们被感动着，我们传递着感动

为了选好每一个选题，华龙网《百姓故事》记者团队每周都会聚在一起群策群力，进行"头脑风暴"，策划报道角度，讨论报道方向。为了让稿子更深刻、表达更到位，一个稿子能修改十几遍，细化到每一个字。重庆地大物博，去一个区县采访近则车程一个多小时，远则五六个小时，这也练就了记者们的"三头六臂""七十二变"，能写能拍能摄像。为了争取时效，记者们总是第一时间冲到现场采访，有时连饭都顾不上吃，甚至，车子在颠簸的山路上行驶着、记者抱着电脑在不停敲打着键盘。

2014 年 8 月 31 日，重庆市东北部地区遭遇特大暴雨灾害，云阳、巫溪、奉节、巫山、开县等 5 区县受灾严重。华龙网记者第一时间赶到，从主城驱车近 5 个小时前往受灾严重的奉节县，以《晚餐》为题，报道了奉节县明水中学 26 位老师在自然灾难面前克服重重困难为学生背粮的故事。在背粮过程中，老师们因为跋山涉水而变成"泥人"，杨仕顺老师差点掉下 200 多米高的山谷……这些天灾面前的大义举动，让习惯了"吐槽"的网民，看到了一组救灾模范人物的群像，更感受到了重庆人、重庆教师的胸怀与大爱、勇于担当的可贵本质。

为了这篇报道，华龙网两男一女三位记者在灾害还没有结束前就赶往了现场。当地离重庆市区有 400 多公里的路程，黎明就驱车前往的记者们在路途中多次被山体滑坡挡住去路。车开不动了就搭当地老百姓的摩托车，摩托车跑不过去了就步行，足足花了 10 个小时才到采访现场。到的时候，不要说两个人高马大的男记者，就连平日里清秀文静的

女记者都是一身邋遢。记者在回忆时这样说："那时候灾区里的老百姓都是想方设法出来，而我们却是想方设法进去，什么安不安全啊，累不累啊，根本没想那么多。只想着怎么赶紧到现场了解情况，赶紧把事情报出来，让全社会一起帮忙。"

同样承载着这样的爱与担当的故事还有《17岁，不哭》。17岁的李端武患上了白血病，爷爷怀揣全部家当带他从巫溪县到市区治病。仅有的一盒饭，爷爷舍不得吃，自己挨饿拿给端武，而端武却佯装吃不下，让给爷爷吃。祖孙俩在对方面前，都努力露出笑脸，转过身去，却都是偷偷哭泣。祖孙俩平凡又真挚的亲情感动了周围的人，他们的故事当日在朋友圈引起众人关注。

获得线索后，记者第一时间赶到医院对祖孙俩进行深入采访。采访中，当记者看爷爷老泪纵横的脸，看到乐观坚强努力微笑的端武，被深深打动了。通常来说，栏目的制作因为需要采访、编辑、反复审稿修改以及美编制作，需要提前制定选题，才能有条不紊地在规定时间内发布。刊发后，有不少网友直接找到《百姓故事》栏目主持人询问联系方式，也有网友通过记者联系捐款、捐物。

在采访时，记者鼓励端武要保持乐观心态，积极面对病魔，询问他有没有什么想要看的书，端武透露想要看《平凡的世界》。事后，记者带着自己的承诺再次回到医院，将书和通过自己募集到的款物一并送给了祖孙俩。

《百姓故事》团队的记者们，用笔尖将阳光引进黑暗的角落，用镜头记录感人的瞬间，用报道反映百姓的疾苦欢乐。推出的大量人物报道引起强烈反响，团队成员也在这个过程中得以成长。一手创办推出《百姓故事》栏目的新闻中心主任张一叶获"重庆市十佳新闻工作者"称号；凭借多年从事一线采访工作积累的丰富经验，现在负责监制该栏目的康延芳和黄军分别获得"十佳田坎记者""十佳巷子记者"称号。

中国梦是国家、民族的梦，也是每个中国人的梦，归根到底是人民的梦。人人都是践行中国梦的主体和主角，不只是我们的采访、报道对象，也包括媒体人自己。传播中国梦，是媒体人的责任；践行中国梦，是媒体人的追寻。

中国梦传播新实践　中国人故事获点赞

——中国青年网出品 H5 系列作品

【导读】

精彩的故事是一个民族软实力的象征。柏拉图曾说："谁会讲故事谁拥有世界。"习近平指出："中国梦归根到底是人民的梦，必须紧紧依靠人民来实现，必须不断为人民造福。"中国梦的最大特点就是把国家、民族和个人作为一个命运共同体，把国家利益、民族利益和每个人的具体利益都紧紧地联系在一起。

"是什么力量驱动中国不羁前行？因为有你，因为有我，因为我们每一个创造价值的中国人！""就像散发着一个个正能量的小星星和追逐阳光的蒲公英种子。""新媒体传播的典范""一起为实现中国梦而努力"。2015 年，由中央网信办指导、中国青年网出品的《中国人的故事》H5系列人物作品共讲述了 20 位人物的故事，在朋友圈传递着满满的正能量，累计阅读人次过千万，获得了网友热议和好评。

关键词：中国人的故事　中国梦　青年之声　中国青年网

中国青年网《中国人的故事》PC 端专题截图

《中国人的故事》H5 系列人物作品，是 2015 年 11 月中国青年网开始独家刊载的专栏，整个板块设计以图片的视觉建构，以鲜亮色为主调，迅速将网民的吸引力聚焦在图片上。在朋友圈传递着满满的正能量，累计阅读人次过千万，获得了网友热议和一致好评。这组报道最鲜明的特征是创作者用图片记录真实，这些罕有的题材成为历史档案库的一部分，具有极其珍贵的史志价值。

采用新媒体传播方式

在专题制作中，将 20 个人物按拼搏、坚守、大爱、笃行和创新五个板块进行了再次分类，这样让每个人物更清晰直观，同时，每个人物作品设有子标题，方便定位查看。专题的集成还打通了线上线下，不只是简单地将内容集合起来，而且用户可以对每个作品进行微博评论。

选择 H5 新技术，以新媒介形式强势介入移动端传播领域，是该项目有别于其他传播项目的创新之处。H5 页面是一种针对移动端的新技术，这种传播方式以文化价值传达为主，同时还可以通过舒缓的音乐、精美的图片，或者某个互动环节，吸引读者的情感期待，从而形成共鸣，突出传播和激发每一个人对中国梦的深刻理解。

聚焦中国梦　讲述普通人的不平凡

2012 年 11 月 29 日，在国家博物馆，中共中央总书记习近平在参观《复兴之路》展览时，第一次阐释了"中国梦"的概念。他说：大家都在讨论中国梦。中国梦就是实现中华民族伟大复兴，到中国共产党成立 100 年时全面建成小康社会，到新中国成立 100 年时建成富强民主文明和谐的社会主义现代化国家。

中国人民发自内心地拥护实现中国梦，因为中国梦首先是近 14 亿中国人民的共同梦想。实现中国梦必须走中国道路，必须弘扬中国精神，必须凝聚中国力量。《中国人的故事》所宣扬的拼搏、坚守、大爱、笃行、创新等美好品质，正是中国力量的来源，引导人们坚定理想信念、构筑精神支柱，积极投身实现中国梦的生动实践。《中国人的故事》的主人公们爱国忠诚、无私奉献；他们敬业乐群、百折不挠；他们舍己救人、创新创业，他们是中国梦的追求者，他们是中华民族的脊梁。

从《警察爷爷　我们等你回来》《"中国核潜艇之父"黄旭华：三十年赫赫而无名》《"焊接巧匠"高凤林：航天制造界的"明星"》到《沈岩：从技工到院士》，不论 H5 的形式如何改变，有价值的内容始终是第一位的，能够引发情感共鸣，对内容的传播形成极大的推动。

受众定位清晰明确

媒介的受众定位是确定媒介的目标受众。受众向分众化发展，每个受众群都有各自的特点和喜好，年龄差异、性别差异、地域差异、职业身份差异等都决定了各个受众群的需求差异性。受众的需求在直接或间接地影响着传播者对传播客体的选择、传播内容的构思和传播方式的掂量。传播者如果心中无受众，则不可避免地会陷入盲目性，从而在以后的传播过程中受到惩罚。

中国青年网制作的《中国人的故事》H5系列人物作品，受众定位清晰明确，就是青年，并确立了心贴心服务青年、联动青年的工作原则，成为了让青年想得起、用得上、靠得住、信得过的互联网新载体。

为什么会用 H5 的形式来讲述中国梦的故事

当前"中国梦"的宣传一定程度存在概念化、庸俗化的现象。从内宣的角度而言，随处皆见"中国梦"，但是真正能直抵人心，达到现象级传播效果的网络文化精品还极少；从外宣的角度而言，运用好中国的文化元素讲好中国故事需要创新传播手段。

如何"润物细无声"地让更多中国人深刻认识、广泛认可、真诚认同中国梦，进而巩固中国共产党的执政基础，凝聚实现中华民族伟大复兴的力量，是我们宣传工作的出发点和落脚点。

随着移动互联网等新媒介形式的强势崛起，人们接受信息、认识世界的方式在发生深刻改变，信息传播与新闻生产也不再局限于一种路径。因此，创新传播方式，是新闻媒体进行自我创新的首要任务。

中国青年网就是要用网友喜欢的语言，结合具有中国特色的音画元素，用创新互动的微传播形式，讲好中国人的故事。

H5页面是一种针对移动端的新技术，这种传播方式以文化价值传达为主，同时还可以通过舒缓的音乐、精美的图片，或者某种互动环节，吸引读者的情感期待，从而形成共鸣，突出传播和激发每一个人对中国梦的深刻理解。因此，选择 H5 新技术，以新媒介形式，强势介入移动端传播领域，是该项目有别于其他传播项目的创新之处。

网友好评如潮

《中国人的故事》H5 作品从 2015 年 11 月 28 日开始，每周推出 2 期，每次推出的作品在微信朋友圈迅速传播和分享，网友好评如潮。

截至 2016 年 1 月 8 日，《中国人的故事》专题阅读量已超过 1200 万次。单个作品中，杨佳《为梦想再出发》阅读量超过 20 万次，沈岩《破格的人生》阅读量超过 15 万，黄旭华《揭秘核潜艇"09 工程"》阅读量超过 12 万次……

为什么这批作品能在朋友圈迅速传播并获得好评，主要原因就是紧扣中国梦、创新传播方式，选好典型人物、讲好中国故事，突出中国元素、创作过程精益求精。在具体实践环节，主要是创新了文案写作风格。

如何使所讲述的故事具有吸引力和说服力是文案创作的重点要求，也是项目推进中的重点和难点，写好每一个人物文案，都是煞费苦心，精雕细琢。

在文案写作时，项目组独创了"设置悬念"的写作思路。每个人物名字在文案 2/3 处出现，尤其对一些相对熟悉的公众人物，还深度挖掘人物未曝光的零星故事，以增加可读性和趣味性。

此外，文案写作时，主打感情牌，但不煽情，着重写人和时代的关系，人是实写，时代虚写，让故事的情节引发读者真情流露。如中国扶贫典型人物——朱彦夫，文案以一个老人与年轻人对话形式开头，把读者无形地带入作品的情境中，再对比"贫与富"的天壤之别，与读者通俗的价值判断形成碰撞，最后通过演绎一个真实的人物故事，让更多的年轻人对人物的故事产生黏性，从心底产生激荡从而达到共鸣，这样才能"看得到"，才可以模仿学习。

除了精打细磨的文案创作，在设计环节中也做了创新。针对每个人物的特征，设计团队力求将每一个人物进行艺术化再造，将中国文化元素和人物特征有机结合起来，尽量将每一屏画面设计得各具特色，从色彩、构图、文字上吸引用户继续翻屏。

《中国人的故事》中的每个人物作品，融合了图片、文字、音乐等表现形式，还运用时间轴、页面切换、动态滚动等多种结构表现手段，对故事进行全景式介绍，方便读者把握整体脉络。

幕后故事

代表人物的选择

在中央网信办网络评论局的指导下，中国青年网确定"中国人的故事"这一主题，策划系列 H5 移动端文化产品。这一项目从启动时，网评局就确立了"大格局、宽视角、多元素、微叙事"的方针，要求通过讲述一个故事，体现一个人、一幅画、一首曲、一则道理或一种精神。

明确以围绕"中国梦"为主题，以 H5 技术作为传播手段之后，如何选择典型人物来凸显中国梦的时代精神内涵是项目组的重点议题。在以往的典型人物报道中，不乏各种"高大上"的人物，虽然能让人产生敬佩之情，但让读者感觉离自己太遥远，难以产生共鸣。

因此，中国青年网经过反复研讨，最后确立了人物选择标准，要让人产生共鸣、体现时代特征、具备平民风格、经得起时间检验，从而可感、可学、可亲、可敬。

中国青年网还围绕着每个人物特征和人物所传达的精神内核进行了讨论。首先精准提炼人物特点，要求每个人物的特点与社会主义核心价值观的精神内涵高度一致；其次在故事讲述方式上创新，用年轻人容易接受的方式进行文案创作，吸引读者既耐心阅读又愿意在朋友圈分享，这样才能达到传播精神内核的效果。

项目组在初次遴选的50人名单中，以社会主义核心价值观为归依，最后选定了20位典型人物。他们爱国忠诚、无私奉献；他们敬业乐群、百折不挠；他们舍己救人、创新创业，他们是中国梦的追求者，他们是中华民族的脊梁。

这20位典型人物，代表着不同的年龄层次，有为中国梦奋斗一生的前辈如杨善洲、高宝来等，也有正在为中国梦而不懈奋斗的中年人如沈岩、贾立群等，也有为中国梦而接力奋斗的青年人如高凤林、施一公等，更有为中国梦而矢志奋斗的草根，如劳丽诗、陈安妮等。同时，他们的职业覆盖工人、农民、医生、法官、警察和自由创业者等不同行业，还有来自少数民族的代表。

细节彰显中国范儿，体现青春范儿

在整个项目中，中国青年网做了很多细微的处理，从LOGO设计、标识语、人物选择、美工设计等每个环节，从古今中外的宏大叙事中着眼，从微小的细节中着手，只是为了彰显中国范儿，体现青春范儿。

以LOGO设计为例，一个小小的LOGO，蕴含着大大的中国梦。整个LOGO有中英文融合，有现代汉字与繁体汉字融合，有青春与厚重融合，通过象征承诺的中国印和老人用的手杖两个微小而不经意的元素，洋溢着浓浓中国情，凸显中国人百年来为实现中国梦积淀了太多的故事，也凸显中国人在实现中国梦的过程中活出了精彩，活出了中国

范儿。

另外，中国青年网还运用一些特定技术，做一些微小的变化。为了方便用户阅读，达到更好的传播效果，《中国人的故事》项目组还采取"早启动、重人工、巧推广"的工作方针，在确保每个 H5 页面准时推出的同时，还开设了"中国人的故事"专题页面，将所有人物集合在一个专题页面中，形成单个作品和专题同步，手机和 PC 同步推送。

移动端专题中，还从用户体验出发，特别将人物头像集合成一个"心"形样式，点击每个人物头像即可浏览作品，真正将新媒体元素融合在一起。

心贴心 服务青年 联动青年

移动互联网时代是一场"指尖接力赛"，如何吸引用户的指尖点一点，是传播的第一步。吸引用户愿意点开阅读是传播的第一步。其实，还有一个办法可以吸引青年，那就是心贴心地服务青年、联动青年。由共青团中央主办的专门面向青年的互动社交平台——"青年之声"也是布局移动互联网时代的新举措。"中国人的故事"这一 H5 在"青年之声"的平台上得以广泛传播。

"青年之声"是由团中央书记处第一书记秦宜智同志发起建立，2015 年"五四"前夕正式开通。截至目前，"青年之声"互动社交平台累计阅读量 10.7 亿，问题留言总计 57.8 万条，共回答网友问题 22.6 万条。全国各级团组织 3600 多个"青年之声"基层平台入驻，88 万各领域专家导师解答网友问题，1.6 万个线下服务实体开展了大量有效的线下活动。短短 8 个月，"青年之声"已成为让青年想得起、用得上、靠得住、信得过的互联网新载体。

世界是平的，"互联网＋"的世界更是如此。"青年之声"的建设，消弭了共青团与广大青年紧密联系的时空障碍，架起了一座不受阻碍的"时空桥梁"和"高速通道"。我们相信，好故事、好形式、好平台与好渠道的协同发力，一定能让涌动在互联网上的中国梦正能量越来越磅礴。

第二章

表中国发展成就

改革开放以来，中国从农村到城市、从经济领域到其他各个领域，全面改革的进程波澜壮阔，成果丰硕。从沿海到沿江、沿边，从东部到中西部，改革开放的潮流势不可挡，成就非凡。

在全媒体传播融合的大趋势下，各类资源如何实现统筹使用，如何通过互联网展示中国发展成就，讲出时代新精彩，各单位各网站各显身手，无论是采用整合传播还是聚力传播，在精心与融通的"互联网＋"时代，都取得了较好的资源整合和报道融合的效果。

今天，人们获得信息的渠道、方式很多，也多有自己的主见，对于传播方式很"挑剔"。一些"灌输式"的说教，即便是正确的，受众也往往"左耳朵进右耳朵出"。只有贴近再贴近、深入再深入，全身心投入其中，用脚丈量广袤大地，用眼观察世间万象，用心感受万家忧乐，才能获得一手的感性素材，写出鲜活的报道，向世界讲述中国的精彩故事，展现中国经济社会发展取得的巨大成就，增进国际社会对中国的认识与了解。

国家站位　全球视野　展示立体中国

——央视网利用海外社交平台讲中国故事

【导读】

为加强国际传播能力建设，不断提升中央主流媒体国际传播话语权，央视网以海外社交平台为依托，把握时代脉搏、关注发展大势，以真实、生动、鲜活的叙事方式，描绘百姓生活，坚持实事求是、不断改进创新、努力出新出彩，让更多海外用户了解真实而又美丽的中国，讲好中国故事、弘扬中国精神、传播中国声音。

央视网全面开展海外社交平台媒体建设，精心做好重点报道，实现快速突破，从政治、经济、外交、社会、文化等方面多角度、全方位展示立体、真实的中国，形成有力的国际话语权。截至 2016 年 5 月 18 日，以 CCTV 为核心的系列账号（含熊猫系列账号）在全球最大实名制社交网站 Facebook 上的粉丝数达 3291 万，超过国内主流媒体粉丝数总和的 1/3。其中，作为国内首个与 Facebook 合作形成的 CCTV 全球页账号粉丝数超过 2582 万，位居国内主流媒体第一，国际主流媒体第二（仅次于 BBC News）。《日本经济新闻》报道称，中国官方媒体的存在感正在提高。

关键词： Facebook　治国理政　挑战不可能　央视网

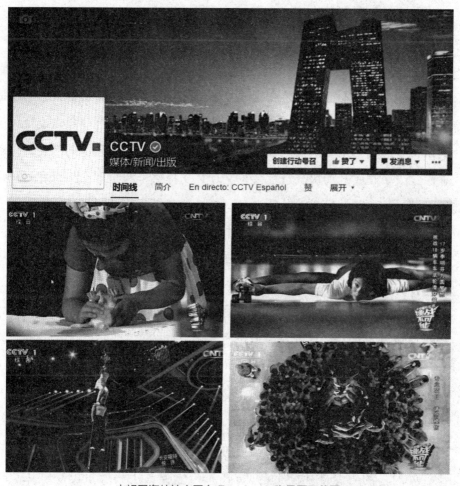

央视网海外社交平台 Facebook 账号页面截图

为不断提升央视的传播力、引导力、影响力、公信力，央视网全面开展海外社交平台媒体建设。目前，央视网在 Facebook、YouTube、Twitter 等海外主流社交平台建立并运营 CCTV 系列、熊猫频道系列账号共 31 个，形成涵盖中文、英语、阿语、西语、法语、俄语等语种的基本架构，覆盖全球 200 多个国家和地区，多语种、多平台、多账号、多形式推广央视精品，从政治、经济、外交、社会、文化方面全面布局，生动讲好中国故事，传播好中国声音。

政治：加强治国理政新理念新思想新战略的海外宣推

十八届五中全会公报指出："党的十八大以来，以习近平同志为总书记的党中央毫不动摇坚持和发展中国特色社会主义，勇于实践、善于创新，深化对共产党执政规律、社会主义建设规律、人类社会发展规律的认识，形成一系列治国理政新理念新思想新战略，为在新的历史条件下深化改革开放、加快推进社会主义现代化提供了科学理论指导和行动指南。"

2015 年 11 月以来，央视网海外社交平台把传播治国理政新理念新思想新战略作为重要的外宣任务，以海外社交平台 CCTV 系列账号为依托，有侧重地进行海外宣推。截至 2016 年 2 月 25 日，央视网海外社交平台 Facebook（脸谱）CCTV 系列账号发布相关帖文共计 43 条，总曝光量超过 680 万次，总互动人次近 22 万。

在海外宣推过程中，央视网以海外社交平台 Facebook（脸谱）CCTV 中文账号为重心，向广大海外华人用户传播治国理政新理念新思想新战略，重点推送《习近平治国有"数"》《这三年，国际政要点赞 # 习近平治国理政》等帖文，全面展现习近平在内政、外交上的重要成果。同时，利用海外社交平台 Facebook（脸谱）上粉丝量已超过 2200 万的 CCTV 全球页（包含英语、西班牙语、法语、阿拉伯语、俄语、韩语）账号，针对外国网友传播习近平主席治国理政的外交理念，让外国网友通过了解中国领导人外交理念的方式，更全面地认识中国、了解中国。此外，还利用图解的方式发布《国际政要点赞习近平治国理政》《2015 习近平外交地图》等内容，全方位、立体化呈现习近平治国理政三年外交成果。

治国理政新理念新思想新战略的海外宣推引发海外网友如潮好评。其中，美国网友 Thierry Dorison 说："现在的中国前所未有地向世界开放，习近平主席定会改变中国和世界。"中国台湾网友张红湄说："习近平是中国近代不可多得的领袖人才，诚恳、踏实、稳健、坚定，希望中国有更长远发展，提升人民的文化素质，展现更深层的文化包容能力。"马来西亚网友 Cheeyuen Lee 说："中国强大了，连我们这些在马来西亚的海外华侨都感到光荣！加油。"来自巴格达的网友哈德勒扎西姆评论道："中国领导人和中国人民都应该得到我们最高的尊重。因为他们用自己的头脑，使国家得到发展，地位得以提升。"来自多哥的网友 Aziz Dabode 说："我爱中国，我爱习近平主席，他们崇尚和平，用谈判而非暴力解决问题。"塞尔维亚网友杜周雄说："发展科技，强军，扶贫，反贪，习主席你太棒啦，中华民族伟大复兴需要你！"

经济：以中国高铁为代表，展现当代中国发展进步的主流

著名投资专家占豪认为："高铁将改变现有世界经济游戏规则。""20 年前，绿皮车在中国铁路客运中还随处可见；10 年前，中国铁路客运最高速度才是 160 公里 / 小时；8 年前，'和谐号'进入了百姓的视野。截至 2014 年底，中国高铁运营总里程已高达 1.6 万公里，占世界高铁总里程的 60%；中国高铁的运营速度也是世界最高。谁也想不到，仅仅过去 8 年时间，中国高铁就能发展到如此程度。"他指出：事实上，中国高铁的发展，影响的不仅仅是我们老百姓的生活，拉近了我们与世界的距离，更是在战略上改变了世界格局和中国发展的方式。

中国高铁的相关话题在央视网海外社交平台 Facebook 全球页英语账号上持续受到海外网友关注，反响热烈。以《中国拥有世界最大的高

铁网络》一帖为例，单帖曝光超过 411 万次，独立浏览用户超过 243 万人，互动人次超过 24 万。众多网友留言表达对中国高铁技术以及中国经济发展的称赞。其中，英国网友 Dele Cooke 评论道："真是让英国羞愧，火车还是我们发明的。"美国网友 Sally Ann Horton 也说："为什么美国不能有这样的火车？我喜欢坐火车。"巴基斯坦网友 Sahood Ahmed Siddiqui 说："我有幸在中国乘坐了高铁，感觉好极了。中国已向世界证明了其先进的科技实力。"

此外，Facebook 平台 CCTV 全球页西班牙语账号于 2015 年 8 月 11 日发布的帖文《中国首条水上生态环保公路通车　被誉"最美水上公路"》，主要介绍了"2015 年 8 月 9 日湖北省兴山县古昭公路正式通车，为避免开山毁林，该路有 4 公里建在峡谷溪流中，打造中国首条水上生态环保公路"的相关情况。该帖文引发海外网友强烈关注，纷纷对中国的生态环保举措表示肯定和赞赏。众多网友表示，该条公路不仅环保而且十分美丽，将人文和环保结合得恰到好处。

外交：坚持国家站位，树立全球视野

2015 年，世界聆听习近平主席重大外交行动的脚步声，看到中国特色大国外交的丰硕成果和重大进展。中国国际影响力全面提升，外交布局全面推进，发展战略全面对接，外交理论创新全面深化。

2015 年，央视网海外社交平台紧跟中央领导人的重大外事活动，全面见证了国家主席习近平、国务院总理李克强 13 次踏出国门，足迹遍布亚、非、欧、美等四大洲 23 个国家，经贸大单、双边声明等好消息不断的完美外交成绩单。

2015 年 9 月 22 日至 28 日，习近平主席对美国进行国事访问并出席联合国成立 70 周年系列峰会，借助这一契机，央视网海外社交平台报道团队积极运用多平台、多终端、多语种，全方位、立体式进行全程

互动报道和舆论引导。

9 月 16 日至 30 日，央视网 CCTV 系列账号（含中文、英语、西班牙语、法语、阿拉伯语、俄语、韩语七种语言）在海外社交平台 Facebook、Twitter、YouTube、VK 上共发布"习近平访美"相关文字、图片、漫画、视频、微视频报道共计 2414 条，引发海外用户的强烈关注。其中，Facebook 平台粉丝数在国内主流平台中排名居首位，本次报道发布的帖文总曝光超过 5.36 亿次，独立浏览用户超过 2.78 亿人，分别比"9·3"阅兵报道增长 60.9%、47%，总互动人次超过 948 万。

此次"习近平访美"报道得到了全球最大的社交媒体平台脸谱（Facebook）公司的认可和肯定。2015 年 12 月 16 日，Facebook 全球产品总裁大卫·贝塞专程拜访央视网，称赞央视网 2015 年在 Facebook 平台取得了"令人惊叹"的成绩。尤其是习近平访美报道，给人的印象尤为深刻，问卷调查显示，通过央视网 CCTV 系列账号在脸谱平台上的传播，美国民众对习近平的认知度提升了 5 个百分点，了解中国的意愿度上升了 2 个百分点。

社会：讲述百姓故事，挖掘温情与感动

央视网海外社交平台 Facebook CCTV 中文账号着眼于普通人日常生活中点点滴滴的小故事，努力发掘其中的温情与感动，探求"中国梦"与"正能量"在现实生活中的具体表现，讲述一个个温馨感人的"百姓故事"，在潜移默化中向海外华人及各国网友展示当代中国人丰富的精神世界和高尚的道德追求，在网友中引起巨大反响，广受好评。其中，《我老了　没能力服侍他多久了》一帖，通过展现 85 岁的谭老太太寸步不离地照顾瘫痪儿子 12 年的经历，号召网友向数十年如一日无私付出的母爱致敬，赢得将近 40 万次的点赞量，总曝光量近 1700 万次。

新加坡网友 Winnieloso Tan 观看后动情地说："祝阿嬷和他的孩子一起加油，祝伟大的妈妈身体健康，万事如意！"马来西亚网友 Alice Yap 说："无论孩子有多大岁数，在父母有生之年，永远都是那么牵挂，关怀，病在儿身，痛在母心！"

央视网海外社交平台 Facebook CCTV 全球页英语账号《8 旬老人照顾瘫痪妻子 56 年不离不弃》的图文故事感动了世界各地的网友，单帖曝光量超过 2000 万次，覆盖独立浏览用户 1169 万人。印度网友 Ritesh Singh 说："祝愿每个女孩都有一个这么爱她的丈夫，愿他们百年好合！"澳大利亚网友 Rachel Robinson 说："这个男人给了我希望，世上还有无条件的灵魂之爱。他值得敬仰。"英国网友 Dorothy Barton Thomas 说："天哪，真是个了不起的人，对妻子这样的爱和忠贞，我看哭了。"

文化："挑战不可能"，展示"真人秀"

自 2015 年 8 月份以来，央视网在海外社交平台集中对中央电视台原创励志挑战类节目《挑战不可能》进行宣传推广，该节目是一档以"中外普通人的挑战为亮点，关注普通人真实的故事和情感"的舞台真人秀节目。央视网海外社交平台与 CCTV 综合频道积极开展台网联动，针对《挑战不可能》节目不断创新推广方式，利用脸谱（Facebook）等海外社交平台第一时间发布节目预告与精品视频，同时结合海外各语种、各地区以及不同社交账号受众需求的差异，针对性制定本土化推广策略，使这档来自中国的电视节目引爆海外社交平台，引发全球网民自发传播，在国际舞台上展现出中国电视节目的制作水准，传播了中国精神、中国价值、中国力量。

截至 2015 年 12 月 9 日，CCTV 系列账号中、英、西、法、阿、俄、韩各语种累计发布《挑战不可能》系列帖文 150 条，总曝光量高达

11.85 亿次，独立用户浏览超过 5.59 亿人次，超过 6460 万名网友通过评论、转发等方式参与互动；其中获得点赞超过 762.4 万次，视频观看次数突破 1 亿大关，开创 CCTV 系列账号在脸谱建号以来系列报道的最高纪录。海外网友积极参与互动，留言超过 57 万条。众多网友赞不绝口，纷纷表示："当我们懂得协力、温柔地趋向同一目标，胜利就会到来。我们应该坚持这样做。""我非常高兴能在中国的电视上看到来自加泰罗尼亚的文化内容，加油！"

央视网发布在 CCTV 全球页西班牙语账号的一条《挑战不可能——小女孩哄睡萌宠》的视频，在 Facebook 平台获得网友火热关注，众多网友自发留言、点赞、转发，单帖曝光量超过 5.19 亿次，视频观看次数超过 6930 万，网友自发转发量超过 173.39 万，单条点赞量超过 416 万，在网友中得到爆炸式传播，众多网友评论道："国际级的好节目！""这个小女孩有第六感，希望她能把这个技能用在造福人类上。""小女孩催眠的时候在用自己的语言表达着，用美好的语言来安抚这些小动物们，太不可思议了！这是上帝赐予她的礼物。"在这条视频引发全球关注的同时，视频中的主人公也因此成为"网络红人"，受到全球瞩目。节目播出后，这名女孩因其超高的关注度获得全球多家电视台的邀请，受美国知名主持人 Ellen DeGeneres 邀请参加 NBC 电视台节目（艾伦秀）的录制，受日本富士电视台邀请参加节目录制。

此外，央视网在 CCTV 全球页英语账号发布的《挑战不可能——10 年夫妻登高叠罗汉跳上 6 层阶梯》也获得了海外用户的广泛关注，单帖曝光量超过 1.79 亿次，视频观看次数超过 1118 万。第三方权威数据分析机构调研显示，该条帖文引发了全球用户的巨大关注，在同期国际知名媒体社交账号中传播效果居于前列，其曝光量远高于 CNN、华尔街日报、路透社、美联社、赫芬顿邮报等国际一流媒体在 Facebook

上的同期单帖最佳表现。

长期以来，中国媒体国际传播能力处于弱势地位。西方媒体掌握着全球 90% 以上的新闻信息资源，近 70% 的海外受众通过西方媒体了解中国。而相当多的西方媒体仍然戴着"有色眼镜"观察中国、报道中国。特别是随着我国国力的提升和国际影响力、话语权的增强，一些西方国家心态失衡，想方设法对我国围追堵截，甚至故意对中国炒作抹黑。这就必然导致在西方舆论里的中国与真实的中国相去甚远。

我国改革开放以来取得的举世瞩目的历史成就，党的十八大以来我们党在治国理政上的一系列巨大成果，无不验证了中国的道路、理论、制度是成功的。这是中国媒体对外宣传的底气。加强对国际传播规律的研究，在研究透中国特色的同时，力求以国际通行的表述，特别是要以国际受众易于理解和接受的表达方式传播好中国声音、讲述好中国故事。

在互联网使地球变"平"的今天，我们更要学会利用互联网特点和优势，推进理念、内容、手段、体制机制等全方位创新，在国际话语权的争夺中力争通过新媒体实现"弯道超车"。央视网利用海外社交平台，宣传治国理政新理念新思想新战略，展现中国巨大的经济发展成就，展示中国当代鲜活的社会风貌与中国人民蓬勃向上的精神气质，收到了极好的效果，具有普遍的借鉴意义。

多角度、全方位展示立体、真实的中国。中国传统观念认为，以为好的一面是不需要张扬的。然而，在信息时代，"沉默不再是金，酒香也怕巷子深"。中国过去 30 多年改革开放所取得的成就，以及中国现代化建设所开拓的现代化模式，如果没有自己的传播机构来宣传和推介，在外部世界看来就意味着中国缺乏足够的自信，不敢宣传和推介。而中国所创造的发展奇迹如果仅靠西方媒体来报道，往往欠客观且存偏见。中国国际传播能力弱小严重制约了中国国家形象在国际舞台上的正面展现。

坚持国家站位、树立全球视野。立定"国家站位"加强国际传播能力建设，就必须要站得高。加强国际传播能力建设，提升国家软实力已经上升为国家战略高度，成为一项系统工程。尤其在互联网迅速发展的今天，中国好故事，中国的传统文化，是中国的象征，如何通过国际传播走向世界，起点很关键，这不仅关系到如何走，更关系到开放的中国好故事走出国门、走向世界的质量。因此，中国好故事，只有真正坚持国家站位，对外阐释好中国梦的深刻内涵和世界意义，阐释好中国特色社会主义的制度优势和发展成就，就等于树立全球视野。央视网海外社交平台在宣传的选题上，紧跟中央领导人的重大外事活动，全程报道国家主席习近平、国务院总理李克强外交行程，凸显优势、亮点精彩，用中华好故事好声音去为世界增加发展智慧。在文化宣传上，结合海外各语种、各地区以及不同社交账号受众需求的差异，有针对性地制定本土化推广策略，引发全球网民关注，传播了中国精神、中国价值、中国力量。

顺应互联网发展大势，勇于创新、勇于变革。伴随互联网裂变式的发展，新媒体社交平台对传统媒体形成了强大冲击。如果墨守成规，以不变应万变，坐失发展机遇，传统媒体只能越来越式微。唯一的出路就是把握现代新闻传播规律和新兴媒体发展规律，扬长补短，在融合发展中创造新优势、赢得新空间。推动传统媒体和新兴媒体融合发展，是习主席多次强调的一个重要思想。要强化互联网思维，坚持传统媒体和新兴媒体优势互补、一体发展，坚持先进技术为支撑、内容建设为根本，推动传统媒体和新兴媒体在内容、渠道、平台、经营、管理等方面的深度融合，形成立体多样、融合发展的现代传播体系。

央视网作为党的宣传舆论工作阵地，充分认识到党的舆论工作的重要性勇于创新、勇于变革，大力推进媒体的转型升级，构建海外社交平台体系，在西方媒体封锁中寻找引导舆论的突破口，以海外社交平台 CCTV 系列账号为依托，有侧重地进行海外宣推，取得了较好的宣传效果。

聚焦乌镇峰会　传递中国声音

——央广网全媒体多终端报道第二届世界互联网大会

【导读】

绿水石桥，白墙黛瓦，古朴的江南古镇，迎来了新潮的互联网大会。2015 年 12 月 15 日至 18 日，由中国国家互联网信息办公室和浙江省人民政府联合主办的第二届世界互联网大会在乌镇成功召开。

央广网发挥全媒体、全终端、全渠道传播优势，对举世瞩目的第二届世界互联网大会进行图文音视频直播报道，聚焦大会主题"互联互通　共享共治——构建网络空间命运共同体"，同时对习近平主席出席大会主旨报告提出的四项原则、五点主张进行立体、全面、深度解读报道，见证了中国作为世界第一网络用户大国实施网络强国战略、与 120 多个国家和地区代表一致通过共建网络空间命运共同体的《乌镇倡议》历史瞬间。

央广网在第二届世界互联网大会期间，利用多终端传播手段向世界宣传中国，共计发布各形式稿件 400 余篇，央广网首页直播乌镇峰会开幕式，瞬时浏览量突破 1700 万人次。

关键词：世界互联网大会　乌镇峰会　全媒体　央广网

央广网《第二届世界互联网大会》专题页面截图

7000年历史小镇连接世界

第二届世界互联网大会2015年12月15日—18日在中国乌镇召开，8个国家领导人、50位外国部长、五大洲120多个国家和地区2000多名嘉宾代表共聚这个7000年文明史的中国小镇，探讨人类网络空间命运共同体的美好未来。中国国家主席习近平发表主旨演讲，明确提出共同构建网络空间命运共同体的主张，引起与会国际代表、专家关注和共鸣。中国国家主席习近平主旨演讲清晰表达了中国将勇于承担历史使命、推进互联网全球治理体系积极变革的主张，再次重申了中共十八届五中全会提出的创新、协调、绿色、开放、共享等5个发展理念，阐述了为推进全球互联网治理体系变革所应该坚持的尊重网络主权、维护和平安全、促进开放合作、构建良好秩序等 4 个基本原则，概括了为共同构建人类网络空间命运共同体"加快全球网络基础设施建设，促进互联互通""打造网上文化交流共享平台，促进交流互鉴""推动网络经济创新发展，促进共同繁荣""保障网络安全，促进有序发展""构建互联网治理体系，促进公平正义"等 5 个重要主张。

世界互联网大会现已成功举办两届，并且连续两年都是以"互联互通共享共治"为主题，从一定意义上来说，这代表着社会大众对于媒介使用、沟通的认同度。并且，随着互联网的蓬勃发展，对于互联网技术的要求，也从简单便捷逐步提升到情感高度融入的层面。

围绕乌镇峰会 3 天 10 场论坛 22 项议题，央广网记者采访 22 位国内外重要嘉宾代表，传递乌镇倡议，引发与会中外专家积极共鸣。

央广网在大会期间对中外政府官员、专家学者、互联网企业代表等进行深入专访，在会场内外现场对话 IBM 大中华区董事长陈黎明、北大新媒体研究院院长谢新洲、《中国信息安全》杂志社副社长秦安、第一视频 CEO 张力军、神州数码 CEO 郭为、"互联网之父"卡恩、APUS 创始人 CEO 李涛、猎豹 CEO 傅盛、互联网实验室 CEO 方兴东、中国方舟 CEO 马塈君、CNNIC 主任李晓东、联想 CEO 杨元庆、腾讯 CEO 马化腾、浪潮集团董事长孙丕恕、蚂蚁金服 CEO 彭蕾、盘石网盟 CEO 田宁、中国互联网协会理事长邬贺铨、一点资讯总编辑吴晨光、今日头条 CEO 张一鸣和总编辑夏勇、清华控股有限公司董事长徐井宏、飞马旅创始人、零点调查公司董事长袁岳，及时、全面、准确对全球互联网发展、互联网安全、互联网企业创新趋势进行多角度全方位全面深入跟踪报道，及时解读中外领导人、互联网专家、学者、业界代表最新观点，展望全球互联网未来趋势。

用世界话语讲述中国

《乌镇为何能吸引世界的目光》《让互联网之光照亮人类共同家园》等系列评论，集中表达构建人类网络空间命运共同体中国声音、中国主张，被世界互联网大会官方网站、各大中央重点新闻网站、门户网站纷纷转载。

在乌镇峰会期间，央广网刊发独家系列评论《乌镇为何能吸引世界的目光》《中国迈向网络强国还需加强六大领域》《让互联网之光照亮人类共同家园》《互联网＋：打通鸿沟最后一公里》《天下兼相爱则治，交相恶则乱》《让互联网在法治的轨道上健康运行》《互联网空间国家治理需要依法治网》，深入浅出分析了乌镇峰会对当前世界产生的深远影响和重大意义，用世界话语讲述中国故事，互联网之光照彻中国 7000 年历史文化时空，在万物互联全球化浪潮中，网络强国战略的中国式创新正在改写世界互联网版图。长期以来，全球信息流动不对称、文化输出和输入不均衡一直是国际文化格局的显著特点，互联网正在重组全球文化创意产业的底层结构以及应用方式。中国作为一个互联网大国，有机会、也有责任抓住这种技术、结构和应用的变局，逐步改变这种信息和文化的不对称、不均衡局面，全球携手互联互通、共建共享网络空间命运共同体，以创新、协调、绿色、开放、共享的发展理念建设好人类的共同家园。上述评论被人民网、新华网、中国网、国际在线、中国日报网、央视网、中国经济网、中国青年网、中国台湾网、中国西藏网、光明网、腾讯网、新浪网、搜狐网、网易网、今日头条、一点资讯等各大网站和 APP 客户端转载，第二届世界互联网大会官方网站及时转载了央广网独家评论。

2015 年 12 月 9 日至 22 日，中央台融媒体新闻指挥中心、央广网联合中国之声、经济之声等在央广网 PC 端、移动端双首页推出专题

《第二届世界互联网大会乌镇峰会》，累计刊发乌镇峰会相关稿件 394 篇，派出全媒体记者采访团采写原创独家稿件 45 篇、刊发视频专访 36 篇，并通过中国广播、央广新闻手机客户端、央广网官方微博、官方微信公众号等同步直播，央广网首页直播乌镇峰会开幕式 PV 浏览量 17166395 人次，UV 用户量为 9530791 人次，专题 PV 量（浏览量）达 53428 人次，单篇稿件访问浏览人数 47309 人次，央广网海外社交媒体 Facebook 账号，加制定标签发布总量为 101 篇，转发大会专页帖文数为 85 篇，覆盖用户总量为 1326 人次，点击量为 1653 次。

多媒介 多渠道 有效传输大会信息

央广网在第二届世界互联网大会报道中，采用大众喜闻乐见的报道方式，以"两微两端"（两微：微博、微信，两端：PC 端和 WAP 端）为主进行多媒体报道。

传统媒介的功能大多是单一的，例如，报纸仅供阅读，广播仅供收听，电视虽然可以声画并茂，但却不能用它进行信息传输或处理，而多媒体技术却可以将丰富多彩的传播功能融入一个系统之中。本次互联网传播大会中，多终端共同传输信息成为传播中的一大特色。央广网除了沿用继续在电脑 PC 端和手机 WAP 端进行实时直播之外，更着重在微博、微信等移动互联网社交平台上推送。社交媒体中与用户即读者的交流互动性，有利于央广网等媒体及时收集读者的信息反馈，了解读者对于本次互联网大会的想法，他们想看什么，想听什么，对于互联网大会中的 22 项议题，他们究竟持有怎样的看法。在信息技术不断发展的现在，多途径多媒介传输信息，用读者习惯的方式进行信息传播，才能更好地达到信息传送的目的。

互联网技术的发展，让世界逐渐缩小为"地球村"，信息通畅度达到空前高度。央广网在进行全球传播中，采用全球社交媒体账号同时发布互联网大会最新消息，多方面、多视角述说中国故事，让远在海外的各国友人，也能够及时迅速地了解中国讯息、中国智慧，展现中国风貌。

想大众所想　传大众所需

网络世界蒸蒸日上的今天，媒体已经不再是议程设置中唯一的把关者，人人都是把关者、人人都是传播者，是这个新兴网络世界的重要特征。媒体在关于互联网大会的内容报道选取中，有所偏重地选取报道内容，增强信息的有用性，从民众的视角寻找有效线索，增强阅读可行性。

1. 习声回响，领导人发声增强权威度。第二届互联网大会在浙江乌镇隆重开幕，国家主席习近平出席大会开幕式并发表讲话。在媒体报道中，强调习近平主席的声音，增强信息的权威性、可信度。在讲好中国故事中，权威、可信、认同，是必不可少的因素。

习声嘹亮，字字珠玑，掷地有声。这代表着国家领导人对于互联网空间的高度重视，展现国家政府对全体国民的负责任的态度；同时，提出不搞网络霸权，是中国作为一个大国、一个强国，给全球树立的榜样作用。习近平主席的乌镇讲演，对我国互联网领域提出了更高层次的要求，网络空间会成为一个有秩序、有规则的地方。

媒体则从不同角度、不同方面，有侧重地解读了习近平主席演讲的核心内容，使广大网友和不同阶层的媒体受众能够清晰直接地了解到党和国家领导人对于新时期下互联网发展的倡议和方针。广大民众、企业进一步了解未来互联网空间发展态势。特别是对于互联网企业，通过阅读此类报道，了解国家在互联网方面的态度以及政策，以便于日后工作的开展。

2. 走近互联网大佬，既不失格调又接地气。互联网大会，是一次网络饕餮盛宴，也是一场企业间的交流合作。平日里难见的互联网大佬，纷纷聚首探讨互联网空间发展。选择民众熟悉的互联网大咖，在新闻显著性上略胜一筹。

互联网的迅猛发展，在不断提供更方便快捷的生活时，也刷新了我们对于企业的认知。在以前，对于明星企业，我们往往只能了解到企业产品、企业文化；对于企业领导人，我们通常一无所知，或者只能了解其基本资料。而现在，随着互联网的不断发展，世界更加"半透明化"，运筹帷幄的领导人除了是决策者，更像是一个企业的明星代言人。

民众也许不关心阿里巴巴今天又收购了哪家小企业，但是他们关心"双十一"天猫要如何打折；民众也许不关心腾讯现在又突破了哪种技术，但是他们关心红包提现要收多少手续费。这些问题，民众不能直接对话马云、马化腾，但媒体可以。问民众所虑，讲民众所想，这是媒体在本次互联网大会内容选取中一次新的呈现。

传递中国强音　增强国际传播力

中国是互联网大国，无可厚非。6.7亿的中国网民，构建了一个庞大的中国互联网空间。本次互联网大会所传导出的中国声音，代表的不只是一个大国的呼吁，而是一个强国的呐喊。

从首届到第二届世界互联网大会的主题来看，都紧扣"互联互通　共享共治"，把中国的"共同体意识"运用到互联网发展之中，提出"构建网络空间命运共同体"，这不仅契合了绝大多数国家的心理预期，而且赢得了世界的认可。在2014年的第一届世界互联网大会上，有来自近100个国家地区的逾千名嘉宾参会，而本届大会则有来自全世界五大洲120多个国家和地区的2000多名嘉宾与会。这说明中国的主张是受世界欢迎的，中国声音是有极高认同度的。

中国的互联网，在近几年内不断突破发展，网络前景一片大好。从无网到有网，从便捷互联网到安全可信的互联网，从互联网大国到互联网强国，中国在互联网领域，走得更稳健有力。

所以，媒体、民众要坚定中国声音，讲好中国故事。在多元化的全球传播中，我们积极参与跨国际、跨文化的交流合作，增强中国的国际传播力。而此次互联网大会，也将是国家战略的重要尝试，同时是一个以中国为主场的国际传播能力实践的全新案例。

 **幕后故事**

"两微"聚集大会获点赞

央广网针对第二届世界互联网大会推出图解策划、H5 等网友喜闻乐见的多媒体新闻产品，除在央广网 PC 端、手机 WAP 端首页直播外，重点在微博、微信等移动互联网社交平台上推送，同时通过 APP 客户端中国广播和央广新闻进行碎片化传播。

央广网 8 篇独家报道被中央网信办推荐作为优秀稿件全网转载并集纳到互联网大会专题，截至 2015 年 12 月 20 日 17 时，人民网、新华网、央视网、国际在线、中国经济网、光明网、中青在线、环球网、北方网、南海网、法制网、华龙网、新民网、中国江苏网、中国吉林网、大洋网、腾讯网、新浪网、凤凰网、搜狐网、网易网等 300 家中央、地方重点新闻网和门户网站首页、官方微博、微信、客户端转载呈现。

1. 第一时间议程设置解读乌镇峰会主题。12 月 9 日，第二届世界互联网大会新闻发布会召开，央广网当日推出 PC 端和移动端两个互联网大会报道专题，在双首页要闻及推荐位进行议程设置，解读时任国家网信办主任鲁炜答记者问，第一时间解疑释惑。快讯《习近平将出席第二届世界互联网大会并发表主旨演讲　8 位外国领导人与会》第一时间披露，乌镇峰会主题为"互联互通　共享共治——构建网络空间命运共同体"，此次大会比第一届大会规模更大、代表更广泛、内容更丰富、会议更智慧。

2. 原创深度报道《聚焦乌镇：走出国门 智慧小镇成互联网＋的世界样本》获国家网信办推荐全网转载。央广网记者易珏采写的报道为第二届世界互联网大会进行预热，地方官员及专家学者对中国互联网发展、乌镇向"智慧小镇"的变革等多方面进行解读。专家认为："乌镇就像太平洋上的那只蝴蝶，它正在扇动翅膀，引领一场更广地域、更深层次的产业变革与经济转型。"

截至 2015 年 12 月 15 日 17 时，《聚焦乌镇：走出国门 智慧小镇成互联网＋的世界样本》稿件发布，央广网编辑在"世界互联网大会"专题中进行突出展示，受到了国家互联网信息办公室的高度评价，并要求在各网站全网及客户端转载，新华网、光明网、中国网、中国新闻网等 80 余家网站进行了转载。

图文音直播 传递中国声音

突出声音特色，"习声回响"立体呈现习近平主席演讲主旨，图文音视频直播大会开幕式，开辟《乌镇峰会大家谈》专栏，特邀中外专家以全球视角解读习近平主席大会主旨演讲。

2015 年 12 月 16 日，央广网图文音视频直播乌镇峰会开幕式，大会开幕当天，习近平主席出席大会开幕式并发表主旨演讲。同时将习近平主席演讲进行拆分推送，共摘发演讲摘要 15 条，多条摘要被各大商业门户网站转载推荐。

《习近平在乌镇会见梅德韦杰夫》《习近平将出席第二届世界互联网大会开幕式并发表主旨演讲》《组图：互联网大会礼仪穿青花瓷旗袍亮相》《第二届互联网大会明天召开 盘点如何影响普通老百姓生活》《习近平总书记心系乌镇》《世界互联网大会互联网之光博览会开幕（图）》

等 8 篇原创报道总 PV 量（浏览量）达 16403 人次。

大会开幕式当天，习近平主席发表题为《谋共同永续发展　做合作共赢伙伴》的演讲。央广网第一时间通过"两微两端"推出"习声回响"，原声图文呈现习近平主席在此次峰会阐述中国 4 个基本原则和 5 大重要主张。

央广网根据习近平主席的讲话精义，刊发《习近平主旨演讲：不搞网络霸权》《习近平：国际社会应建立多边、民主、透明的全球互联网治理体系》《习近平：中国开放的大门永远不会关上》《习近平：网络空间不应成为各国角力战场、违法犯罪温床》《习近平：预计到 2020 年中国宽带网络将基本覆盖所有农村》等 10 篇独家解读文章。这些文章从不同角度、不同方面解读习近平主席演讲的核心内容，使广大网友和不同阶层的媒体受众能够更加清晰直接地了解到党和国家领导人对于新时期下互联网发展的倡议和方针。

开幕式结束后，央广网通过微信公众号"央广新闻"，集纳习近平演讲全文及讲话音频，推送专题文章《习声回响 | 尊重各国自主选择网络发展道路权利，不搞网络霸权》，演讲内容的解读与传播共有 1056 人转发点赞，网友 suming 点评道："这是网络文明的里程碑。"网友"自由飞翔"评论指出："世界互联网的崛起在中国，支持国家网络发展，支持习主席的'互联网＋'方针、政策，更支持发展民族互联网。"

通过全球社交媒体账号同步传播中国声音，多角度传递中国参与全球治网主张。

央广网海外社交媒体及时推送本届互联网大会的信息，紧贴受众喜好，发布乌镇美景、大会侧记以及习近平讲话精神解读等报道，多角度多维度表达中国参与全球化治理互联网的中国主张、中国智慧、中国贡献。

生态文明：造福人民　关乎未来

——人民网"推进生态文明，建设美丽中国"专题报道

【导读】

建设生态文明，关系人民福祉，关乎民族未来。党的十八大把生态文明建设纳入中国特色社会主义事业"五位一体"总体布局，明确提出大力推进生态文明建设，努力建设美丽中国，实现中华民族永续发展。这是深入贯彻落实科学发展观的战略抉择，是在发展理念和发展实践上的重大创新。

为大力贯彻中央精神，讲好中国故事，人民网将"推进生态文明，建设美丽中国"作为讲好中国故事的主题书写，他们鲜明地提出"生态建设与保护的每一步，都离不开媒体的宣传与监督"，他们将如何推进生态文明作为讲好中国故事的重要载体，将目光聚焦到绿色与生态的题材写作中，并设立专题，通过人民网得到很好的传播，更好地展现了中国的发展成就。

关键词：生态文明　跟着候鸟看生态　手绘动画　人民网

案例回望

人民网《跟着候鸟看生态》节目页面截图

党的十八大以来，习近平总书记60多次谈生态文明，强调不能把加强生态文明建设、加强生态环境保护、提倡绿色低碳生活方式仅仅当作经济问题，"这里面有很大的政治"。只有用最全面的制度和法律，才能遏制种种基于利益冲动对环境生态的破坏，为生态文明建设提供可靠保证。生态文明也是民意所在，良好生态环境，是最公平的公共产品，是最普惠的民生福祉，近年来，党中央、国务院出台了一系列重大决策部署，推动生态文明建设取得了重大进展和积极成效。为大力贯彻中央精神，讲好中国故事，展现中国发展成就，人民网积极开展"推进生态文明，建设美丽中国"宣传报道。

在"推进生态文明，建设美丽中国"系列报道过程中，人民网组织记者深入基层采访，将镜头对准更多普通人，用文字记录更多典型事，通过具体人物和生动故事，反映中国经济社会发展，介绍全民如何参与共建美丽家园，并专门在人民网开辟了《推进生态文明》栏目，本专题分为七个板块，分别为环保频道、林业推进生态文明、生态文明建设地方特色、美丽乡村、最新报道、环境时评、自然生态等频道报道。

从候鸟看生态　多屏推送　网友更多关注

党的十八大以来，生态文明建设的重要性日益凸显。党的十八大和十八届三中、四中全会更是对生态文明建设作出顶层设计和总体部署。在五中全会已公布的"十三五"规划建议中，生态文明也占据重要地位。因此，人民网推出《跟着候鸟看生态》栏目，通过小切口进行深入解读，可谓独树一帜。

《跟着候鸟看生态》栏目以候鸟迁徙为主线，通过每集3分钟的内容，深入浅出地梳理了绿色生产、绿色生活、绿色生态等"三绿"主题，通俗易懂地展现我国生态文明建设的发展成就和未来愿景。

《跟着候鸟看生态》栏目运用多种新技术应用来呈现内容。在节目制作过程中，通过穿插手绘二维动画的方式来展示记者无法前往实景拍摄的生态美景，画面时尚具有冲击力，受到很多网友的喜爱，不少网友甚至把动画截屏当作屏保。除动画外，页面设计将移动端流行的H5形式融入PC端H5页面，滑屏方式易于浏览，动态云图、视频抠像等多种表现手法，更增添了这一节目的观赏性。通过PC端、手机端H5和微信等多屏推送后，引起网友的广泛关注。

互动推介晒美景　集中展示壮丽山河

中国一直不缺少美景，只是缺少发现美的眼睛和"广而告之"的途径。在2015年秋，人民网图说中国社区推出"晒秋日美景"征集活动，组织广大网友、专业摄影师通过手中的相机记录家乡最美秋色，对金秋时节祖国大好河山的壮丽景色进行集中展示。

中国之大，每一个地方都有各种独特的美景，而图片就是最直接、最有冲击力的表达方式。在主题的选择上，秋季是一年四季色彩最鲜明的季节，也是老百姓喜欢出游的季节，因此人民网选择在秋季组织这样一场全民参与的活动。在出国旅游潮的今天，人民网联合全国网友，把最美的中国介绍出去，让更多人尤其是外国友人感受到"一场说走就走的旅行必须在中国"。

不同于以往记者采写宣传报道的形式，本次活动以网友为主角，所有图片均出自网友之手，通过网友的眼光和角度记录祖国秋季美景，再通过编辑来分类整合报道，并通过 PC 端、"两微"征集和推广。其中，为了让更多网友参与其中，活动分为随手拍及专业摄影两类，普通网友可以通过手机随手拍参与活动，而针对专业水平的摄影师，人民网在活动前期和过程中便与其沟通，请他们从更专业的角度去记录美丽中国。正因为如此分类，征集来的图片中既有贴近生活的秋季小景，也有让人震撼的美景大片儿。

活动开展以后，获得众多网友和摄影爱好者的关注和投稿。无论是大众熟知的大兴安岭、额济纳胡杨林、坝上草原，还是神秘的喀纳斯湖"三湾"之美，摄影师们通过不同的角度，将一个个色彩斑斓的中国金秋美景展现在众人眼前。随着活动的深入进行，越来越多的网友不但被活动所吸引、被美图所吸引，更是踊跃参与到活动中来。网友纷纷留言称："原来我家乡这么大这么美""中国这么多美景呢，不看都不知道""一场说走就走的旅行必须在中国"。本次"晒秋"征集活动共收到摄影图片 5000 余张，推荐人民网首页焦点图 30 余次。迷人的秋景几乎涵盖了全国 31 个省区市，征集帖访问量达 30 万。

针对金秋时节，人民网还特别制作了《疯狂猜景区——金秋美景版》。该互动策划图片均选用了秋季时节的美景，展现景区秋季层林尽染之景象。为提高网友参与度，同步推出手机版，网友可以随时随地参与游戏，感受祖国大好河山。《疯狂猜景区》是人民网旅游频道的一个特别策划，至今已成功举办了4期。每期设有不同主题，网友可根据随机显示的景区图片猜景区名称，随着猜对景区名称数量的不断增多，获得可抽取的奖品等级越高，一次性猜对20个景区名称的网友则有机会得到终极大奖。有趣的游戏既吸引了大量网友关注，也增加了景区知名度，网友在玩游戏的同时还普及了景区内标志性景点的相关信息，累计参与游戏的网友已超过30万人次。

此外，人民网还成功举办了多届"中国最美的油菜花海""最美乡村公路"等评选活动。活动旨在通过网友互动推介各地"油菜花海""美丽家乡公路"等特色生态资源，促进当地生态环境保护和资源的开发利用，带动相关旅游经济的发展和提升，展现各地生态环境建设成就，也为市民旅游出行提供有价值的选择方案。

关注林场改革　林业推进生态文明

国有林场作为守护美丽中国的绿色屏障和林区重要的水源涵养地，发挥着不可替代的作用。目前，全国国有林场改革正在进行。人民网主动策划，积极展现林业人在国有林场发展过程中甘于奉献的精神，旨在呼吁社会更多关注基层林业人、关注国有林场发展。

《人物故事：造林绿化先锋覃作健》通过讲故事的方式，跟随拍摄广西国有高峰林场的一位资深造林员日常的工作生活，从细节上呈现出林业人的精神和品质。时值全国国有林场改革正在紧锣密鼓地推进，该作品的推出迎合时代主题，也是对林场发展的回顾与展望。稿件发出后，反响强烈。

人民网推出的另一篇稿件《海南国有林场创新纪实》，则在探索国有林场的可持续发展新路，为林业改革提供可参考模式：海南国有林场既守住了生态环境，又带来了经济效益，保留一半公益林，同时建设一半经营林业。报道还关注刚大学毕业就来到海南吊罗山林场工作的李清华一家。随着近些年林区职工住房条件和居住环境得到明显改善，已有越来越多的像李清华这样的大学生愿意扎根林场。李清华在采访中幸福地表示："在这里工作找到了家的感觉。"

寻找十佳美丽乡村　展现自然与和谐之美

实现美丽中国的目标，美丽乡村建设是其中不可或缺的重要部分。因此，为总结贵州省以往新农村建设的经验，落实十八大精神，推动贵州省2015年美丽乡村"百村大战"工作和生态文明建设，在中共贵州省委宣传部指导下，人民网贵州频道承办了由贵州省互联网信息办公室、人民日报社贵州分社、贵州省农业委员会、贵州省旅游局主办的"2015贵州美丽乡村博览会暨寻找2015贵州十佳美丽乡村"活动，展现田园风光背后生态文明建设的自然之美、和谐之美。

人民网记者通过调查采访获悉，"十二五"以来，贵州省致力于建设小康路、小康水、小康房、小康电、小康讯、小康寨，让广大农村人口享受到更多原来只有"城里人"才能享受到的基础设施和服务。此外，还积极发展生态产业，给农民增收致富提供基础保障。"美丽乡村"建设，将农村建成生活宜居、环境优美、设施完善的幸福家园，开启了贵州省全面创建小康和生态文明建设的新旅程。为给美丽乡村"百村大战"营造积极向上的良好氛围，引导市民走向美丽乡村，人民网贵州频道紧扣时代主旋律，策划并执行了此次活动。

2015年7月，"2015贵州十佳美丽乡村票选活动"正式启动，40余家媒体对此活动进行报道。随着活动影响力不断扩大，在百度输入关键词"贵州寻找2015十佳美丽乡村"，搜索结果最高时达460万条信息。在一个多月的时间里，共收到贵州省10个市、州（新区）的107家美丽乡村报名，人民网贵州频道和人民日报电子阅报栏搭建了专题页面，将参评乡村的文字、图片、视频，在网站、微博、微信、客户端、电子阅报栏等终端和平台进行全方位、立体化展示。据统计，"贵州美丽乡村"的官网、"两微一端"点击阅读量累计超过 2000 万次。

2015 年 9 月 29 日至 30 日，在贵阳市筑城广场举行的 2015 贵州美丽乡村博览会暨"醉美田园官仓"摄影展，为来自贵州省的 107 个美丽乡村提供展示平台，通过展板上美丽的照片、参展村庄代表的少数民族服装、土特产等"零距离"展示贵州美丽乡村魅力，向市民、游客奉上一场视觉盛宴。活动当天，就吸引了过万人前往参观。

活动最终评出"2015 贵州十佳美丽乡村"，在颁奖仪式上，"2015 贵州自驾游线路（目的地）评选活动"正式启动，该活动旨在挖掘贵州自驾游旅游资源，号召更多的人参加乡村游，深入了解贵州乡村的美丽；同时，通过该活动创新开发出一批贵州自驾游特色线路产品，推动贵州特色化、精品化、个性化的"慢游贵州"旅游产品体系加速形成。人民网还通过编制画册和地图，对十佳美丽乡村进行深度报道，打造贵州美丽乡村网络博物馆，引导市民走向美丽乡村。2016 年，人民网将继续关注十佳美丽乡村的变化和发展，推动"贵州美丽乡村"评选活动成果化、常态化、品牌化。

 幕后故事

故事一　青头潜鸭复归来　记者潜心传播

《青头潜鸭飞去复归来》的长篇报道，是人民网刊发专题文章中极具影响力的一篇，令无数网民了解了青头潜鸭这个世界极危物种的前世今生。

记者在与专业人员交谈后客观地总结出湖北武汉新发现的 30 只青头潜鸭，与之前"最南推测繁殖地"河北衡水相比，向南推了近 900 千

米的重要科学事实。文章深入浅出、娓娓道来的讲述方法，值得参考。作者认真反思为什么短短四五十年，青头潜鸭就从常见候鸟变成了极危物种，现在又开始悄然出现？记者深入一线调查后在文中写道："确认青头潜鸭在府河湿地'安家'之后，武汉市已开始谋划将府河流经武汉的 37 公里河岸线及附近的湖泊、绿地等打造成以保护和修复为主的绿楔。据悉，武汉在府河湿地附近刚刚成功申请建设杜公湖国家湿地公园，且出台了湿地保护条例，每年拿出 1000 万元对湿地周边居民进行生态补偿；东西湖区为保护生态，设了 20 多人的巡护专班日夜巡护，并设立了瞭望哨、隔离网。其实，正因为处于净空保护区中，该地的原生态才得以更好的保留，不仅水质好、人类活动少，而且安静、食物多，因而被青头潜鸭'看上'。"

作者将文章的重点落在生态环境好转这一大国策背景之下，以入情入理的方式将国际上极为关注的环境热点，旗帜鲜明地发出了中国声音，阐明了中国做法，展现了中国的发展成就，取得了很好的传播效果。

故事二　30 年种树见成效　绿化事业后继有人

西藏的环境保护始终成为国际社会关注的议题，人民网在"推进生态文明，建设美丽中国"中，一篇题为《西藏山南扎囊县村民边久坚持种树 30 年》的文章采用对比方法书写，令人记忆深刻。作者收集了一些网络上似是而非的对西藏环境的指责，俯下身躯，在西藏山南地区扎囊县进行了深入调研，第一次写清楚为什么多年前在冬季枯水期间风沙会肆虐？原来是裸露的河床成为风沙肆虐的源头。最严重时，从扎囊县到地区泽当镇的公路部分路段被沙尘覆盖，车子陷在里面出不来，连老百姓家里的门都被堵得严严实实。但是作者以坚持种树 30 年的边久开办苗圃的故事生发开来，将该县"多种点树，把铺天盖地的风沙压下去"的理念传扬出去。如今，扎囊县境内的雅鲁藏布江南岸，全部覆盖着各种树木，在冬日里撒下一片片金黄。即便是在起风的天气里，风沙扑面的景象已十分罕见。

最后作者用白描的方法，写下在父亲边久的劝说下，原本在乡完小当老师的二儿子辞职回苗圃工作的故事，并以"绿化事业也得后继有人啊！"的一语双关，使整个文章产生沉浸式的内容和参与式的新闻体验，产生了思考的巨大张力。这种具有深度报道特质稀缺优质信源，博得了众多国内外网站予以转载。此外，《南昌发展城市森林 "红色"城市"绿色"崛起》的写法同样值得借鉴。作者从红色入笔，从绿色淡出，其中特别写到一个细节，因大力抓绿色生态，南昌生态文化已蔚然成风。每年春节过后上班第一天，广大干部群众都会以植树的方式开展团拜活动。"抓绿化就是抓发展、抓绿色就是抓特色、抓'创森'就是抓民生"的绿色发展理念已经深入人心。越来越多的市民意识到"我们种下的是树木花草，建成的是绿地森林，改善的是生态环境，促进的是身心健康，收获的是人与自然和谐相处"。进入新的历史时期，南昌创建国家森林城市又被赋予了新内涵。阔步行进在绿色崛起路上的红色英雄城，不仅将向"打造生态文明建设的江西样板"交上漂亮的答卷，更将以工业文明、城市文明、生态文明融合发展的绿色引擎，助推城市经济社会发展行稳致远。此文一经刊出，即引来更多网友关注。

故事三 生态保护取得成就 外国专家积极评价

近年来，我国在推动生态文明建设方面取得了重大进展和积极成效，为展现中国发展成就，人民网积极开展"推进生态文明，建设美丽中国"宣传报道，一些外国专家在接受本刊记者采访时，纷纷表示，中国政府加大生态保护力度，已经取得较为明显的成效，相信随着中国不断调整经济结构、转变增长方式、加大执法力度，中国未来一定能实现天更蓝、水更清，做到经济增长和生态保护的双赢。

俄罗斯人民友谊大学教授塔夫罗夫斯基对记者说，近两年来他曾到中国各地走访参观。他最近出版的书籍《神奇的中国》记述了中国政府为治理污染所付出的努力。他表示，在中国亲眼目睹了政府采取的环保措施，比如为降低能耗、减少有害物质的排放，政府在大城市对车辆限行、搬出重工业企业等。为减少"污染大户"煤炭的负面作用，政府正在加速工业能源来源的转变。最近一两年来，无论在中国的东部还是西部地区，他都能看到越来越多新建的风能发电设备。

国际能源署顾问樊俊表示，从能源技术角度看，中国开展的适用于超低风速的海上风电机组等研究工作已经取得实质进展，这些技术的进一步应用，将为中国的碳排放强度继续下降注入新的动力。

南非执政党非洲人国民大会经济发展论坛主席达里尔·斯万普尔表示，中国政府近些年在生态保护方面的努力是显而易见的。从宏观上说，中国政府从多年前就已经开始注重经济结构转型，狠抓经济增长质量。从微观而言，中国政府加大对绿色产业扶持力度、提高产品绿色技术含量、出台严格的环保法律等，都表明了中国政府对环境保护的重视。另外，环保问题并不是中国一个国家面临的难题，而是一个全球性的问题。中国正在加强与全球其他国家的合作，共同应对全球气候变化。

人民网一直高度重视生态和民生报道，既注重时效性，又注重趣味性，力争使报道喜闻乐见、产生共鸣，充分发挥正面宣传鼓舞人、激励人的作用。人民网还不断创新报道形式，加强全媒体报道手段与新媒体平台的应用，做好各地生态文明建设特色和成就报道，将环境保护、生态建设、百姓生活和建设美丽中国相统一，讲好故事，传播正能量，不断提升"推进生态文明，建设美丽中国"的宣传效果。

小故事　大生活　听艺术家讲述那些事儿

—— 光明网、中国文明网视频节目《文艺名家讲故事》

【导读】

小故事说大道理，小话题见大情怀。嘉宾在讲述生活、工作、创作中一件件难忘往事、一个个感人故事里，传递向上向善的价值观，展现出艺术家们追求真善美的执着精神和生动实践。

为深入学习宣传贯彻习近平总书记在文艺工作座谈会上的重要讲话精神，由中央文明办、光明日报社指导，中宣部文艺局、中国文明网和光明网主办的"深入生活　扎根人民——文艺名家讲故事"活动于2015年9月16日启动。

活动邀请文艺界成就高、影响大、声誉好、群众喜爱的文艺名家，结合个人的工作、生活和创作经历，结合文艺界正在开展的"深入生活，扎根人民"主题实践活动，讲述自己亲身经历的小故事，从中感悟为祖国、为时代、为人民而歌的责任担当，传递真善美、传递向上向善的价值观。在这档互联网视频节目推出后，半年时间里页面浏览量就达到1.7亿次，在网络中掀起一股文艺名家热潮。

关键词：文艺名家　阎肃　陈爱莲　红楼梦　光明网

光明网《文艺名家讲故事》专题页面截图

　　一档基于互联网的视频节目，在半年的时间里页面浏览量达到 1.7 亿次，相关百度搜索词条超过 630 万，搜狐、新浪、今日头条等大型商业网站竞相转载，《青岛晚报》《楚天都市报》《重庆晚报》《西安晚报》等都市媒体联合报道。借助媒体融合优势，《文艺名家讲故事》系列节目正演绎着一场传播"中国好故事"的接力赛。

　　《文艺名家讲故事》栏目秉持大主题小制作、大人物小故事、大传播小切口的基本思路，"文艺名家讲故事"活动在众多的同类型节目、活动中独树一帜，形成了自己的风格和亮点，在社会各方面引起了强烈反响。

网友纷纷点赞。网友"无限可能"感叹，听老艺术家的讲述，深深体会到了"文艺人的侠骨柔情"。网友"灵儿"说，艺术家们背后的故事，让我更加深刻地理解了习总书记关于文艺工作的重要思想，更加懂得"深入生活，扎根人民"的真理。网友"招财猫"说，一期期节目就是一次次近距离接触大师的体验，请艺术名家用平实语言讲自己的真实故事，令人耳目一新，我们愿意捧这样的节目。

开发互联网资源　做好融媒体传播

对于《文艺名家讲故事》这样的"类对话"节目形式而言，此前积累的经验，有必要性却不足够。于是，栏目组再次利用互联网搞起了节目创新，其中诀窍就是充分开发互联网资源，做足"功课"。

每期节目录制之前，光明网都会先通过互联网、微博、微信和客户端等多渠道大量征集"线索"，再通过这些"线索"顺藤摸瓜，深挖出原本掌握在极少数人手里的资料，加以归纳梳理，在节目正式录制时"不经意"地拿出来，也许是一张照片，也许是老同学捎来的一句问候，也可能是家乡父老寄来的一袋橘子，每每这时，受访者总能倍感亲切，并由此敞开心扉，把故事讲得既生动又有画面感。

实践证明，也只有经过这样的凝练，才能营造出更加内敛、温良、儒雅的艺术家品质，使他们讲述的故事，能够带有温和的力量，将故事中所蕴含的价值观，在潜移默化中传递出去。

具有感染力和传播价值的好故事，一定不是讲出来的，也不是演出来的，而是此情此景下对事件的深情回放。

好马还需好鞍配。一档精心制作的节目，传播渠道十分关键，《文艺名家讲故事》脱胎于互联网，但传播渠道却不能止步于互联网。从节目诞生伊始，节目组就打起了"融媒体"的主意，由光明日报主导，全

国 14 家都市媒体共同发布《文艺名家讲故事》的图文内容，多家商业
网站积极转发视频内容，不仅光明品牌下的都市传媒、校园传媒、云媒
客户端全线播发，中国文明网还将每期节目视频精编成不同的小故事、
小段落、小语录，通过"文明中国"微博、微信矩阵以及中国文明网手
机客户端等"两微一端"新媒体渠道，进行经常化、碎片化传播，用微
信息激发网民的关注度和阅读兴趣。

一、无愧时代的文艺工作者——阎肃

2016 年 2 月去世的老艺术家阎肃曾经在节目中向大家讲述了自己
的从艺之路、治学之道、立家之本，用亲身经历讲述自己的故事。从
中，我们可以再度回忆这位老艺术家的风采，同时也寄托了对老人的崇
敬之情。

我没有决定过自己一生的道路，或者说去想我这一生必须要怎
么样。跟着时代的大潮往前走，尽到我所有的力量，做好我要做的
事情，不要去挑生活，让生活来挑你。时代也好、组织也好、环境
也好，需要你做什么事，努力把它做好，对你自己就是一件非常快
乐的事情，别人也会觉得快乐。我现在 80 多岁了，身体还好，脑
子还挺好，一辈子就是这么过来的。我对我的子女也是这样的要
求，不去安排他们的人生道路，听时代的招呼，做一个对社会有用
的人，对得起这个时代就够了。

我对儿女没什么太多的疾言厉色，没有要求他们必须怎么样。
我有三条标准，一是正直，做个正直的人；第二是健康，身体得
棒；第三是善良。至于从事什么职业，有多大的成就，就看你自己
的造化了，看你自己的努力，看你碰到的机遇，看你的准备，看你
的勤奋。我的几个孩子，都是自由生长，他们独立生活能力也比较

强。具体他们会成为什么样的人，我觉得是他们自己的事。我很难去安排他们做什么事，也很难预料他们会做什么事，成为什么样的人。

我觉得每个人好好地耕耘自己的一亩三分地，不怨天尤人，也不要过分地想这想那，做好每个人本分的事情，种好一亩三分地，多长粮食，就对得起这个时代了。

二、行走在乡间的舞者——陈爱莲

同样，舞蹈艺术家陈爱莲，在58岁的年龄再次出演舞剧《红楼梦》中林黛玉一角。这其中饱受的质疑让她更加坚定了信念，只因她热爱艺术，她始终牢记自己是一位行走在乡间的舞者。

1939年，我出生在上海，父母对我十分疼爱，家庭温馨而幸福。然而命运弄人，十岁那年，父母因病相继去世，我成了流落街头的孤儿，以捡破烂为生，后来遇上了好心人，才被送进了孤儿院。1952年，中央戏剧学院附属舞蹈团学员班到上海招生，我很幸运地被选中，开始了专业舞蹈的学习。当时我就告诉自己，这个机会来之不易，一定要珍惜。为了练功，我每天比别人早起一个小时，晚上其他同学都在玩耍，我就趴在练功房的窗口"偷学"其他演员排的折子戏。

记得有一年，北京的冬天特别冷，我们到农村去演出，舞台就是田间的土坡，土坡边上有个麦秸秆搭的小棚子，里面支了个巴掌大的火炉，演员们就在那里换装、候场。土坡四周挤满了穿着厚厚棉袄、充满期待眼神的乡亲。我们穿着短袖、挽脚裤跳舞，跳完了浑身都冻僵了，感觉笑容都冻在了脸上，但是看见村民们开心的笑容，我们心头也是暖暖的。

我觉得我演绎的很多角色之所以观众能喜欢,一个重要的原因,就是因为我有非常丰富的基层演出经历。若舞台表演不能真正地与人民亲密接触,我们的艺术何来中国魂?记得有一次我去南海舰队驻扎的小岛演出,岛上只有十几名战士,他们长年在那里工作和生活,很少与家人团聚。当我们表演时,看到他们眼神中充满期待和喜悦,我觉得作为舞蹈演员很光荣,我们的艺术很有价值。

三、不喊空洞口号的平实讲述

邀名家,增强栏目的关注度和权威性。节目开播至今已经邀请了阎肃、刘兰芳、奚美娟、孙立军、苏小卫、阿迪力、六小龄童、范迪安、谭利华、叶辛、刘劲等进行访谈,尽管这些艺术家创作领域不同、生活年代不同、艺术风格不同,但却表达了共同的艺术理想、人生追求和责任担当。艺术家们非常支持这个节目,特别是老艺术家阎肃第一个接受访谈并作为第一期节目嘉宾隆重推出,产生了强烈的反响。桃李不言,下自成蹊。这么多德艺双馨大师名家的参与,既保证了正确的宣传导向,又增强了宣传解读习近平总书记文艺工作座谈会重要讲话精神的话语权和说服力,为栏目增添了亮色、提升了品位。

讲故事,让讲话精神更加生活化、更有亲和力。不喊空洞口号,打破传统窠臼,把讲故事作为栏目的基本表现形式,小故事见大道理,小话题说大主题。每期节目引导嘉宾讲述生活、工作、创作中的故事,从一件件难忘的往事、一个个感人的故事中,传递向上向善的价值观,展现艺术家们追求真善美永恒价值的执着精神和生动实践。"高空王子"阿迪力冒着生命危险,创造世界纪录;阎肃为了寻找创作灵感,在西藏雪山强忍高原反应,差点得了"雪盲";六小龄童为让戏更真实拒用替身而被大火烧昏迷,这些故事真实生动,带着艺术家们的如火热情,让大家在惊喜感动之余，产生情感的共鸣。同时，每期节目我们都将艺术家最精彩的心路历程提炼出来，如《刘兰芳：生活教会我创作》《奚美娟：艺术工作就像头顶一碗水走路　一滴都不能洒》《六小龄童：弘扬中华优秀传统文化的"行者"》等，仅看题目就让人感到很有故事，很有艺术家的个性，饱含着艺术家们对习近平总书记文艺工作座谈会讲话精神的深刻把握和理解。

读者热情追捧。都市报用整版半版篇幅、图文并茂、原汁原味地转载文艺名家故事，吊足了读者的兴趣和胃口。《金陵晚报》读者王峰表示，文艺名家的故事可读耐看，他们独特的生命体验和艺术感悟都渗透其中，饱含着对真善美的痴情与追求。《合肥日报》读者于圆圆说，虽然是小故事，但立意深、站得高、看得远，让读者获得精神上的力量。《新民晚报》读者夏琪说，一部好的文艺作品能够沁人心脾、引人深思，一个好的艺术家能够打动心灵、启迪人生，希望有更多的艺术家来给我们讲故事。

文艺界人士支持肯定。栏目推出后，受到文艺界人士的关注和支持。六小龄童很爽快地接受邀请参加活动，并把节目录制中的照片分享到微博。阿迪力抽出参加中国杂技家协会第七次全国代表大会的空隙，在会议驻地京西宾馆的房间里录制了节目。叶辛、刘劲录制完节目以后表示，参加这样的节目很有意义，以后有文艺名家进校园、进社区等类似活动，都愿意参加。

《文艺名家讲故事》栏目，坚持网络思维，创新方法手段，不断汇聚活动的特色和优势，增强了吸引力和关注度。

 幕后故事

网络语言讲好中国故事

"做讲述类还是访谈类节目""怎样才能让艺术家敞开心扉""节目时长多久适合""用哪些形式传播"……时钟指向 2015 年 7 月,光明网会议室内,包括中央文明网总编辑董青、光明日报副总编辑陆先高、光明网总裁杨谷在内的 10 余位栏目组工作人员,正在召开《文艺名家讲故事》首次节目策划会,会议时而展开激烈辩论,各人争相发言;时而陷入沉寂,众人冥思苦想。

《文艺名家讲故事》系列节目的创意构想由董青最早提出。故事是现代传播中的重要的形式和载体,比抽象的概念、直接的宣教更容易吸引人、感染人,由德高望重的艺术家来讲述,必然更具吸引力和传播价值。对于"讲好中国故事,传递中国好声音",董青认为形式和内容同样重要,道理很简单:"再好的内容脱离了传播形式创新,也必然会被湮没在互联网浩瀚的信息里。"

对于一档视频节目而言,我们虽然没有电视人丰富的制播经验,却有着互联网人勇于创新的精神和果敢,我们更懂得运用网言网语来讲好中国故事。网络传播的特点十分鲜明,长篇大论、娓娓道来和循循善诱并不适合,观点鲜明、节奏明快、即时互动才是互联网的天然属性。

"对于在座的人来说,做内容是我们的强项,对于栏目形式,电视人经过这么多年的摸索,已制作出《对话》《百家讲坛》《开讲啦》等多个观众喜闻乐见的节目,我们不敢妄言在此基础上创新,但我们既不是平面媒体的写手,也不是传统意义上的节目编导,我们是一群互联网人,我们推出的内容必须具备鲜明的互联网特色,要让广大网友不仅是

看客和听众，还要让大家参与到节目制作中来，并持续互动下去。"很快，会议确立了基调。

"做一档'对话类'节目如何？"陆先高一语道破，"也就是说，还是采用主持人与嘉宾交流的形式，但主持人不是提问的角色，而是代表广大网友与嘉宾聊天，后期处理上，进一步弱化主持人色彩，让观众看起来就是一档由一个个独立小故事构成的完整节目。"见栏目组再次陷入思考，陆先高补充道："这有点像相声中捧哏和逗哏的角色，让讲述者在思路卡壳时能够顺下去，在天马行空时能够收回来。"

于是，一档基于互联网思维的节目形式就此诞生。

博采众意制定节目样式

节目必须短，不能超过 30 分钟；要挖出文艺名家在其他场合没有公开讲过的内容，给网友新鲜感；节目要符合网络传播规律，后期制作还要形成碎片化剪辑，把节目再细分成小段，每 5 分钟就要是一个完整的"故事"；制作相应的音频内容，让人们在上下班路上、在休息时、在做家务等碎片时间，即便不通过"视线"一样可以利用"声音"获取信息……一群互联网人用自己的独特视角，阐释着对这档视频节目的期许，会议进展的难点最终还是落在了节目形式上。

光明网有超过 5 年的视频访谈类节目制作经验，这种采用主持人一对一、一对多的采访录制形式有利有弊，其中的诀窍是靠主持人在把握节奏。对于善于表达的受访者来说，主持人提出的一个问题，嘉宾可以滔滔不竭地回答半个小时；而对于不善表达的人来讲，却经常是只言片语就已回答完毕。这时候，主持人的角色就显得尤为关键，如何及时恰当地引导出新话题，能否让受访者打开话匣子，是对主持人综合素质的考验。

可对于一档"讲故事"类的节目，主持人的属性则不能如此凸显，否则不仅会显得喧宾夺主，更会让"讲故事"的人思路频繁跳出，无法连贯表述；如果让嘉宾一个人对着摄像机侃侃而谈，显然也不现实，这种能力需要经过专门的训练，并非普通人在短时间内就可以掌握。也就是说，访谈类、讲述类节目形式，都不适用"讲故事"节目，栏目组所有人陷入了长时间的思考。

网络直击嘉宾内心深处

作为《文艺名家讲故事》首期受邀嘉宾，著名艺术家、空政文工团创作员阎肃老先生的到来为节目增色不少，3 个多小时的录制过程，阎老中间没有休息，一气呵成。

第一期节目从录制到上线，又花了整整半个月的时间，为了符合互联网的传播规律，节目组把 3 个多小时的视频素材最终压缩为 27 分钟的节目，编导们都大呼"可惜"。对已剪辑成型的节目更是精雕细琢，又拆解出 9 段独立观点的"小故事"碎片化传播。功夫不负有心人，2015 年 9 月 16 日，节目上线的当天，就引来 60 多万网友围观，并纷纷留言表达期许。

记得有一位嘉宾，她急匆匆走进演播室的第一句话是："我只有半小时时间，提纲我大概看了，应该没问题，抓紧开始吧。"结果，这期节目录制了 4 个小时，她在演播室里几次哭得泣不成声，节目录制不得不多次中断，等嘉宾情绪平复后才能继续进行。事后，她说："我出道很早，从 20 多岁就开始接受媒体采访，没想到今天被网络媒体触到了内心最柔软的部位。今后，只要是你们有需要，我绝对随叫随到。"

这一切，源自于光明网视频团队对网络节目的理解。经过多年历练，通过节目主持人对语速、语调、语气的把握，使受访者尽快进入角色，早已是视频团队必备的基本功；甚至在采访台摆放、布景、灯光等细节方面，也作了精心布置，尤其对于不时常面对镜头的受访者来说，更需要通过许多综合元素营造出能够让人"主动敞开心扉的氛围"。

从节目编导到摄像师、从主持人到导播，即便只有1—2句话的交流，每个人在与受访嘉宾沟通时都会传递出轻松友善的信号。节目录制前，嘉宾不会被孤零零地交给化妆师打理，主持人会陪在旁边，利用这段时间与其交流沟通；嘉宾坐定后，导播不会生硬地隔空喊着"麦克再低一点、左肩再高一点"，而是走过来近距离交流，动手帮嘉宾摆好造型；迎接受访者的永远不会是一瓶冰冷的矿泉水，而是一杯冒着热气的茶水……在一些直播节目正式开始前，许多很有经验的嘉宾也会紧张，每当看到他们肢体僵硬、表情木讷时，主持人通常还会故意开几句玩笑，这样大家就会很快消除违和感，顺畅进入工作状态。

"双创"浪潮风响京城

——千龙网讲述创新创业者故事

【导读】

在"大众创业、万众创新"的春风吹拂下，创业成为最火热的词语之一。尤其在 2015 年全国两会上，"创客"首次"闯入"政府工作报告后，一个属于创新创业者的"黄金年代"徐徐开启。

2014 年 9 月，在达沃斯论坛开幕式上，李克强总理首次提出，要借改革创新的"东风"推动中国经济科学发展，在 960 万平方公里土地上掀起"大众创业""草根创业"的新浪潮，形成"万众创新""人人创新"的新态势。2015 年的政府工作报告中提出：着眼于保持中高速增长和迈向中高端水平"双目标"，坚持稳政策稳预期和促改革调结构"双结合"，打造"大众创业、万众创新"和增加公共产品、公共服务"双引擎"等话题，尤其是大力发展众创空间，中小微企业大有可为，要扶上马、送一程，使"草根"创新蔚然成风、遍地开花。

"高手在民间，破茧就可以成蝶。"李克强总理这句话更是寓意大众创业、万众创新蕴藏着无穷创意和无限财富。在讲述发生在北京的创新创业故事中，千龙网共计发布稿件 20 余篇，制作专题 10 余个，从不同角度向网友奉上一个个鲜活的双创故事。

关键词： 大众创业　云孵化平台　北京国企　千龙网

案例回望

千龙网《创在北京》专题页面截图

一、高精尖引领下的新机遇

东城园引领"高精尖"

东城园以文化为核心，以科技为手段，以金融为支撑，集中打造文化科技融合、金融服务、商务和信息服务、旅游休闲健康服务4大产业集群，建设中关村金隅环贸科技商务区、中关村航星移动信息服务产业园、中关村雍和文化科技融合示范基地、东二环总部产业带、龙潭湖体育产业园5大专业基地，将东城园打造成为东城区未来经济发展的主战场、增长极。

在科博会上，展出多项现场互动项目，包括 Nut 智能寻物防丢贴片、多语言国际视频平台、光纤导入照明系统、生物医学保健品、集成式智能运动控制器等内容，体现东城区在科技创新发展中的硬实力。

新生态催生新梦想

胡同创意工厂是东城园文化产业发展的独有"名片"。作为唯一一个在二环以内的科技园区，胡同创意工厂通过对散落在城市肌理与建筑形态间的旧厂房、院落进行小规模、渐进式改造，将高附加值、有特色、成长性好的创新型产业企业有机植入胡同空间，打造出了闻名京城的"胡同创意工厂"。目前东城区已培育胡同创意工厂 19 个，涵盖文化演艺、设计服务、影视传媒、数字科技等业态。

距这条小胡同几步之遥，东信文金等投资机构、国华文创融资等担保公司、北京东方雍和国际版权交易中心、歌华以及中文在线等文化名企都聚集在一起，几乎涵盖文化创新发展所需要的主要资源，这将助力东城焕发新的创新活力。

北京未来发展的强力引擎

科技创新中心是中央赋予北京的新定位、新要求。建设好全国科技创新中心，服务好创新型国家战略，要以"实施创新驱动发展战略"作为核心理念统领全局，担当好科技创新引领者、高端经济增长极、创新创业首选地、文化创新先行区和生态建设示范城等责任。

首都科技界将加快完善有利于充分释放首都科技资源优势的体制机制，抓好重点改革措施的落实，立足全国科技创新中心战略定位，促进京津冀区域协同创新，解决首都可持续发展和民生改善提出的重大科技问题，努力开创首都科技工作新局面，为落实创新驱动发展战略、建设创新型国家和国际一流的和谐宜居之都作出新的更大贡献。

创新北京产生共鸣

面对科技服务业成为北京拉动经济增长的重要力量，面对占全国总量四分之一的国家认定高新技术企业，面对技术创新引领北京产业加速高端化的事实，面对北京鼓励产业链协同创新的呼唤，作者将一幕幕的生动场景呈现出来，《科技创新助力北京构建"高精尖"经济结构》获得各界好评。有网友总结说：这是北京为抢占未来全球产业发展高端而联合创新的一次典型探索和尝试。

创新驱动发展，这是决定国家民族前途命运的战略任务。纵观全球，时势逼人，时不我待。北京更要应势而动、顺势而为，把科技创新摆在首都发展的核心位置，紧盯世界科技革命发展动态，紧抓产业革命的重大机遇，担起"当好全国科技创新排头兵"这个新的重大责任！

二、为梦想而拼搏的弄潮者

每年6月中旬，北京各大高校乃至全国高校都迎来毕业季，学子们将走出象牙塔开始新的旅程。就在这群"90后"大学生再次掀起找工作的高潮时，却有这样一群学生，他们没有为找工作四处奔波面试，而是选择了另一条更为艰难的道路——创业。

北京工商大学大四学生白宇，以现实版《密室逃脱》赚取了人生的"第一桶金"，走上了创业之路，却也有因弄砸了作品而被客户奚落的经历；杨鹏宇创业开公司，得到了父母给予的450万元资金支持，但鲜为人知的是，他的团队在四川深山里拍摄时迷路遇险，步步惊魂；女生周玉琢在父母的一片反对声中创业，令家人吃惊的是，她不仅获得了天使基金50万元的投资，还通过努力净盈利10万元。

"我从大一开始就想创业，但是我不知道自己该做什么？"90后、北京工商大学生物工程专业112班大四学生白宇告诉千龙网记者，2012年年底，他正上大二，看到一款叫《密室逃脱》的网络游戏十分火爆。这种密室逃脱类游戏，一般需要玩游戏者在游戏中寻找线索，一步一步地走出密室。

白宇回忆说，当时，他就想把这个网络游戏"克隆"成现实版，让玩家身临其境亲身体验。于是，他找同校就读的杨成明和朱晋鹏一起商量，每个人凑了 2000 元钱，在房山区良乡租了一个 64 平方米的旧房子，进行改装，并参照网络游戏的规则制定了玩法，玩家体验不能超过 1 小时。他们一边装修房子，一边通过人人网、拉手网等线上推广和散发传单线下推广的方式卖票。

尽管门票价格高达 80 元至 100 元一张，白宇这个创意还是勾起了很多年轻人的好奇心。他们趋之若鹜排队买票，等候体验现实生活中的《密室逃脱》……白宇等人精心筹备了 3 个多月，现实版《密室逃脱》到 2013 年清明节前夕才正式开张迎客。当时，他们每天入账 1500 元左右，短短 3 个多月，进账十几万元。这个有趣的创意让白宇他们 3 个在校大学生赚到了人生的"第一桶金"。

这次成功的经历，更加激发了白宇创业的热情。由于他们一直对广告、电视有着浓厚的兴趣，因而在 2014 年 1 月，白宇、杨成明、朱晋鹏这 3 个小伙伴又走到了一起，他们凑了 3 万元，注册了"北京朗格视觉广告有限责任公司"。杨成明当 CEO，负责后期合成；白宇当客户经理，负责文案和与客户沟通等；而朱晋鹏则当创意总监，负责 3D 及原画的制作。

可是，3 个大四的小伙伴都不是广告传媒专业科班出身，杨成明就读环境工程专业、朱晋鹏就读产品设计专业、白宇就读生物工程专业。他们都是业余爱好影视摄制，有的是自学后期编辑的各种软件，有的是报校外班学习，有的是靠去"蹭"课……"我们通过登门走访的方式，为公司'扫'来了第一单生意。但是由于前期缺乏调研，我们第一次拍摄制作搞砸了。"白宇说，北京中关村的一个企业预付 1.5 万元，请他们拍摄一个 5 分钟的表现创业者的纪录片。结果，他们拍完剪辑合成样片后，客户看了并不满意，还将他们奚落一通。白宇也很尴尬，他承认自己的编导思路凌乱，只好全部推倒重来。他们静下心来，重新理清思路摄制成片后，才得到客户的认可。这个 5 分钟的短片，他们前后干了一个半月。

创业"路"曲折

与白宇的创业团队不太一样的是，"90 后"、北京工商大学大四学生杨鹏宇学的就是广告设计专业，他的 4 人创业团队里还有两个已经毕业的师兄加盟，其中一个还是学数字媒体专业的。杨鹏宇本人从大一就加入学校电视台，还担任过执行台长，颇有从业经验。

"我一直想自己创业，因为平常接一些私活时，帮别人剪辑一个纪录片本来有 1 万元的经费，对方往往只给我几百元劳务费。"杨鹏宇在接受千龙网记者采访时说，他父母从事房地产行业，他们也很支持他的想法，就给他 450 万元和另外 3 位校友共筹资 500 万元创办了"伽马视线（北京）文化传媒有限公司"。

据杨鹏宇介绍，他们公司的业务主要是靠老师、学长和熟人介绍。2014 年 12 月份，一位姓潘的学长给他介绍了山东电视台的一个 6 集的纪录片《孔府档案》制作业务，素材已经拍摄完毕，让他们公司来做其中 3 集的后期制作。目前，他们已经完成了初剪，正在根据山东电视台的要求进行修改。

"纪录片的后期制作不存在安全问题，而前期拍摄真的让我很担心。"杨鹏宇告诉千龙网记者，2014 年 10 月份，中央电视台《讲述》栏目组委托他们去承接拍摄一个纪录片，是讲述新华社一名记者在 2008 年汶川地震时拍摄的一幅照片的背后故事。

杨鹏宇创业团队里的另一名干将褚腾飞和一位搭档，扛着摄像机在当地藏民的带领下，第一次去四川绵阳大山里去实地拍摄外景。虽然是 10 月份，但是在绵阳当地 3000 米海拔的大山上，山脚下是晴天，半山腰是下雨天，山顶上则是下雪，天气十分恶劣。

有一次，他们没有找藏民带路，要下山时已经天黑又遇上下雨。山道崎岖，云雾缭绕，山腰上有很多悬崖峭壁，悬崖下是湍急的河流。他们打着手电筒也看不清前面的道路，走着走着就迷路了，而山上又没有手机信号，他们想求救都没有办法联系外界。

褚腾飞和搭档两人相互搀扶、相互鼓励，一步一步往山下挪。走到半山腰时发现手机有了信号，他们立即打电话向当地政府部门求救，当地政府部门紧急协调武警战士上山寻找和接应。当两人在山口看到赶来接应的武警战士时，有一种浴火重生的感觉。

为梦想而"战"

"90 后"哈尔滨女孩周玉琢是北京工商大学计算机信息学院的大四学生，她学的是软件专业，还辅修了一个金融专业的双学位。她说："我每周从周一到周日都在学习，业余时间很少，但是我就是特别喜欢参加学校和社会上的各种创业大赛活动。"

周玉琢从大一进校开始就自己在学校里注册登记了一个社团，叫"思莱尼文化工作室"，招了 200 多个同学加盟。然后，她就组织这些同学，策划文案一起参加本校、北京市和全国高校主办的各种"大学生创意大赛""大学生创业大赛"。

"我起初参赛获奖的动机，只是为了能免费到天津、上海等地游玩一下。"周玉琢微笑着说，后来，她在和全国各地高校的参赛选手比赛中结下了深厚的友谊，他们听说她成立了一个工作室，也表示纷纷加盟。这 100 多位全国各地优秀大学生加盟该工作室之后，又成了周玉琢的一大"人脉"。

由于周玉琢平常在校参与各种大学生活动时，经常要去拉企业赞助，这也让她萌生了创业的念头。于是，周玉琢就充分利用自己的"人脉"优势来创业，以该工作室的名义为要进高校的企业做宣传活动。一开始，周玉琢只是从网上去寻找商机，后来她联系上一个要推广"开8拼车"手机软件的企业，这是她接的第一个落地的活动。

"我当时就直接主动找到这个公司，去跟他们面谈合作，没想到他们竟然让我试试。"周玉琢介绍，那是2013年10月，她带着团队策划了一个主题为"唤回北京碧水蓝天，支持绿色拼车出行"公益活动，在北京工商大学、北京物资学院、中国传媒大学等10所高校，组织学生在条幅上签名、做小游戏、发放拼车优惠券等。之后，该企业客户对她策划的活动评价的效果是——10所高校每个高校增加了400人安装这个软件。

周玉琢出色的组织协调能力，也赢得了天使基金投资人的青睐，天使基金给她投资50万元，让她成立了"北京星创无限文化传播公司"。而周玉琢却向千龙网记者解释，天使基金投资人看好她主要是缘于她在4年前高考结束后在哈尔滨成功策划了一个"动漫社"事件。那次，她先通过自己撰写的文章在当地报社刊登，征集了一批"动漫发烧友"，一起排演节目参加哈尔滨主办的中国国际青少年动漫周，并让一位脑瘫患者扮演秦始皇动漫形象，引起当地媒体的关注。

其实，事到如今，周玉琢的父母仍然都坚决反对她创业，然而，她在父母的反对声中，不但成功获得天使基金的投资，而且在这段匆忙岁月里，带着她的300多人的学生创业团队，除掉所有项目开支，她还有10万元的净利润。

力争打造京城商圈奥斯卡

千龙网还希望以此为平台聚合资源，只待在条件成熟之时，能够搭建一个属于"京商"的创业平台，举办一年一度的"京商大会"，成为"北京商圈的奥斯卡"。

《北京国企》聚焦国企"双创"直面现实考验

2016 年是国有企业全面深化改革、攻坚克难的改革大年，"大众创业、万众创新"不仅成为促进经济增长的新引擎，也成为支撑企业提质增效和创新发展的核心动力。

《北京国企》作为千龙网开设的特色公众号之一，将聚焦并推动国企改革与"双创"的融合，督促国企"双创"不喊口号、不流于形式，同时汇集网友的智慧，为更好地推进国企"双创"建言献策。

当然，创新并非一蹴而就，要宽容失败、允许试错，让创新创业者敢于闯荡、勇于尝试。为此，千龙网通过对北京国企深入的采访报道，反映出国企在新时期的现状、困难和时代诉求；通过对专家智囊的采访报道，寻求各方对国企"双创"的实质性建议，为国有企业开展"双创"工作营造宽松的政策环境，探索出更多好的、可复制的经验和做法。

 幕后故事

打造创业者的北京聚集地

北京是全国创新创业资源最集中的地区。2014 年，北京新创办科技型企业超过 13000 家，天使投资金额占全国的一半以上。领军企业创业者、海外创业者、连续创业者、90 后创业者成为创业主力，总数逾 3 万人。自 2014 年 6 月 12 日中关村创业大街开街以来，日均孵化创业企业 1.6 家。

创新驱动发展正给北京经济社会带来新的变化，科技创新亦使"北京创造"世界知名。目前，北京经济增长对传统领域的依赖进一步减弱，首都经济高端化、服务化、集聚化、融合化、低碳化水平进一步提升，"高精尖"经济结构已初见端倪，高端引领、创新驱动、内需拉

动发展格局逐步形成。

2015 年 10 月 19 日，北京市政府发布《关于大力推进大众创业万众创新的实施意见》。《意见》明确，2017 年北京要率先建成国家级新兴产业"双创"示范基地，成为全国高端创新创业的核心区和发源地，2020 年成为具有全球影响力的创新创业地区。

集人才、科技、市场等诸多优势于一身的北京，已然成为众多创新创业者心中最理想的沃土。据中国人民大学等 2016 年 3 月 1 日联合发布的《中国城市创业指数》显示，北京荣膺"最优创业城市"。

如今，在"双创"蔚然成风的大背景下，为更好地宣传报道北京市在"双创"方面所取得的成就，进一步为"双创"清障搭台，激发市场活力和社会创造力，千龙网立足实际，以"创在北京　智在北京"为主线，着力打造"创在北京平台"，积极培育北京创业者的网上集聚地；推出"新活法·图像故事"再现创业者、创新家们的点滴故事；努力寻找"双创"的"民间高手"——《京商》，期待他们"破茧出蚕"；聚焦北京国企"双创"，见证国有企业在"双创"中发挥更大作用。

多种展现形式的北京创新故事

作为北京市委宣传部主管主办的市属重点新闻网站，千龙网·中国首都网敏锐捕捉北京"双创"之风，通过专题策划、深度报道、观点评论、在线访谈、舆情观察、微信交互等多种传播形态，讲好北京"双创"故事，传播北京"双创"好声音。

1."创在北京"构建北京创业者的大数据

"创在北京"旨在挖掘北京市科技创新成果，通过企业创新、产品创新、人物创新等多方面的综合报道，将其打造成为北京市科技创业创新成果的展示平台。

"创在北京"平台突出线上展示优势，并综合图文、视频、微博微信、论坛交互等多媒体传播样式，集中打造一个"永不落幕的展览会"，具体分为企业展示区、产品展示区、科技场馆区、线上对接区、创业沙龙、创新人物等八大板块。

目前，"创在北京"第一期《中关村·东城园》的展示已经成功推出。同时，《胡同里的创意空间——青龙胡同文化创新街》也已顺利上线。

从第一期推出后的效果来看，中关村东城园给予充分肯定，园区相关领导还专程来到千龙网进行工作交流，并以此为基础拓宽合作内容、畅通合作渠道、构建长效合作机制，创业园中青年的创业故事、沙龙讲座等将陆续上线。

除了对参与"双创"期间的人物和企业的关注，"创在北京"还通过"我的创业创新"征文活动，重点展示没创业但有想法的大多数人心中的"创业梦"，并与北京大、中、小学联动，调查广大学生对"双创"的认识，并通过校企媒三方联动，共同培育他们正确的人生观和价值观。

此外，《北京创新》微信公众号对北京"双创"的关注已形成常态，且不只限于转载，而是更加侧重本网编辑记者的原创策划、独家专访等相关内容。

2. 特色互动图像记录"双创"之城

千龙网2014年年底推出的《新活法·图像故事》栏目关注在北京发生的创新、创业者，至今已记录70多个人物、行业故事，内容涉及现代生活的方方面面，他们中有在移动互联网上开发养宠APP的驯犬师，有放弃博士学位投身创业的可穿戴设备实践者，还有返乡养猪，借助互联网向全国销售的"西山猪倌"。

《新活法·图像故事》用图片和文字结合千龙网独创的互动式图

像产品"千龙十像"形成独特的"图像报道"，用创新的方式报道创新的故事。例如《西山猪倌胡红伟的"互联网＋"》在图片和文字中穿插"千龙环像"，读者可以360度全景互动环视胡红伟的工作场景。

千龙网图像摄影部还推出特别报道《我们身边的"互联网＋"》，关注个人的创新点子和创业梦想，也关注迎着"互联网＋"春风传统行业发生的新变化。在这些图像报道中，"自由按摩师"辞去按摩店工作专职在手机APP上接单，曾患抑郁症的IT女康复后创立"暖心理"APP，百年东单菜市场依靠"互联网＋"升级重新开张，虚拟现实世界里崛起"蚂蚁帝国"……从买菜做饭到科技改变生活，千龙图像记录下"双创"之城北京的点点滴滴。

3.《京商》专栏寻找京华大地上的创新创业者

众所周知，中国古有十大商帮，其中晋商、徽商、潮商势力最大，影响最远。而今，十大商帮对于商业的影响依旧深远，但随着经济的发展，正逐渐延伸出新的商帮。北京商帮，历来虽无此说法，但其重要性却无人可小视。

《京商》聚焦在北京这座城市经商、创业的每一个人。千龙网希望通过这个栏目，宣扬北京商人真诚、豪爽、诚信的特点，体现出北京市优良的投资环境和创新创业环境，真实再现这座城市关于"包容""创新"的内涵。

续写燕赵好故事　唱响河北好声音

——长城网"行进河北·精彩故事"大型采访活动

【导读】

　　今天的新闻是明天的历史。采写一篇好报道，讲活一个好故事；集纳一网好故事，铸就一座历史丰碑。河北从来就不缺少好的故事，对于当下河北来说更是如此。有了好故事，就要讲给更多的人听。续写燕赵好故事，唱响河北好声音，长城网一直在路上，从未停止过。因为讲好我们自己身边的故事，就是在讲好中国故事。

　　2015年2月份，长城网启动"行进河北·精彩故事"大型采访活动。10名新闻工作者在100天时间里，走访了河北的11个市（区）72个县（区），行程超100000里。多元化的社会需求正在颠覆传统的新闻叙述模式，把新闻事实变成跌宕起伏的故事来讲述的"新闻故事化"已成潮流，长城网这次活动的成果就是一次很好的验证。

　　关键词：行进河北　网眼看河北　走转改　长城网

长城网《行进河北·精彩故事》专题页面截图

　　祖国在奋进，河北在崛起，身处改革浪潮中的我们每一个人，都有一个个故事。2014年年底，中宣部在全国新闻战线部署开展"走转改"大型主题采访活动"行进中国·精彩故事"。长城网结合本地实际，积极行动，精心策划推出"行进河北·精彩故事"大型采访活动，讲述河北好故事，传播河北好声音，让更多的人了解河北、爱上河北。活动最终采写和发布新闻稿件100余篇，用小切口呈现大旋律、用小视角反映大时代、用小事例承载大梦想，并综合运用专题、图片、视频等形式进行全媒体呈现，引起网民广泛关注。

10人·100天·行进河北100000里

从千年古都邯郸到塞上山城张家口，从渤海明珠曹妃甸到音乐小镇周窝，从刘书洲的三尺讲台到修华的蔬菜大棚，从赵焕果的廉租房到张淑芬的古砚厂……2015年2月份开始，长城网"行进河北·精彩故事"采访报道组出发了。行走燕赵大地，深入基层一线，用手中的笔和镜头，采撷鲜活新闻，记录时代真实，见证发展成就，讲好河北故事。

"精彩故事"从哪里来？长城网总编辑助理、新闻中心主任姜薇说，不是道听途说凑出来，不是东拼西凑贴起来，不是闭门造车想出来，不是天马行空编出来，而是要深入"第一现场"，寻找"真实故事"，接地气才有生气，讲出来的故事才会动听。

故事在基层，记者在路上。新春伊始，10名记者已背起行囊，走出去、走下去、走进去，奔向田野乡村，深入车间工地，灯火璀璨的城市社区、欢声笑语的农家小院、默默坚守的岗位上，都留下了他们的身影。

在唐山曹妃甸，他们见证了这里在弹指间从千年荒岛到国宝之地的沧海巨变；在保定涞水，他们看到了村庄"换颜"民居"变装"的乡村蝶变；走近八旬老太贺士彦，他们从一个患癌老人的曼妙舞姿中领悟到了生命的精彩；走近老农民郭清辉，他们从一件件发明专利中认识到"高手在民间"绝非虚言……

还记得2006年春晚上的皮影戏舞蹈《俏夕阳》吗？一群名不见经传的唐山老太太以诙谐幽默的舞蹈征服了春晚的舞台，也成为河北的一张美丽的名片。虽然8年已经过去了，但她们看起来却更加有活力，依旧风范十足，一招一式更胜当年。

面对记者的采访，她们说舞蹈就是她们的梦想，"我们虽然老了，但还有梦，梦还特别香，梦想着把咱们中华民族的传统的民族艺术，让它进一步发扬光大，一代一代地传承下去。"

涉浅水者得鱼虾，涉深水者得蛟龙。10 名记者用真情体会民情，用心灵感知冷暖后，《来时荒凉的海　建起魅力之城》《周窝：音乐小镇的幸福生活》《马树山和他的圆梦"五部曲"》等一批高质量、有温度、有故事的原创稿件，不间断地在长城网发布。

然而，采访任务是艰巨的，行进路途是辛苦的。长城网采访人员历经 100 余天，从南到北，走访了河北的 11 个市（区）72 个县（区），行程超 100000 里。

"好新闻是用脚底板跑出来的。"这是"行进河北·精彩故事"活动后，参与人员的共同心声。他们充分认识到，有些东西在书本上是得不来的，只有真正走到基层、走进群众，努力熟悉群众语言、学习群众语言、善用群众语言，以人民群众喜闻乐见的形式，搞好新闻报道，才能拉近新闻报道与人民群众的距离，提高宣传群众、组织群众的本领。

融合报道多点开花

为保障活动取得扎实效果，长城网要求采访报道人员深入一线，所有基层的采访报道要坚持体现群众观点，以记者亲闻、亲历式报道，视角新颖、以小见大、以点带面，将主题宣传、典型报道的视角聚焦基层，将官方表达、权威发布，与群众关注、百姓语态、网言网语有机结合，做到以作风转变带动文风转变。

在宣传报道中，长城网延续了之前的全方位、多岗位协同作战的传统，多部门协作，通过实地采访调研，深入报道了发生在河北崛起过程中的一个个精彩故事。在具体的采写过程中，更加注重采访对象的选择，新闻事实更加鲜活、灵动，写作语言更加生动、接地气，得到了社会各界及有关领导的一致好评。

在后续"网眼看河北"系列主题采访报道中，长城网以习近平总书记系列重要讲话精神为指导，贯彻落实河北省委八届十二次会议精神，践行"三严三实"，高扬社会主义核心价值观的精神旗帜，在营造氛围上彰显成效，围绕大讨论形成宣传热潮，讲好河北故事、传递河北声音。

围绕"行进河北·精彩故事"和"网眼看河北"大型系列原创报道活动，长城网精心制作了"行进河北·精彩故事"和"网眼看河北"大型全媒体报道专题，专题分别下设最新动态、视频报道、故事河北、河北榜样、漫说河北、长城行动、评说河北、最新报道、微博互动、讲述你的精彩故事及头条新闻、走基层看变化之基层风采、建设美丽乡村、深化"走转改"之记者在路上、网聚正能量、讲好故事、基层榜样、视频播报、精彩评论、践行走转改等板块，全面聚合两次系列原创报道各类稿件、活动进展和其他相关内容。同时，在长城网首页及河北频道推出重点稿件，力求打造精品，打造"讲述河北好故事 传播河北好声音"主题宣传新高地。两大专题共计转载发布稿件 600 余篇，点击量超 20 万。

在微博、微信、长城 24 小时移动客户端等移动新媒体，开设《行进河北·精彩故事》《网眼看河北》专题专栏，通过新媒体形式展示河北新风貌，讲述各行各业人们的鲜活生活，引起普通网民的共鸣，号召大家讲述自己的故事，激起大家创造美好家园、共建和谐生活的热情。

带着真情沉下去　饱含深情讲故事

脚上沾了多少泥土，心中怀着多少真情，笔下就有多少精品。2015年 12 月份，"行进河北·精彩故事"升级版大型基层纪实采访活动"网眼看河北——记者沉下去　深化走转改"，在长城网全网上下集中启动，网站领导亲自带队，采编人员全员参与，步子走得更稳、作风转得更实、文风改得更新，故事讲得更动听，交出了一份份有热度、有温度、有关注度的答卷。

坚持之中拓展，继承之上深化。半个月的精心筹备，10余次的方案修改，反复推敲采访对象……这次采访活动目标更明确，要求更具体：用"真实具体的事例、有血有肉的人物、引人入胜的情节"，用"富于时代感、现实感的新闻语言和细腻鲜活的表达方式"，讲述河北好故事，传播河北好声音。

好故事就在那里，在泥土的芳香中，在机器的飞转中，在同群众坐在一起的板凳上，等待好记者的挖掘。长城网采编人员重新整装又出发，行走燕赵大地，始终在路上，深入城市、农村、社区、家庭和文化活动现场，一篇篇带着泥土芬芳的稿件，一张张展现崭新风貌的图片，串联起建设"经济强省、美丽河北"的优美画卷。

秦皇岛昌黎，葡萄酒产业已是愈加醇芳；邢台临西，轴承产业迸发出无限潜力；承德木兰林场，美丽中国区域建设的新答卷正在书写；河钢唐钢，高强度汽车板品质一流敢与国际巨头同台竞争……河北以绿为底色加快转型。

猴年春节，万家团圆之时，长城网记者依旧在现场。大年初二，衡水邓庄，智能花卉大棚内鲜花锦簇，花农喜笑颜开；正月初五，唐山市民马翠兰家，一年一度的家庭颁奖会，忠孝家风血脉传承；农历正月十五，邯郸南吕固村，"吕祖文化节"现场人头攒动，传统民俗活动精彩纷呈……

劳动者是基层的主角，要想深入基层，就要与基层的劳动者打成一片，亲身体验一把劳动人民的生活与工作。采访期间，有记者化身农民，温室大棚当"长工"；也有记者化身渔民，"打苇子"；还有记者化身特教老师，体验爱的艰辛；还有记者通过体验式采访，将驾校教员、特警战士的工作讲给网友，让他们感受每个不同岗位工作人员的付出。

走进2016年唐山世园会热带植物馆工程建设现场，年轻的女记者金宗明和工人近距离接触，亲切交流，和他们一起感受劳动的艰辛和乐趣。一锹一锹的沙土被翻起，一寸一寸的平地在延伸，沉重的铁锹才挥动几下，她就已是双手酸软。可当工人老贾笑她"你们拿笔杆子的手哪儿吃得消这铁家伙！"时，她没有放弃，因为她看到老贾任凭大滴大滴汗水洒落在脚旁，可依然干劲十足。

"体验不是走过场，不是作秀，走进才能发现故事，融入才能领悟真谛。"一天下来，金宗明及同行的记者们，脚上有泥土，额头上有汗珠，肩上有沉甸甸的责任感。"我们深深感受到作为有担当的媒体人，必须要深入群众，沉入基层，才能写出真情实感的好新闻。"在他们的记者手记《沉到基层 方敢动笔写春秋》中，有这么一段话："拙朴的言语，黝黑的皮肤，直爽的笑容，深深印在我的心中。是他们用汗水和辛劳，让黄土渐渐被绿植浸染，让车辙尽头矗立起崭新的场馆。"

每一个时代都需要榜样，我们需要将榜样树立起来，激励人、感化人。我们采访了魏县首批百家文艺示范户、戏曲变脸草根名家郭保生、大学里的社会爱心志愿者石晓海、首届全国诚实守信道德模范、柏乡国家粮食储备库主任尚金锁等一批基层榜样。他们都是一群普通人，都在自己平凡的生活中坚守着自己的信念，践行着自己的理想，活出了不一样的精彩。听着平凡的人讲述精彩的事，我们不禁感慨万千，仿佛上了一堂教育课，接受了心灵的洗礼。

好故事的传播，需要一个好平台。从2011年的"新春走基层"开始，6年的坚持和坚守，从图文传播到全媒体新闻，从PC端单一刊载到"两微三端"同时发力，长城网把讲好河北故事提上了一个新的高度，故事更是讲到了越来越多的人心中。

 幕后故事

故事一　扫百米积雪　悟环卫艰辛

2016年1月在唐山，采访路上长城网记者与一场鹅毛般的飘雪不期而遇。车行路上，一位清洁工阿姨为了保证道路交通安全，冒着凛冽寒风奋战一线的场景，迅速融化了我们心中的寒冰，除了感动，还有感恩。接过她手中的扫把，扫的是雪，担起的却是沉甸甸的责任。亲身感受环卫工的工作，才真正懂得"城市美容师"的艰辛，尊重需要我们切身的行动。

大片的雪花随风打在脸上就如刀子在割。清洁工阿姨康秀敏教给我们一些简单的清扫小技能："孩子们，这样握着扫帚会更轻松，把雪扫成一堆一堆，可以方便快捷地进行清理。"在她的指导下，我们开始了清扫积雪工作。连续清扫几百米后，我们挥动大扫帚的手臂越来越痛，连腰也开始隐隐作痛，天气这么冷，依然汗流浃背。

体验当中，我们几个人印象最深的就是，当发现道路上无论哪里有垃圾，康阿姨都会马上赶过去清理干净，即使在雪大路滑的车流中。"要是到了上下班高峰期，就会出现车水马龙的现象，行人走到马路上也是非常危险的。"康秀敏嘴上说着，手上却闲不下来。工作内容不断重复，枯燥乏味，她却说，能把马路清洁得干干净净，给大家创造一个良好的环境，"是我应该做的"。

63岁的康秀敏每天早晨3点半就要到达新华西路和启新立交桥路口，开始一天繁忙艰辛的工作。5000平方米区域都归她管，一直到6点半，第一次清扫和垃圾清运才能完成。时间紧、离家远，没法回家吃早饭，她只能花上2元钱吃点豆腐脑和干粮。7点，她就要开始更加繁杂的工作，在责任区内垃圾捡拾、栏杆清理等，一直持续到11点半，4

个多小时，她要来回往返检查四五遍，一天的工作才算告一段落。她告诉记者："天气好的时候还比较顺利，最怕就是遇上下雪天和秋天落叶的时候，工作量就比平时多数倍，还需要加班清扫。"

"你们都是大学生，哪干过这个呀，赶紧回去吧，我来就行。"听到康阿姨的这席话，我们更体会到这份工作的艰辛，一把小小的扫帚，我们扫除的仅仅是几百米的积雪，虽然凉了脸和手，一股暖流却从内心涌出，温暖全身。

临走的时候，记者想和康秀敏合影留念，她说："谢谢你们了，由于天冷脸有点冻肿了，上镜会很难看，就不要拍了，要不我戴上口罩，这样会好点。"一句话，让我们几个人的眼眶全部湿润。

环卫工人到底想要什么呢？在体验过程中的交谈，让我们多少找到一些答案。期待工资待遇的提高，希望人身安全的保障，盼望子女健康快乐地成长……他们的需求，简单而朴实。平心而论，当我们走在干净的马路上欣赏城市的美丽风景时，却往往忽略了这些最可爱的人最基本的期待。

平凡之中见伟大。正是一线环卫工人日复一日的艰辛付出，才撑起我们脚下的清洁。虽然只有短短半天的体验，我真真切切感受到了环卫工人的辛苦，他们常年日晒雨淋，这些付出、奉献需要被大家知道。那么，做一个小小的呼吁吧：请多多关注身边的"马路天使"，哪怕少扔一张废纸，就能减少他们的工作量，我们的举手之劳，就能让他们的心情更加美好。

故事二　一头汗两腿泥　俯下身弯下腰与百姓心贴心

"灿烂星空，谁是真的英雄，平凡的人们给我最多感动。"正如这句歌词，长城网的新闻工作者们，深入基层一线脚板下的新发现、蹲下去的亲身体验是：闻到了大地泥土的芳香，拉到了群众温暖的双手，听到了老百姓的心里话，也深刻体会到最美丽的风景在基层、最感人的故事在基层。

"早听说冬季去坝上最可怕的是遇到恼人的白毛风，我也真有运气，第一次冬天来到坝上就和强烈的白毛风相遇了。"2015 年的倒数第三天，记者张世豪"沉"到坝上农村采访养老，返回途中与白毛风不期而遇，强悍的西北风将皑皑的白雪刮得漫天翻卷，遮天蔽日，填平了沟壑、埋没了道路，车辆在黑夜和寒风中被困三小时，上演了一场现实版的"人在囧途"。

无奈上车躲风、取暖，无奈下车推车、挖车，雪钻到鞋子里、粘在裤腿上，冻了又化，化了又冻。"不经历囧途的寒冷，又怎么能体会到绝处逢生的温暖。"正当他们一筹莫展时，先前采访的范家营行政村村支书温广联系上了距离最近的苏计沟村的党员贾凤山，他紧急组织了一个由七人组成的临时救援小组扛着铁锹远道赶来，才让他们走出了风雪，摆脱了"死神"。

当晚苏计沟全村人口只有四五十人，绝大部分是老年人，青壮年大多外出打工。贾凤山告诉记者："没有人愿意在刮着白毛风、下着大雪的夜里出门，我跟他们说'咱们这是去救命'，能去的就都去了。"就这样，55 岁的贾凤山、64 岁的彭玉贵、52 岁的殷凤成、46 岁的殷凤海、65 岁的孟清、48 岁的赵广、44 岁的田喜亮出发了。

四周漆黑，看不到具体的参照物，只能根据行驶的时间和速度说大概位置。7 位村民从山上绕近路走到了更远的地方，通过迂回的方式在路上寻找记者的踪迹。一个多小时过去了仍不见人，再次联系到温书记，才知道贾凤山和 6 名村民已经走到七八公里外的地方。

没有片刻的停歇，合力推车，合力挖雪，舍生忘死只为一个目的——救人。终于，车子被推了出来。返程的路上，贾凤山多次表示："车慢点，我不能让后面的兄弟掉队！"因为他曾听说，其他地方有村民组织救援的时候，有人被冻死，所以他要为兄弟负责，不能让一个人掉队。此刻，记者已是热泪满眶，除了感恩，还有感动。

就在当天夜里，《记者走基层采访被困雪地三小时　七村民雪夜救援》带着温度成稿，紧接着《河北康保互助幸福院：国家级贫困县农村养老新样本》《大雪封地　坝上农家"坐冬羊"养殖》等稿件相继推出，生动反映了纯朴的农民冒风雪救援遭难陌生人的过程、农村养老现状及基层群众在实践中的创举、冬季坝上牧民的生活状态。

"我们是中国故事的参与者、记录者与传播者，路上的中国故事，百姓故事最爱听。"坝上村民为记者解围，是他们的故事，也是记者的故事，而这样的故事，长城网的新闻工作者在寻访河北故事期间不胜枚举，"老百姓过得好不好，就看脸上笑容有多少，只要多关注基层百姓，他们的心就会和我们的心贴在一起！"

"网眼看河北"活动在进行时正值严冬，其间有几天正值全国"霸王级"寒潮狂袭。在积雪尚未消融的田间地头，在寒风呼啸的冬季牧场……沉下去的长城网记者，以极高的热情行走着、询问着，用失去知觉的双手记录着、拍摄着。"辛苦点不算啥，只要新闻会说话。"记者贺宏伟的一席话，也许诠释了他们这个群体的集体心声。

人民至上，基层是根。记者们到基层、到一线、到群众中去后，有一个共同的感受：最美风景在基层，最好故事在基层，最深感悟在基层。"记者沉下去，不能光是徒步走，更要带着问题、带着思考走，只有这样，才能将故事讲好。""中国梦，也是个人梦。作为一名记者，走基层活动永远不会结束，我时刻准备着再出发，去追逐、记录生活中的每一个百姓梦想。"

中国故事越来越精彩，中国声音越来越洪亮，长城网心中的世界和脚下的舞台，也越来越宽广。河北是一个充满故事的地方，续写燕赵好故事，唱响河北好声音，既是河北发展之需要，也是媒体自我实现之必然。让我们以此景共勉——享受它，是一种深刻真实的幸福；记录它，是一种不可轻慢的责任。

可今天的经历却让记者觉得新鲜又充满力量，也让记者有了要沉入基层，沉着思考，沉稳做事的决心，更让记者明白了要成为一个好记者，要扔掉玩乐的想法，认真对待每一次采访，不要抱有侥幸心理，深入基层挖掘有价值的信息，基层有活水，活水必有源，沉下去，才能挖得深，低下头，才能看清路。

"粤创粤新"掀新一轮"双创"热潮

——广东创新驱动发展主题大型网络采风活动

【导读】

"大众创业、万众创新"成为国家战略后，全国范围内掀起了一股创业创新的风潮，早在 2014 年年底，根据科技部综合评价，广东区域创新能力连续 7 年稳居全国第二位。广东省在全国省级层面率先出台了《关于全面深化科技体制改革加快创新驱动发展的决定》，明确了新时期、新形势下全面深化科技体制改革、加快创新驱动发展的总体要求、目标任务和工作举措。

为贯彻落实广东省委全会和全省科技创新大会精神，由国家网信办指导，广东省委宣传部、省科学技术厅和省网信办联合主办、新华网承办的"粤创粤新"广东创新驱动发展主题大型网络采风活动于 2015 年 7 月 20 日至 24 日举办。采风活动共邀请了新华社、人民日报等 52 家中央新闻媒体、重点新闻网站、主要商业网站及其"两微一端"和国内知名新闻客户端、自媒体公号及省内主流媒体组成的百人全媒体采风团及行业专家组共 110 人，先后走访了广州、佛山、珠海、东莞、深圳五地的 14 个采风点，涵盖多种创新主体。活动在短时间内形成"粤创粤新"话题井喷现象，广大网民纷纷为广东创新驱动发展点赞，在网上掀起新一轮的创新创业热潮。

关键词：粤创粤新　创新驱动　创客　网络采风

《"粤创粤新"广东创新驱动发展主题大型网络采风活动》专题页面截图

"粤创粤新"广东创新驱动发展主题大型网络采风活动共邀请了新华社、人民日报、中央电视台、人民网、新华网、中国经济网等52家中央新闻媒体、重点新闻网站、主要商业网站及其"两微一端"国内知名新闻客户端、自媒体公号及省内主流媒体组成的百人全媒体采风团及行业专家组共110人，先后走访了广州、佛山、珠海、东莞、深圳五地的迈普生物、金发科技、酷漫居科技、香雪制药、广工大数控、科达洁能、云洲智能、金山软件、华中科大制造工程学院、美的智能车间、华大基因、微芯生物、大疆科技、中兴通讯等14个采风点，涵盖创新型企业、新型研发机构、企业孵化器、创投机构等多种创新主体。

本次活动，采风团记者们始终围绕"创新"做文章，如让科技与市场对接，让政策助力科技，让产业发展助力科技，让企业主体助力科技……客观报道了广东各地不约而同把载体建设作为科技创新"筑巢引凤""孵化育成"的平台,面对气势如虹的经济再腾飞的创新驱动发展最新态势,有记者提炼出《广东"创新驱动"抓住了科技这个"牛鼻子"》文章,并在文中结尾预言:"'粤创粤新'时代,抓住科技'牛鼻子',必然占领创新驱动主阵地",引发网民深深的共鸣。

活动在短时间内形成"粤创粤新"话题井喷现象,据不完全统计,截至 2015 年 7 月 26 日上午 11 时,各网站共开设专题专栏 72 个,共登载相关报道及评论文章 2350 篇(次),其中《"粤创粤新"打造创新驱动新样板》《广东五市长畅谈"粤创粤新"》《"粤创粤新"为广东创新驱动发展添薪加柴》等 25 篇报道和评论文章先后在各网站首页和要闻区刊载;共发布(转发)微博 1.6 万条,微信 1390 条,#粤创粤新#话题在四个微博平台总阅读量破 8000 万,一周内两次在 PC 和手机端,登上全国热门话题榜和粉丝头条。广大网民纷纷为广东创新驱动发展加油点赞,活动在网上迅速掀起新一轮的创新创业热潮。

一、深度报道双创新成果　为未来发展提振信心

"粤创粤新"广东创新驱动发展主题大型网络采风活动实地走访 14 个创新主体,深度报道了广东在创新驱动发展中的新成果、新成效、新趋势,为集聚创新资源、转变发展方式、推广创新成果,营造了舆论氛围、提振了发展信心。

充分反映广东创新驱动发展新成效,营造创业创新的浓厚氛围

在广东省委十一届四次全会上,省领导强调,以实施创新驱动发展战略为总抓手,推动经济结构调整和产业转型升级,是今年和今后一个时期全省的重大战略任务。"粤创粤新"网络采风活动,紧紧围绕"创新驱动发展"主题,组织了 5 场市长见面交流会、14 场企业创

新交流会、2 场创客创意沙龙和多次深入工厂车间一线及实验室的面对面恳谈。新华网《乘粤"创"之风　展粤"新"风采》、中国日报网《Foshan Manufacturing Sector Vies to adopt Robots》等相关新闻被 250 多家境内外知名网站转载，让广大网民从整体层面了解广东省各级政府的创新决心和强力政策，"零距离"接触"各级政府—各种企业（科研机构、孵化器）—各类创客—各层媒介—各方资源"的广东"双创"全貌，引发网民深刻共鸣，充分感知广东对创新创业的极大支持，激发了网民"双创"的热情。

总结报道珠三角创新发展路径，为省内各地创新驱动发展提供有力借鉴

本次采风行程约 1500 公里，涉及 5 个地市，采风团客观报道广东创新驱动发展的真实状况，从第三方的角度提出许多富有建设性的意见建议。中国经济网《各显神通，一场因"粤创粤新"引发的竞技风暴》集中扫描各地创新发展的最新态势，央广网《互联网＋创新券　广州迎来 2229 年未有大变局》《三问珠海：能否诞生世界级企业》《世界工厂的微笑曲线　佛山云平台＋机器人革命》，新华网《袁宝成：建设创新型经济强市　打造"不一样的东莞"》，财经国家新闻网《深圳距离国际创新中心还有"五道坎"》、凤凰网《落实创新驱动发展战略　广州深圳如何破题》等文章，对 5 个城市创新驱动发展进行深度透视，客观分析现实状况，提出相关建议。广东工业大学韩一石教授评述说："'粤创粤新'总结五市的创新驱动发展方式，对五市来说可以相互借鉴，对寻求创新发展新路径的粤东西北来说，也提供了一个很好的参考样本。"

提高广东省企业和创客知名度，有力争取社会各界对"双创"的关注和支持

采风团深入当地企业，充分利用各种媒介资源集中向社会推介广东的创新企业和创新人物，大大提高了企业和创客的曝光率，鼓舞了企业和创客的发展信心，强化了企业和创客团队的内在动力。如人民网《优蜜、闪聘等广州本土"创客"珠江上面话创新》、新华网《铂涛集团的"创新秘诀"是什么?》、央广网《对话微芯、大疆、中兴：创新面向全球拓荒》等等。广州迈普再生医学科技有限公司董事长袁玉宇表示，"粤创粤新"采风活动对企业的创新、对创客的创业帮助很大，既可提高知名度，又能广泛地吸纳广大网友的建言献策，最主要是可以获得社会各界的高度关注和广泛支持。

二、主题、内容、方法"三新" 品牌价值彰显

"粤创粤新"广东创新驱动发展主题大型网络采风活动围绕"创新"做文章，既宣传广东创新驱动，又成为创新驱动发展的一部分，受到社会高度关注。

主题新，活动彰显品牌价值。活动聚焦广东省"以实施创新驱动发展战略为总抓手，推动经济结构调整和产业转型升级"的战略任务，着力宣传珠三角5个科技创新先进城市在创新驱动下的转型升级大潮中，"向创新要红利、向创新要动力，向创新要未来"的生态环境。因主题紧扣当前工作大局和时事热点，极大地吸引了大众关注，"粤创粤新"成为网络热词，关键词搜索达50万次，百科词条置顶百度搜索首页。本次活动借助全媒体平台，体验式、全方位推介广东创新驱动发展战略，激发网民强烈共鸣，做了一次有效的珠三角集群式城市品牌营销。

内容新，活动富含创新成果。活动通过"点、线、面"相结合的

行程设计，将"大众创业、万众创新"顶层设计的宏大叙事，与铺天盖地的广东创新创业的鲜活案例有机结合。精选 14 个最具有行业先进性和代表性的采风点，包括拥有全球最尖端 3D 打印技术的广州迈普、研制全球第一家环保监测无人船的珠海云洲、研发中国首支抗癌原创新药的深圳微芯、占有全球无人机市场份额高达 70% 的大疆科技和全国基因库等，都是"广东创新驱动发展"的特写和样板，从不同角度彰显广东"双创"的成就和魅力，引发网民直呼广东科技创新成果"不可思议"。

方法新，用活全媒体阵容。活动首次邀请 8 家粉丝量均在 50 万以上的自媒体参与采风，因自媒体写稿活、发稿快、传播广，宣传效果超乎预期。据初步统计，受邀的自媒体共原创微信 89 条，精准影响 500万人次。同时，还邀请了传统媒体的"两微一端"，形成"三位一体"的传播合力。活动每天推出一条图文音并茂的"粤创粤新"主题 H5 手机页面，在手机移动端形成了良好的境内外舆论态势。活动首日，仅新浪微博平台专题阅读量已达 1050 万。参与采访的央广网副总编辑伍刚表示，"活动主办方开创性地邀请自媒体参与采风活动，高度重视新媒体传播，主动打通官方和民间两个舆论场，这极大地体现了广东驾驭新媒体的成熟和自信"。

三、粤创新驱动发展　所到城市和企业都是特写和样板

科技创新始终是广东经济社会发展的引擎，如何在科技创新中进一步提高创新能力，如何破除制约科技创新的思想障碍和制度藩篱，如何点燃创新驱动的引擎？广州、深圳、珠海、佛山、东莞 5 位市长接受新华网专访中，从不同角度彰显广东创新的成就和魅力，可以说，广东创新驱动发展，五个城市都是特写和样板。广州的优势是拥有创新基因，全面支持"大众创业、万众创新"；深圳的优势是撬动近 20 亿元资

金投向科技中小企业；珠海的优势是发力"倍增计划"，绘就创新蓝图；佛山的优势是在创新驱动中企业既要"顶天立地"，更要"铺天盖地"；东莞的优势是建设创新型经济强市，打造"不一样的东莞"。

科技创新犹如广东发展的新引擎。5 位市长在活动现场介绍各市创新发展成绩的同时，也聚焦如何进一步提高创新能力，有助于鼓舞民众信心，统筹协调、协同创新，破除一切制约科技创新的思想障碍和制度藩篱，点燃创新驱动引擎，全速起航。……记者所写专访文章《广东五市长畅谈"粤创粤新"》形成了强大的冲击力，一时间成为网络热议的主题，成为研究五城市最新政策的权威指南。

此次采风活动，广东省网信办精选出迈普生物、金发科技、酷漫居、香雪制药、云洲智能、金山软件、小米科技、大疆科技、中兴通讯等 14 个最具行业先进性和代表性的采风点，行程中，采风团试航全球第一架环保监测无人船、试飞大疆最新款无人机、试玩全国首款进军"好莱坞"的原创手游、见证世界最先进的 3D 生物打印技术、探密中国首支抗癌原创新药和全国基因库等。

采访团所到之处，直接和地市市长、企业家、专家教授、年轻创客面对面交流，5 场市长见面交流会、14 场企业创新交流会、2 场创客创意沙龙和多次深入工厂车间一线及实验室，"零距离"接触"各级政府—各种企业（科研机构、孵化器）—各类创客—各层媒介—各方资源"，记者们通过实地采访一手资料，撰写多篇文章，从不同角度全方位地彰显出广东"双创"的成就和魅力，引发网民共鸣，并积极点赞。

四、"粤创粤新"成热词　6 天覆盖 6 亿人次

采风活动首创的"粤创粤新"一词通过媒体传播成为热词，仅 6 天就覆盖 6 亿人次。这次活动采用先进的手段，形成了立体多样、融合发展的专题传播体系，取得了三项重要收获：一是采风点的创新成果让网

民"不可思议"；二是采风点的直接对话让网民"感同身受"；三是采风点的创新类别让网民"目不暇接"。各采风点连接成创新型企业、新型研发机构、企业孵化器、创投机构四条主线，活动还特邀 5 位在科技创新领域有较深造诣的行业专家随行采风，通过专家作为"第三人"的权威解读和采风团的"第一人称"现场报道，各有侧重地展示了广东创新发展的新进展和新成就，让公众感知广东创新发展"全面开花"的深厚基础和蓬勃动力，赢得网民真心祝福。

 幕后故事

故事一　领导重视，保障有力，采风活动顺利进行

中央网信办作为采风活动的指导单位，审定了活动方案，任贤良副主任为启动仪式录制了视频，要求全国重点网络媒体把广东科技创新的优秀成果、经验做法及时宣传出去。省领导作出批示，要求主办单位精心组织，切实将这次活动办好、办实。各主办单位高度重视，严密组织。省委宣传部、省网信办发挥统筹协调作用，认真制订活动方案和宣传报道方案，精心设计采风路线。省科技厅提供并审核走访企业有关情况，邀请行业专家全程参与活动。新华网作为承办单位，成立活动执行团队，将新闻宣传、后勤保障等工作落实到位。主、承办单位分工明确，各司其职，形成强大合力。

为实现传播效果最大化，广东省网信办做到了 5 个"提前"和 4 个"全程"。5 个"提前"是：提前进行调研踩点、提前做好议题设置、提前拟好微博口径、提前制作行程 H5、提前设立云盘资料库，为媒体制作专题专栏、撰写预热稿件和现场新闻报道提供内容翔实的"资料库"；4 个"全程"是：全程有速记、全程有 Wi-Fi、全程有小助理、全程有充电设备。将采风团大巴分别命名为"荔枝"车和"龙眼"车，并

制作车贴和行李贴，处处体现"粤"特色。建立媒体、地市、企业、专家四个微信群，将工作人员分为会务、内容、后勤"小助理"，全程开展分类别"点对点"贴心服务。全程提供免费 Wi-Fi 和充电设备，并安排 2 名资深速记员和 2 名摄录员，将每场交流会的文字和音、视频第一时间整理审核后供采风团成员参考采用，有效保障记者随时随写，随走随发。

故事二 "四个邀请"时间短见效快 舆论态势强大

值得特别书写的是，广东这次活动在媒体传播上大胆解放思想，创出了"四个邀请"——

一是首邀自媒体。"我要先给主办方和广东省点个赞。我来自财经早餐，我觉得活动邀请我们这样的自媒体来参加，本身就是一种创新。"在佛山站见面会上，财经早餐创始人、编委许征宇说。而除了财经早餐，今日头条、新媒体指数、互联网分析沙龙、果壳网、首席品牌官等 8 家粉丝量均在 50 万以上的自媒体也在邀请之列。因自媒体写稿活、发稿快、传播广，宣传效果超乎预期。参与采访的央广网副总编辑伍刚表示，活动主办方开创性地邀请自媒体参与采风活动，极大地体现了广东驾驭新媒体的成熟和自信。

二是广邀新媒体。活动在邀请中央、省、市传统媒体的同时，还邀请了媒体的"两微一端"参与采风。在群访群发过程中，动员新媒体和纸媒之间、新媒体之间优势互补，以最快的速度形成"二次传播"和"叠加效应"，形成"同台竞技""你追我赶"的良性氛围，实现传播无缝隙、无漏点，形成"三位一体"的传播合力。

三是抢占境外舆论阵地。活动借助主流媒体的强力传播效应，邀请境外媒体驻粤记者站积极参与，每天推出一条图文音并茂的"粤创粤新"主题 H5，组织网络志愿者主动在境内外社交网站广为推送，在手机移动端形成了良好的境内外舆论态势。活动话题在境外社交网络平台先后推出的 6 条 H5 阅读量高达 280 万次，受到外籍网友关注。

四是吸引意见领袖参与。活动提前设置话题，注重信息传递方式的多样化和可接受性，注重信息传递的视觉效果和听觉效果，用网言网语将主流声音"碎片化"，曹林、司马南、石述思等网络意见领袖纷纷转发专题，各级网评员积极跟帖，在短时间内形成强大舆论态势。活动开始前，# 粤创粤新 # 微博话题阅读量已达 300 多万。活动首日，仅新浪微博平台专题阅读量已达 1050 万。

故事三　粤创粤新·粤看粤奇·粤来粤好

3D 打印乳房，机器人跳舞端盘子描眉画唇，一人裂变十个公司，WPS 原来才是第一，试航无人船，探秘无人机，一个创新企业诞生了四十多位亿万富翁……所有这些的"不存在"都全部存在，这都是广东创新者正在创造的奇迹……财经早餐跟随采访团实地考察了上述的全部存在，倾情写下《粤创粤新·粤看粤奇·粤来粤好》一文，作者在文中记录了十个亮点，翔实生动地为网友们全面揭秘了广东的创新密码。只十个亮点的标题就吸引着人们往下看，《亮点一：WPS，原来我们一直小瞧你了》《亮点二：单身 80 后张云飞，苦苦执着于无人船领域》《亮点三：机器人——挥刀"劈豆荚"快准稳，魔术化妆手打粉涂红样样精》《亮点四：迈普——3D 打印完美乳房，这不是梦想》《亮点五：裂变创业之王，一个人裂变十个公司》《亮点六：YOU＋青年创业社区，给漂泊年轻人一个温暖的家》《亮点七：儿童房"触网"，火花四射》《亮点八：金发，创造出四十多位亿万富翁》《亮点九：陶瓷机械的领航者——佛山科达洁能股份公司》《亮点十：3D 打印的未来不是梦》。这其中的创业故事、创新事迹，在网上经久传播着。

"粤创粤新"是广东省网信办继 2014 年成功举办"'粤来粤好'网

络名人看广东"活动之后的"粤"系列网络宣传之一,接下来还将举办"粤建粤美""粤梦粤圆"等系列主题网络宣传活动。本次活动借助全媒体平台,体验式、全方位、立体化推介广东创新驱动发展战略,激发网民强烈共鸣,做了一次有效的集群式城市品牌营销。

开创网络文化"互联网＋就业"新模式

——新疆网信办举办"艾德莱斯炫昆仑"活动

【导读】

艾德莱斯，外号"玉波甫能卡那提古丽"，维吾尔语意为"布谷鸟的翅膀花"，隐喻这种丝绸能给人带来春天的气息。艾德莱斯又被称为"丝绸之路上的活化石"，隐藏千年的时尚正在焕发时代的光彩，今天已经融汇到现代生活的潮流之中，深受中外客商的青睐。

2015年6月23日，庆祝新疆维吾尔自治区成立60周年大型宣传活动"艾德莱斯炫昆仑"在上海市启动。"艾德莱斯炫昆仑"被列入国家互联网信息办公室2015年全国重点推送网络宣传文化活动，包括艾德莱斯名师培训、艾德莱斯女神大赛、艾德莱斯网络众筹、"爱我你就抱抱我"新媒体互动、艾德莱斯乡村创意就业工场挂牌等系列活动。

"艾德莱斯炫昆仑"首次将网络文化活动与产业发展、扩大就业结合起来，政企合作，官民合力，汇聚了促进民族特色产业发展的强大动力，开创了网络文化活动"互联网＋就业"新模式。

关键词：艾德莱斯　丝绸之路　民族产业　网络众筹

天山网《艾德莱斯炫昆仑》专题页面截图

2015 年，新疆互联网信息办公室与自治区发展纺织服装产业带动就业工作领导小组办公室共同组织开展了"艾德莱斯炫昆仑"网络文化活动，活动以"艾德莱斯"这一极富新疆民族特色的纺织品为切入点，通过现代文化、现代科技来引领和提升传统纺织服装服饰产业、带动就业，助力南疆地区脱贫致富。

一、传承和提升民族特色产业

艾德莱斯是新疆历史悠久、特色鲜明、具有代表性的民族传统纺织品，是国家级非物质文化遗产。近两年，中央和自治区实施发展纺织服装产业带动就业战略，南疆地区纺织服装产业快速发展，传统艾德莱斯产业发展迎来历史性机遇，但也面临着巨大挑战。如，艾德莱斯劳动技能主要靠师傅传帮带，产品样式陈旧，花纹设计缺少时尚元素，产品销路很窄。为此，活动设计了就业素养培育、产品竞争提升、网络营销拓展、市场品牌推广、产业基地孵化五大环节，力求通过政府引导、企业参与、专家献策、媒体宣传、网民互动，形成资源共享、产业发展、就业增加、群众受益的良好局面。

通过"名师培训"传授技能。针对乡村裁缝技能水平低、产品样式单一等问题，开展"名师培训"活动。组织19名疆内外知名服装设计师赴南疆，手把手传授设计、裁剪、制作等技能。乡村裁缝、纺织工人参加培训的热情非常高，原计划培训500人，结果有800多人参加培训。这800多名乡村裁缝辐射影响了4000多名亲友和十几万乡亲，在他们的带动下，南疆地区已经储备了一大批艾德莱斯产业和服装产业技术人才。培训班学员布威艾洁尔·艾萨深说："经过培训，学到了很多新技术、新理念，感觉自己的眼睛一下子亮堂了，脑子也开窍了。"培训班结束后，将授课内容编成"名师教材"，免费发送到南疆乡村，供长期学习使用。

通过"创意大赛"激发灵感。"艾德莱斯创意产品设计大赛"是全国首次针对少数民族特色文化开展的设计大赛，有482件作品入围大赛，其中，抱枕、书包、伞等13组艾德莱斯创意产品脱颖而出。这些创意产品将艾德莱斯的艺术性、现代文化的审美感、日常用品的实用性融为一体，受到网民热捧，并成为庆祝自治区成立60周年的"新疆礼物"。

通过"上海见面会""国际时装周"推广品牌。2015年6月23日，举办"援疆万里行暨创意产品上海见面会"，在时尚之都淋漓尽致地展现艾德莱斯的魅力与风情。组织了一批艾德莱斯手工艺传承人、乡村女裁缝到上海参加见面会，感受国际时尚前沿文化。艾德莱斯传统手工艺传承人艾麦尔·艾力说："在上海开展的活动带给我很多新奇和触动，我的脑袋'砰'一声就打开了，对于艾德莱斯，我突然有了一些新的想法和考虑，它真的可以走得更远、发展得更好！"2015 年 10 月 29 日，在北京举办的中国国际时装周安排了"艾德莱斯炫昆仑"专场时装发布活动，吸引 3000 多名观众现场观看。全国 100 余家主要新闻网站、大型商业网站对这次活动进行报道、转载，覆盖网民近 2 亿人次。

通过"网络众筹"拓展市场。在淘宝网开展"网络众筹"活动，号召全球网民为南疆地区"盖工场"、找市场、下订单。随后，在疏附县、和田市、洛浦县、于田县挂牌成立了 4 个"艾德莱斯乡村创意就业工场"，分别生产伞、书包、帽子、抱枕等广受市场欢迎的艾德莱斯产品，并引导资金向重点产区、重点企业聚集，建立特色纺织品生产基地，扩大产业规模。其中，洛浦县的代言产品艾德莱斯帽子成为畅销货。

通过"网络快闪"聚集人气。连续开展 3 轮"爱我你就抱抱我"网络快闪活动，千万网民代言艾德莱斯，刷爆朋友圈。"快闪"是新近在国际流行的，利用网络和微信等网络媒介传播的一种短暂的行为艺术。具体规则是：在同一个时间段，参与的网友都使用同一个头像，写下同一段文字，贴上统一选择的九张照片，发到朋友圈，宣传同一个主题。近万名全国高校大学生参与互动，美国、加拿大、中国香港等国家和地区的网友也积极参与，相关信息浏览量达 5000 万次。通过面向全国乃至全球的网络推广，艾德莱斯产品人气爆棚，大量网民参与众筹，为艾德莱斯产业发展壮大注入了强大活力。

二、促进南疆群众就业创业

在南疆，就业是最大的民生工程、民心工程、根基工程。"艾德莱斯炫昆仑"活动正是扶持民族特色产业发展、促进就业的有力抓手。尤其是利用互联网营销、推广，让广大网民参与其中，开辟了南疆地区群众增收致富的新途径。同时，"艾德莱斯炫昆仑"活动将创新发展的理念带入南疆，形成了大众创业、万众创新的风潮。

以产业发展带动就业。在"艾德莱斯炫昆仑"活动的影响下，艾德莱斯产业在全疆乃至全国快速发展壮大起来。2015 年 8 月 21 日，"艾德莱斯炫昆仑"众创空间在喀什古城挂牌。它依托喀什古城独特的地缘优势和民族特色文化，构建众创免费基地，打造艾德莱斯文化创意园，吸引了 7 家企业和中国十佳服装设计师孙秀琴等 7 个创客团队入驻。喀什市还将这个众创空间纳入旅游线路，探索"旅游＋产业"的模式。和田霸丽穆商贸有限公司在北京、吉林、乌鲁木齐等地建立了 6 家艾德莱斯专卖店，乌鲁木齐国际大巴扎的艾德莱斯专卖店也逐渐增多。和田市吉亚乡买迪日斯博依村为做大艾德莱斯产业，将村名改为"艾德莱斯村"，目前正在建设"艾德莱斯一条街"。疏附县萨依巴格乡喀扎克拉村成立了"疏附县巧娘手工艺农民专业合作社"，手工制作艾德莱斯毛驴、绵羊等布偶，带动 100 余名妇女就业。

引导农民自主创业。新疆网信办开展的"名师培训"活动产生了强烈的示范效应，许多群众主动要求参加培训，学习艾德莱斯绸纺织技术。于田县木尕拉镇阿亚克喀群村的艾比比班·卡斯木，通过几个月的勤奋学习，已经能够熟练掌握艾德莱斯绸最难的染色技术。学好技术后，她打算购买电动织机，当一名艾德莱斯织工，"像我师傅一样在家里搞合作社，织出更多美丽的艾德莱斯绸，当个老板"。与艾比比班·卡斯木有同样想法的少数民族妇女还有很多，她们都想自己开店、创品牌，也有着"让艾德莱斯走出新疆、走向世界"的梦想。而那些小服装企业则想扩大规模，设计、制作新的创意产品，增加盈利。和田县阿里屯里巴斯合作社就创立了自己的品牌，一天能卖 15 匹艾德莱斯绸，2015 年销到国外近千匹，效益明显提升。

促进群众增收致富。和田市吉亚乡是"艾德莱斯之乡"，这个乡有 60% 的家庭、2.56 万人从事艾德莱斯生产，每年可生产艾德莱斯绸 60

万匹，日销售额达 40 万元，从业人员年人均收入达 1.2 万元。洛浦县图尔苏服装厂在"艾德莱斯炫昆仑"活动专项资金的支持下，纺织机增加到 34 台，日产艾德莱斯丝绸 600 米，拥有年产艾德莱斯丝绸 21.9 万米的能力。随着产能的提升，洛浦县图尔苏服装厂生产的艾德莱斯丝绸销量大增，产品供不应求，市场竞争力显著增强。"艾德莱斯创意产品设计大赛"获奖者、90 后花纹设计师阿不都西提·阿不德列依木设计的艾德莱斯伞和马克杯，落户上海市虹口区花园路二道桥 1881 "新疆礼物"上海展销中心，深受上海市民和国内外游客的喜爱，营销业绩非常可观。

三、推动南疆"去极端化"工作

"艾德莱斯炫昆仑"活动以现代文化为引领，通过群众喜闻乐见的方式，传播积极向上的思想观念，传播包容开放的文化观念，传播与时俱进的现代生活方式，有效对冲了宗教极端思想。

开展"艾德莱斯女神"大赛。新疆网信办在喀什、和田、克州、巴州等 4 个地州的 20 个县市组织开展"艾德莱斯女神"大赛，共有 5000 余名乡村女性报名参赛，受到教育影响的群众达到 20 余万人。通过这个活动，基层群众普遍接受、喜欢融入了现代时尚元素的艾德莱斯服饰，对维吾尔族的优秀传统文化感到自豪，对现代生活产生向往。疏附县的 17 岁少女木斯力玛·卡迪尔受到"艾德莱斯女神"大赛的影响，主动脱下了"罩袍"，穿上了漂亮的艾德莱斯裙。

根据真人真事改编情景剧。在"艾德莱斯炫昆仑"活动中，产生了很多好故事。结合活动主题，以疏附县站敏乡美艳娜缝纫合作社负责人麦尔耶姆·纳斯尔和她的亲身经历为原型，编排出四幕情景剧《炫变》。这部情景剧讲述了一名南疆农村妇女接受现代文化洗礼，转变思想观念，勇敢冲破宗教极端思想束缚，带动妇女姐妹就业、创业，共同摆脱贫困、努力增收致富的故事。《炫变》用真实故事的艺术升华感染人，深深打动了南疆群众。这种深入人心的宣传，不仅丰富了南疆的文化生活，也改变了一些妇女不当家、不出门的现象，越来越多的维吾尔女性穿戴美丽的艾德莱斯服饰，越来越多的维吾尔女性通过勤劳的双手走上致富路。

四、调节和改善涉疆舆论生态

2015 年，新疆网信办开展的"艾德莱斯炫昆仑"等大型网络文化活动，让国内外看到了一个团结稳定、欣欣向荣的新疆，也为自治区成立 60 周年营造了良好的舆论氛围。

媒体联动、共同发力。"艾德莱斯炫昆仑"活动备受舆论关注，百余家中央、地方媒体，千余家网站、移动客户端争相报道。中央电视台《新闻联播》节目多次予以报道，新闻频道、外语频道等专门拍摄艾德莱斯纪录片、专题片；湖南卫视在热播节目中植入艾德莱斯元素。多个网络"大 V"主动参与＃艾德莱斯炫昆仑＃微话题发布、扩散，表达对艾德莱斯的喜爱、对新疆的向往，并对活动给予高度评价。

强势助推、形成声势。中央网信办将"艾德莱斯炫昆仑"列为 2015 年全国重点推送的网络宣传文化活动，并纳入"一带一路"非物质文化遗产采风活动，中央各大媒体设专题网页宣传艾德莱斯。腾讯网为此专门制作了一期图文专题"中国人的一天——艾德莱斯丝绸传承人"，并在 Facebook 上推送。新华社专门撰写内参《发展新疆艾德莱斯产业对社会稳定具有现实意义》，中央政治局委员、国务院副总理刘延东同志对此作出重要批示："对于提高群众收入、带动经济增长，抵制宗教极端思想影响，艾德莱斯具有综合效益。"

2016 年，新疆网信办将在 2015 年成功举办"艾德莱斯炫昆仑"活动的基础上，按照自治区发展纺织服装产业带动就业战略部署，继续以南疆为工作重点，策划实施"艾德莱斯出天山"活动。按照设计新驱动、营销推品牌、举办文化节和建立专卖店四个步骤，创新思路、整合资源、推动艾德莱斯产业走出去，扩大艾德莱斯产品市场规模，推动产业升级，带动群众就业，为南疆扶贫开发工作作出更大贡献。

 幕后故事

艾德莱斯刷爆全国朋友圈

铺天盖地的抱枕，整个手机屏幕几乎在一瞬间全部被抱枕刷屏——艾德莱斯火了！2015年7月2日，大型网络外宣活动"艾德莱斯炫昆仑·爱我你就抱抱我"网络快闪活动，用一只艾德莱斯花纹的小抱枕、一段温馨的公益号召和9张艾德莱斯创意产品推广图片席卷了全国的微信朋友圈。

从当日19时到21时活动期间，120分钟的时间里，全国网友的浏览量和转发量超过了200万人次。平均每分钟有16666人为艾德莱斯网络快闪活动点赞，每秒有277个赞从全国网友手中点出。有网友留言：没想到"爱我你就抱抱我"艾德莱斯微信快闪在微信朋友圈造成了这么巨大的轰动效应。"大家都尽自己的一份力量，共同参与到这个快闪游戏中来，一起为南疆的老百姓盖工场！"更多的参与网友们热情呼吁，让大家领略到了全国网友的爱疆情结，也展现了艾德莱斯这一千年时尚的特殊魅力。

此次活动主办方表示，这次快闪活动是为艾德莱斯点赞，为新疆点赞。快闪中，著名影星佟丽娅、黄晓明、尼格买提、古丽米娜等纷纷传来对艾德莱斯的祝福视频。

《暮光之城》导演、好莱坞十大导演之一凯瑟琳也发来怀抱艾德莱

斯抱枕的照片，让网友们瞬间爆棚。参与快闪的网友中有很多是内地网友，被万人快闪惊到。网友"筱萌筱萌"说："我朋友圈里的朋友，好多内地的，虽然他们不懂我们这是游戏……但因为热爱我们新疆，喜欢艾德莱斯的东西……都在转发点赞……也一直追问我在哪里能买到……这个热情啊。"快闪吸引了全国各地网友参加。看到独具特色的艾德莱斯这样被推广，有网友感叹不已："太棒了！""真没想到这么多人喜欢艾德莱斯"。

于田名师培训　学员嗨到停不下来

2015 年 5 月 23 日，是大型公益活动"艾德莱斯炫昆仑·名师培训"开班授课的第三天。分别设在和田地区三个县市和喀什疏附县的授课点，都不同程度地收获了令人惊喜的成绩。这个专为南疆地区热爱时尚、热爱服装设计的乡村百姓量身定制的培训活动，在于田站更是实现了培训老师们预料之外的惊人成果。

行家有备而来　学员轻松上道

培训进入第二天，新疆服装设计师协会理事王一桦和美丽亚娜民族刺绣有限公司董事长热孜万古丽·乌布里卡司木就看到了学员在人体模特上独立设计出的 3 款连衣裙雏形。

有着多年设计和教学经验的热孜万古丽，率先将有着"软雕塑"之称的立体裁剪技术带到了课堂。立体裁剪对于基础薄弱的南疆学员来说，比平面裁剪技术更加容易消化。

"在前期的调研和实际授课过程中我们发现，南疆大部分服装加工行业的成品款式都还停留在上世纪六七十年代的水平上，而且很多加工人员最基本的裁剪顺序都是错的。"王一桦说，他们的学员年龄最大的也只有 30 岁，而且都是有一定裁剪经验的成熟工，所以他和热孜万古丽大量压缩了理论课程的比例，将大部分的教学内容都用在了实际操作上。他认为，学员的反映和作品证明他们的选择和设想是正确的。

每天都有"插班生" 主动要求拖堂

于田站的培训课堂设在位于县中心的一家服装加工厂操作间。近120名学员中，有80%都来自这家工厂的员工。工厂为了让员工扎扎实实学点前沿技术，专门安排全厂停工6天，无偿让出了培训场地和设备。学员积极性也很高，每天拖着老师到下午8点多才下课。

坐在课堂第一排认真设计连衣裙款式的依再提汗·铁木尔和努尔尼沙汗·买买提是23日新来的两位"插班生"。他们分别来自授课场地60公里之外的阿羌乡太斯坎力克村和皮什盖村，听说有大设计师来培训的消息之后，专门坐车赶了过来。

"我们昨天下午就来了，可是交通不方便，我们赶到的时候已经是晚上9点，教室都空了。"36岁的依再提汗遗憾地说，听说老师只待一个星期，我们错过了两天的课程呢。还好现在赶上了，刚才老师让我们自己设计一款心目中的艾德莱斯裙装，设计得好了，就有机会在那个模特身上做了。

只有21岁的巴木汗·麦吐孙已经跟丈夫离异一年多了，5个月前来到这家工厂上班之后，她有了经营好家庭之外的新目标。"这些老师的课太有意思了，特别形象。昨天下午设计三款连衣裙里有一款就是我设计的，老师夸我想法不错的时候，心里特别有成就感。"巴木汗说，她很喜欢服装设计这个活计，一块块布料通过她的双手变成款式精美的裙装是她最享受的事。因为这个过程当中，她会觉得自己也是一个有社会价值的独立个体。这些是天天窝在家里相夫教子不能给予她的。

第三章

述中国对世界文明的贡献

中华文明经历了 5000 多年的历史变迁，但始终一脉相承，积淀着中华民族最深层的精神追求，代表着中华民族独特的精神标识，为中华民族生生不息提供了丰厚滋养。中华文明是在中国大地上产生的文明，也是同其他文明不断交流互鉴而形成的文明。

文明因交流而多彩，文明因互鉴而丰富。文明交流互鉴，是推动人类文明进步和世界和平发展的重要动力。文明如水，润物无声。我们应该推动不同文明相互尊重、和谐共处，让文明交流互鉴成为增进各国人民友谊的桥梁、推动人类社会进步的动力、维护世界和平的纽带。我们应该从不同文明中寻求智慧、汲取营养，为人们提供精神支撑和心灵慰藉，携手解决人类共同面临的各种挑战。

互联网是人类的新空间、新领域、新家园，需要新思想、新规则、新秩序。互联网让世界变成了"鸡犬之声相闻"的地球村，相隔万里的人们不再"老死不相往来"。世界因互联网而更多彩，生活因互联网而更丰富。历史告诉我们，只有交流互鉴，一种文明才能充满生命力。只要秉持包容精神，就不存在什么"文明冲突"，可以实现文明和谐。这就是所谓"各美其美，美人之美，美美与共，天下大同"。

"互联网＋中国传统节日"彰显中国精神

——国家网信办开展"网络中国节"系列活动

【导读】

习近平总书记在文艺工作座谈会中指出，中华优秀传统文化是中华民族的精神命脉，是涵养社会主义核心价值观的重要源泉，也是我们在世界文化激荡中站稳脚跟的坚实根基。中国的传统节日，正是中华民族文化精神的集中体现。

在国家互联网信息办公室指导下，光明网和中国文化网络传播研究会（以下简称文传会）联合主办了"网络中国节"系列活动，新华网、中国网等各媒体协办。该系列主题活动是"中华文化网络传承工程"的重点项目，是切实打造网络文化精品，运用"互联网＋"思维，探索中华传统文化在网络传播的方法和途径，让中华文化精髓得到创新传承，让中华传统文化的精神感染网民，深度挖掘中华优秀传统文化的民族精神与时代意义。

关键词：网络中国节　民族精神　文传会　光明网

光明网《网络中国节·元宵》专题页面截图

"网络中国节"系列主题活动以传统节日为主线，在端午节、中秋节、重阳节、春节、元宵节、清明节期间陆续推出大型文化专题、传统文化解读 H5 炫融特刊、图解、评论员文章、节口读书视频节目，并定期推出网络小游戏，通过寓教于乐的方式向网民推广传统文化知识，吸引网友广泛参与，引导网民文明上网、理性表达。

2015 年 6 月至 2016 年 6 月期间，"网络中国节"系列活动共制作大型活动专题 7 个，传统文化小游戏 7 个，节日民俗宣传教育 H5 炫融特刊 7 个，大型线下活动 1 次，并组织了多次丰富多彩、奖品丰富的微博、微信互动及摄影征集活动。

一、国家网信办精心组织，统筹协调，确保活动质量

2015 年，全国网络宣传管理工作会议和各地网信办主任座谈会在北京召开，会议强调要"弘扬社会主义核心价值观和中华优秀传统文

化，发挥道德教化作用，滋养人心，滋养社会"。国家网信办相关业务部门根据会议要求，策划起草了"网络中国节"主题文化活动方案，组织召开数次专题会议，与承办方文传会和光明网细致讨论活动主题、形式、分工等内容，为后续工作顺利展开打下坚实的基础。活动启动前，国家网信办就活动新闻、专家解读等稿件提供修改意见，精心规划每日推送内容，做好多维度预热准备。办内社会局、网评局、传播局、移动局等有关业务局密切协作，做好相关报道在各地各网站和"两微一端"的推送工作，组织各地网评员有序跟帖等，让活动持续升温并做好正面舆论引导工作。

活动中，国家网信办积极组织协调文传会与光明网通力合作。文传会在主题文化活动中主要负责各节日游戏中的题目设置、邀请国学专家分析解答各传统节日话题和制作节日文化短视频等；光明网则为搭建专题页面，制作 H5 炫融特刊和开发手机游戏等提供技术支持，并撰写活动相关稿件，丰富和提升网络文化活动的思想内涵。双方优势互补、强强联合，使"互联网＋中国文化"的模式获得网友广泛点赞。

二、创新网络文化产品，深度挖掘文化内涵

主题文化活动内容丰富，网络文化产品形式多样，在内容上进行创新，深度挖掘各传统节日文化内涵。

（一）搭建平台，打造文化宣传阵地。线上部分相继推出 PC 端专题——《网络中国节·端午》《网络中国节·中秋》《网络中国节·重阳》《网络中国节·春节》《网络中国节·元宵》《网络中国节·清明》；手机端 H5 炫融特刊——《小明带你过中国节·端午》《小明带你过中国节·中秋》《小明带你过中国节·重阳》等。作为节日相关视频、游戏、文章、照片等首发阵地，与节日相关的新闻、文化知识、游戏、互动等各类环节和板块，以聚合传播的方式在两大媒体平台呈现。为提高

用户体验，从技术上采用媒体端自动配适的方式，即两大平台采用同一链接，对用户使用的不同媒体端自动显示配适页面。

（二）趣味游戏陪网友共度节日。系列活动先后推出"端午小状元""诗词里的中秋""重阳接接乐"等多个 H5 游戏。手机小游戏"端午小状元"共设置 5 道关卡、25 道考题，每闯过一关即可得到一个"爱国粽子"，网民反响热烈并留言"活动通过游戏普及传统文化知识，寓教于乐，点赞！"等等，表达对游戏的喜爱和肯定。"诗词里的中秋"形式为填诗词闯关；"重阳接接乐"则是考验了玩家的反应力。游戏环节操作简单，诗词知识、节日知识也通过这种寓教于乐的方式传递给玩家。玩游戏的形式集文化性、趣味性、网络化于一身，对于弘扬传统文化，传播和凝聚网上正能量具有非常积极的作用。

（三）文化类视频采用"微传播"形式展现。端午主题文化活动推出"书说端午"视频、学者访谈等节目。中秋节、重阳节时，文化视频栏目《网络书香·节日读书》相继推出《中秋节——唯美思念》《重阳节——菊韵秋香》专期，通过诗词解读、文化讲述，带网友品读经典，感受书香。采用微视频形式创作、演绎、传播网络文艺，无论是"网络中秋晚会"还是重阳推出的文艺视频，汉服舞蹈、古琴诗词弹唱、国乐轮奏等均采用分段录播，方便网友自行点播观看；约请 8 位国学专家录制"国学名家谈中秋"视频，围绕中秋文化、家风文化、乡土文化等话题，畅谈节日，解析传统。

（四）有时、有节、分类推出稿件，营造网络节日氛围。活动开展期间，重点推出新闻消息、网络评论、文化解读三大类型稿件。新闻稿件随着活动的开展、节日的临近，以时间为节点逐步推出消息稿、侧记稿，对主题文化活动进行全程跟踪纪实；选推了《在探讨端午文化中凝聚共识》《总书记访美，"中国风"劲吹》《中秋一夜，家国千古》《家和万事兴，敬老要先行》等网络评论稿件，以节日为契机，结合时政热点，深度挖掘中华传统文化中爱国、友善、文明的内涵；刊发《可知该怎样赏月中秋?》《重阳节是在过什么?》等文化解读文章，设计"中秋十大推荐"文化专题，联系古今，深入浅出，解析节日来历、推荐过节攻略、展现传统风雅、宣扬民族精神。

三、全媒体立体式报道，"网络中国节"广受好评

光明日报、中央人民广播电台、民主与法制时报、中国工商时报和中国网信网、人民网、新华网、光明网、新浪、搜狐、腾讯、网易等500余家媒体、网站、新闻客户端集中进行立体式报道，竞相推送活动新闻、精品网评、节日图片、文化视频、H5 炫融特刊、手机小游戏等内容。

网民纷纷在活动主题页面、炫融特刊、游戏留言板处留言，并对活动给予好评并点赞——

一是认为本活动是传统爱国情怀与互联网的融合。署名"李方舟"的评论文章《传统爱国情怀与"互联网＋"时代之间的接合点》认为，从民俗、文化到爱国情怀，网络中国节·端午将其融为一体，为网友辟出了一方文化与民族的净土。

二是肯定该活动创新了传承传统文化的载体和方式。网友"黄金搭档"留言：在我们源远流长、博大精深的传统文化中，重视人伦道德、讲究家庭和睦是我们文化传统中的精华，也是中华民族强大凝聚力与亲和力的具体体现。新华网网民"敏儿的幸福天空"发文《"网络端午"让传统节日散发现代气息》表示，弘扬传统文化形式多样、方法各异，"网络端午"创新了传承传统文化的载体和方式，是一种值得首肯的创新。

三是指出网络中国节让传统文化焕发新的生命力，有利于培养人们爱传统文化、爱国的热情。北京市网友"叶子飘不落"留言说：活动

非常有意义，特别是对于我们常年漂泊在外的外地务工人员。每逢佳节倍思亲，在外一年了，也应该回去与家人、亲人团聚，尽孝父母，交出一份令自己、父母满意的答卷。此外，网民普遍肯定手机小游戏寓教于乐，形式新颖。网民"网上邻居"：又了解了好多关于端午的知识，游戏很有趣，很好玩。网民"残缺韵律"：赞一个！形式新颖直观，充分利用现代网络普及端午知识！

四、传统文化与现代元素联袂讲述中国精神

中秋思念主题融入农村精神文明建设。中秋节系列活动充分将乡村文化、乡贤文明融入"思人·思家·思国"大主题中，全面打造"互联网＋"乡土文化理念，让网络节日更具人文情怀。节日期间，"聚乡情"留言板征集中秋祝福，网友"姗姗来吃"说："生活在别处，年龄渐长，才发现月是故乡明。"四川网友"竹子"赋诗一首："中秋月满，月满酒满，酒满情满，情满想念。"

中国好网民领跑网络重阳节。"网络中国节·重阳"活动以"敬老·家和·万事兴"为主题，号召新时代年轻人关爱老人从陪伴父母做起，与老人分享更多欢乐，让家庭更加和谐、让社会更加温暖进而建设稳定、和谐的强大国家。本期活动特别加入了"中国好网民"元素，积极邀请有网络影响力的网络"大V"、"中国好网民"和"网络中国节"粉丝出席现场活动，将网络影响力带到线下，带动更多的人关注网络中国节、中国好网民，号召网民用自强、自信的民族风尚，自觉肩负起弘扬优秀传统文化的历史责任，传播网络正能量，清朗网络空间。

传承清明文化"推陈出新"。随着文明祭扫、生态安葬深入人心，过去人们普遍采用的烧纸钱、元宝的祭祀方式已逐渐发生改变。网上祭祀也为这个传统节日注入了新元素。"网络中国节·清明"大型活动以慎终追远、礼祭英魂为主题，弘扬了爱人爱家爱国情怀，在PC端、手

机端等多渠道推出大型专题、"云端祭扫"、小游戏等多种产品，还开设微博话题征集创意、寄予思念。"云端祭扫"采用"网络鲜花""网络祭酒"等"互联网＋"潮流元素，倡导文明祭拜、绿色扫墓，也为网友提供思怀已故亲友的园地，让年轻人以最熟悉的方式将"思念带在身边"，感受传统文化，践行中华孝义。

五、四大元素提升"互联网＋"文化体验

（一）互联网＋新闻。"网络中国节"系列大型专题包括节日文化、名家·观点、高清大图、节日资讯等栏目。光明网网评中心在节日前期约网评员撰写《在探讨端午文化中凝聚共识》《对着中秋与明月，重温"思念"的滋味》《重阳节，关爱老人是最重要的价值》等原创网评文章近20篇；节日期间，节日资讯、高清大图更新社会上与节日相关的新闻消息百余篇。专题头条位置显著呈现活动消息、活动侧记等原创稿件5至10篇。部分稿件被网信网首发并全网推送。

（二）互联网＋读书。每期网络中国节专题中，都会在显著位置嵌套由中国文传会录制的"网络书香·节日读书"栏目。打开专题页面，萦绕耳际的是主讲者曹雅欣的娓娓道来，这段优雅的读书视频让每个阅读者感受到中华传统文化的源远流长。

（三）互联网＋百科。文传会对传统文化知识进行梳理整合，编辑诗、书、礼、乐四个部分展现内容，并相应在"子曰师说"和"学习经典"两个微信公号开展充分调动网友积极性、参与性、互动性的网络活动。每期发稿十余篇，点击量近千次。光明网自主研发，推出《端午小状元》《诗词里的中秋》《重阳接接乐》《新春捞饺子》《猜灯谜》《清明迷踪》6期小游戏，采用了问答、接接乐、组团收红包、密室逃脱等游戏流行元素。每期游戏均与节日专题同步上线，并在光明网微信公号及H5炫融特刊中进行推广，光明网还为排名前十的网友提供了丰厚礼品，

每期游戏参与人数在五万至几十万不等。

（四）互联网＋社交。每期网络中国节系列活动均在微博开设节日相关话题，其中以"重阳节"的微博互动最为出彩。此次活动中，光明网微博开展的重阳节有奖征集活动"爸妈，我想对你说"，受到了网友的热烈回应，共千余名网友参与活动。2015 年 10 月 26 日，活动抽出 32 位幸运网友并赠送奖品。该话题在新浪微博上阅读量达 36 万。

 幕后故事

故事一　"网络秋晚"打动人心　掀网络中国节日热潮

光明网、文传会主办的"网络中国节·中秋"主题文化活动，举办了线下活动——"网络中秋晚会"，包含了古诗词弹唱、古琴演奏、古典舞蹈、汉服展示等多类节目，采用艺术演绎与文学讲述的新颖模式表达"思念"的主题，分为思念人、思念家、思念国三部分。晚会立足于传统文化，在线下活动后，以"微秋晚"的分段视频形式在网上呈现，营造了热烈浓厚的网上节日气氛，进一步弘扬了中华优秀传统文化，让社会主义核心价值观深入人心，打造网民精神家园。

在美国留学的网友"无忧"说："身在异乡，看到'网络秋晚'倍思亲，感谢这么好的节目，让我们不孤单"；在澳大利亚的一位华裔，饱含深情地在网上留言，"看了微秋晚视频，心情很激动，让我们这些海外游子在思乡的同时，见证了祖国的繁荣昌盛，我们为此感动幸福"。线下倾情表达思念主题，线上"网络中秋晚会"视频传播，引国内外网友争相点击观看，截至 2015 年 9 月 27 日，"网络秋晚"系列微视频浏览量近 35 万。

故事二 网络社区设置话题 传递网络正能量

光明网专题页面设置"聚乡情""寄语重阳""新年寄语"等网友留言区。网友"可强2015"留言：这个节目非常好，寓教于乐，可以促进大家学习中国传统文化。在学习有关中秋的优美古诗的同时，了解中国传统节日。网友"1Q99"留言：弘扬传统文化，传递网络正能量。网友"金曜日"留言：此次活动很成功，相关话题设置既有新意又有深度，对于网民普及民俗传统文化知识帮助很大！

重阳节主题活动期间，光明社区、新华社区以"当我老了"为话题开展精彩讨论，中青年人以自己老了为假设，畅想老年人生活。老年人则在平台上分享自己老了之后的生活及感悟，双方在讨论中不断增进对彼此的理解，拉近了关系。青年网友"GoD"直言不讳地说："确实无法想象自己老了是什么样，但是看到老年人无法跟上现在的科技进步，享受不到科技进步带来的便利，总觉得十分遗憾。""A叔叔"则回复："谢谢楼上几位老先生，看来我得多多加强和自家老人的交流了，就从教老爷子用iPad开始吧。"活动以最为真实、质朴、直接的形式记录下国人面对"重阳节敬老"真情流露的美好情感瞬间，制作出感人的微视频专辑。视频打动了广大网友，并得到了央视网、腾讯视频、搜狐视频等各大视频网站的重视与转载。

故事三 征集照片网友积极参与 笑容融化冷冬

重阳节主题活动，文传会发起的"家有一老"朋友圈晒照片、"中国好网民""两微"发起的"九九重阳 老有爱依"照片征集，鼓励网友对家中老人的关注与祝福接力传递下去，发动网民爱老、尊老、敬老；光明摄影俱乐部携手老摄影家协会在重阳期间发起"银发生活"作品征集，通过微信、PC端同步征集，旨在展现老年人丰富多彩的夕阳生活，并呼吁社会关注老人、关爱老人。

微笑，让春节更温馨，让生活更美好。春节主题活动期间，光明网征集百张笑脸图片，传递网络正能量，用灿烂的笑容来融化冷冬，温暖这一季冬寒。网络"大V""阿滋楠"也上传了自己的笑脸，在他看来，"这样多种多样的活动彼此联动推出，可以将传统文化渗入网络的各个角落，推动起一股网络正能量风潮。"

故事四　登高＋乐跑＋游园会，传递"人间重晚晴"

2015年10月25日上午，"登高踏秋　孝行九九——中国好网民领跑网络重阳节"活动在北京奥林匹克森林公园举办。此次活动由国家网信办网络社会工作局指导，光明网、中国文化网络传播研究会主办，新华网、中国网协办。活动融合重阳节传统习俗登高、时尚现代的"乐跑"以及广受青年喜爱的"园游会"等形式，召集"光明乐跑"队员、"中国好网民"粉丝及"学习经典"粉丝，让平日里忙碌的中青年人在秋高气爽的日子里，带上父母同赏重阳古韵，乐享登高踏秋。

活动以汉服舞蹈表演和汉代"养老礼"演绎暖场，活动吸引了众多网友围观参与。表演结束后，现场跑友"兵分两路"：60岁以上的老年组登仰山、插茱萸、赏古琴，领略重阳文化；60岁以下青年组则在教练的带领下，环仰山进行15千米快乐跑训练。跑友健身的同时，在奥林匹克公园森林公园的宣言广场上还举办了重阳游园会，主办方准备了节日花糕、香茶供游客免费品尝；设置了重阳知识有奖竞猜、有奖扫码关注"中国好网民"官微等活动，既有效传播传统文化知识，又召集更多人关注"网络中国节"，扩大了活动宣传效果。线下活动计划召集99人，实际到场网友及参与活动的游客则达近千人次。

光明网官方微博、中国网运营的中国好网民官方微博对当天活动进行微博现场直播，分别以＃带上爸妈乐跑重阳＃、＃好网民为老人加油＃为话题，带动现场网友及线上网友留言、共同参与讨论。短短两个小时的活动，两大话题阅读数近 37 万，留言数达千余条。广东网友"时空隧道"表示："九九重阳，代表着天长地久，也代表着尊老、敬老、爱老。我们应该保护好中华民族的优秀传统文化，传递正能量。"

"网络中国节"在秉持传播与弘扬中华民族优秀传统文化之时，不断为既存的传统增添新的内容和新的典范，强调互联网思维，尊重网络传播规律，兼具互联网特性与传统文化之魂，让中国传统文化不着痕迹地融入现在，成为活着的传统，对世界文明作出持续贡献。

在"一带一路"融通中国梦与世界梦

——新华网讲述"一带一路"上的丝路故事

【导读】

"一带一路"的倡议,契合了中国、沿线国家和世界发展需要,顺应了地区和全球合作的潮流,得到 60 多个沿线国家和国际组织的积极呼应、热情参与,受到国际社会高度关注。随着丝路沿线一批批具体项目落地生根,"一带一路"倡议正变为可触可感的现实,古老的丝绸之路正焕发出新的绚丽光彩,对世界文明的贡献在持续。

在丝路沿线,每天上演着许许多多鲜活、生动、感人的丝路故事。"一带一路"的故事,既是国家的故事,也是百姓的故事;是关于历史的故事,也是关于未来的故事;是尊重差异的故事,更是谋求共识的故事。作为互联网新闻传播领域的国家队、主力军,新华网不仅见证了一个个动人的丝路故事,记录了一个个激动人心的历史瞬间,还作为"一带一路"实实在在的参与者,把"一带一路"的精彩故事传向四面八方,让"一带一路"的动人乐章响彻五洲四海。

关键词:一带一路 中国梦 世界梦 新华网

新华网《一带一路》频道页面截图

集全网之力 为"一带一路"建设提供强大的舆论支持

共建"丝绸之路经济带"和"21世纪海上丝绸之路"（简称"一带一路"），是以习近平同志为总书记的党中央统揽全局、顺应大势作出的战略决策，是着眼实现"两个一百年"奋斗目标和中华民族伟大复兴的中国梦，为进一步提高我国对外开放水平而提出的重大战略构想，并得到国际社会的广泛关注和积极支持。在建设"一带一路"的进程中，新华网顺应新媒体发展趋势，运用多种网络传播形式，通过推动文化的传承与创新，讲好丝路沿线各国故事，增进沿线国家人民感情，促进区域共同繁荣发展。

新华网作为互联网新闻传播领域的国家队、主力军，三年来，不断创新报道形式、拓宽报道渠道，通过图文、视频、访谈、图解、H5

等多种报道形式，在 PC 端、手机客户端、微博、微信、微视等多语种多终端等平台，展示各国文化交流新闻信息，积极主动为"一带一路"建设提供强大的舆论支持。

运用多种新媒体报道形式，积极布局移动端

新华网制作"新丝路新梦想———一带一路"中、英、俄、阿四个语种的大型集成报道专题，专题开设《携手共建》《丝路心语》《古路新颜》《踏路传声》《丝路大美》《网友互动》等多个栏目，每天 24 小时不间断滚动发稿，实现了对"一带一路"建设多语种、常态化、全方位报道，为各国及时了解中国、了解丝路沿线国家间文化交流情况提供极大便利。

新华网推出数据新闻、动新闻、新华微视评等一系列新产品新应用，深受网民好评。《一图看懂"一带一路"框架思路》《愿景·行动———"一带一路"改变生活》《亚投行的朋友圈》《亚投行"首发阵容"亮相》《沿着"一带一路"，中国企业这样"走出去"》《"一带一路"为新疆插上腾飞翅膀》等系列图解新闻，在桌面端和移动端同步播发。这一系列图解新闻被新华网微信公号、新华炫闻客户端及时推送，国内外各大网站纷纷转载，引发微信微博等社交媒体用户纷纷转发刷屏，广大网民反响强烈，取得了良好传播效果。

新华网还就"一带一路"建设等热点问题专访俄罗斯、巴基斯坦、印尼、斯里兰卡、塔吉克斯坦等国驻华大使。巴基斯坦驻华大使马苏德表示，巴基斯坦是"一带一路"关键国家之一，能够参与其中非常荣幸。斯里兰卡驻华大使科迪图瓦表示，中国提出"一带一路"倡议不仅联通沿线国家和人民，还为地区乃至世界带来共享发展成果的机遇，"一带一路"倡议让古丝绸之路重新焕发生机。

2015 年 1 月，新华网举办第五届纵论天下国际问题研讨会，专门

设置"'一带一路'战略内涵及对国际秩序重构"议题，邀请金灿荣、彭光谦等十余位国内知名专家、学者参与讨论，解读丝路建设，其中《马加力：推进"一带一路"建设的相关建议》《"一带一路"在很多地方开花结果》等文章被各大网站纷纷转载，引起了学界、企业界的广泛关注。

2015 年 5 月，新华网组织了"一带一路"网上思客会，著名经济学家林毅夫、黄益平、贾康，国务院参事汤敏，中国社会科学院研究员张蕴岭，历史学家雪珥等专家学者，以及在非洲投资成功的民企负责人等参加，推出了《"一带一路"，不走"旧路"》《"一带一路"，让民企抱团走出去》两个专题，密集组织了 50 余篇稿件。其中，《张蕴岭："修庙，建庙，不拆庙"》等稿件被百余家媒体转载，反响强烈。

发展论坛推出"网友热议：曾经的"丝绸之路"有多辉煌？""网友建言：丝绸之路经济带如何互利共赢？"等系列策划，网友们纷纷踊跃发言，跟帖百余条，点击量超 10 万；推出《邀您为家乡的"一带一路"建设建言献策》征集活动，网友们普遍认为，"一带一路"建设将带来商旅文化、交通运输、能源建设行业发展良机；在"两微一端"同步启动《我眼里的"新丝路"》征文活动，反响强烈，特别是家乡在西北地区的网民参与较多，描绘了自己眼中的"一带一路"发展愿景；重点推荐原创文章，提出如《为什么"一带一路"是中国经济最大的事》《主动融入"一带一路"建设 谋划特色发展新路子》《媒体合作共奏"一带一路"交响乐》等文章，主动引导网民关注国家"一带一路"战略重要性，取得相当不错的反响和成果。

为世界和平进步注入正能量

在中国历史上，先贤在"和"字中追寻人与人、国与国间交往的真谛。张骞西出，唐使赴日，都是为了增进友好，缔结和平。如今，中国提出的"一带一路"倡议，正秉承"共商、共建、共享"的理念，弥合对抗、冲突造成的鸿沟，促进世界和平发展。

作为"21 世纪海上丝绸之路"上的重要一环，斯里兰卡正面临着战后重建、消除民族隔阂、恢复经济的艰巨任务。中国"一带一路"倡议的提出，为其实现长久和平与繁荣提供了重大机遇。斯里兰卡 A9 公路沟通南北大动脉，是其战后建成的第一条国家级公路，被称为"复兴之路""民族融合之路"和"经济振兴之路"。全程参与建设的斯里兰卡公路局总工程师瓦塔纳·库玛说："这条道路对于我，对于千千万万泰米尔人，以及被战争伤害的整个国家而言，都有着重大意义。每次行经这条公路，我心中都充满自豪和对中国的感激。"除了 A9 公路之外，中国还参与了斯里兰卡科伦坡机场高速、普特拉姆燃煤电站、科伦坡港南集装箱码头、马塔拉国际机场、汉班托塔港等一大批项目。这些项目见证了中斯合作的丰硕成果，为斯里兰卡实现长久和平发挥着重要作用。

如今，随着"一带一路"建设的推进，这种作用愈加显著。从进口非洲国家产品，促进其工业农业发展；到在中亚地区，与各国合作建设大型农业水利项目、交通设施，提高人民生活水平；再到在东南亚，与相关国家合作建设高速公路、铁路和港口项目……"一带一路"为沿线国家提供大量就业机会，促进地区社会发展，为世界和平进步注入正能量。正如法国前总理拉法兰所说，中国的"一带一路"规划表明，中国正日益在世界范围内凸显自身的重要作用，并向世界各国传达"团结"和"革新"的愿望，承担起了中国作为一个大国对世界和平的责任。

主动拓展阵地　搭建多语种、多终端的国际传播平台

目前，新华网已开通英文、西文、法文、阿文、俄文、日文、韩文、德文 8 个语种的外文网站，组建了欧洲分网、非洲分网、亚太分网 3 个海外分网，成立了新加坡频道、马来西亚频道、日本频道、韩国频道和泰国频道 5 个国别频道，已建成欧洲运营中心，正在筹备亚太运营中心和北美运营中心。

同时，新华网也在推进多语种移动化和社交化战略，推出新华网 iPad、英文客户端。其中，英文客户端在新加坡地区的下载量超过 100 万。未来，新华网还将在欧洲和亚太主要国家推广多语种的客户端，充分利用推特、脸谱等海外社交媒体，与海外网民面对面交流，提升传播效果。海外社交媒体网友 "Scott Olson" 看过新华网有关 "一带一路" 的对外报道文章后表示，"一带一路" 倡议相关项目会给世界人民带来更好的福祉！网友 "Waqasahmed" 表示，"一带一路" 倡议对于亚欧关系来说非常具有吸引力。

新华网搭建的这些多语种、多终端的国际传播平台在报道丝路沿线国家文化交流，促进区域经济合作方面发挥重要作用。宁夏中阿博览会期间，一些政府和企业告诉新华网，他们的清真产品出口遇到了关税和清真认证的困难。作为新华网国际传播平台重要组成部分的新华网马来西亚频道就联系马来西亚政府，在马来西亚重要港口巴生港的自由贸易区，专门开设了中国清真产品的出口基地和集散地，同时提供一站式清真国际认证，为宁夏的旅游产业和清真产业提供了便利之门。2015 年 3 月 27 日，"一带一路" 中马国际贸易峰会在北京举行，助力中国企业抓住巴生港自贸区发展机遇。4 月 1 日，马来西亚国际贸工部主办 "2015 世界清真产业峰会" 在首都吉隆坡开幕，现场来自清真食品、金融、基建等多个领域的 10 家优质企业签约正式入驻巴生港自贸区。马来西亚频道对这两场活动用中文、英文、阿文三个语种进行了报道，助力中国企业走进马来西亚，走向世界。

2015 年 2 月，新加坡频道在当地联合新加坡管理大学、中国四川大学，邀请新加坡开国元勋李炯才、学者郑永年、中国银行新加坡分行行长郭宁宁等政、商界人士和一些中国企业代表，举办了首届"新华网国际思客会——2015中新政经展望""中新建交25周年：'一带一路'战略下的合作模式创新""'一带一路'：中新深化合作推动西部国际化发展"三场高端论坛。中新学界、商界通过互动交流，有效对接需求，共同助力"一带一路"合作项目落地，新加坡频道进行了全程报道，在当地产生轰动。2014年，新加坡频道还推出"中新建交二十五周年"专题，专访中新两国政、商、学界20余位知名人士，点评中新双边关系现状，展望未来合作，在中国"一带一路"倡议的大背景下，中新两国如何实现互利共赢。此项活动获得包括新加坡前总统纳丹、新加坡前外交部长杨荣文、新加坡驻中国大使罗家良等在内的中新两地人士的高度评价。另外，新加坡频道凭借在当地与各界建立的良好关系，积极帮助中国企业"走出去"，打造中国企业的海外品牌形象。另外，新加坡频道还协助中国银行新加坡分行在当地举行了"百年中行图片历程展""中新金融博览馆"等活动，进一步推动两国在经济金融文化层面交流。中国银行新加坡分行对活动报道给予高度评价，并与新加坡频道签订长期合作，共同助力人民币国际化和"一带一路"建设。

此外，新华网通过与各国媒体广泛合作，实现"一带一路"文化报道在海外的顺利落地、全面开花。如果打开吉尔吉斯斯坦国家通讯社的网站，就能在首页看到俄文和英文版《中国之窗》专栏，每日实时推送新华网提供的中国新闻。下一步新华网将与更多国家的主流媒体合作，开辟更多的"中国之窗"，让"一带一路"的建设成果被看见、中国的声音被听到。

另外，根据相关统计数据表明，海外涉华报道中超过70%都是中国经济新闻信息。为更好地向世界传播中国经济新闻信息，新华网设计制作了7个语种的中国经济周刊网络电子杂志，深度报道评论中国经济。每一期一播发，海外的各种媒体，包括传统主流媒体，都会纷纷转载相关文章。

遥想当年张骞凿通西域的壮举和郑和七下西洋的豪情，网络媒体在服务"一带一路"建设过程中，同样有着广阔的大陆和浩瀚的大海等待开拓。我们主张"一带一路"沿途各国乃至世界各国在丝绸之路这个大框架下，共商、共建、共享、共赢，同步发展自己，达到世界和平、社会和谐、百姓和惠、心态和宁。在发展的道路上，我们要谐和不要零和，要结伴不要结盟。"一带一路"是中国梦和世界梦交汇的桥梁，新华网亦将从中收获属于自己的梦想和荣光！

幕后故事

"合抱之木，生于毫末；九尺之台，起于累土。"再恢宏壮美的丝路愿景，也得由一个个别样的中国故事描绘；再震撼人心的丝路大戏，还得是一幕幕鲜活的生活片段构成。在丝路沿线，每天都上演着许许多多鲜活、生动、感人的丝路故事，这些丝路故事成为各国文明交融、民心相通的最生动写照。新华网在实现"一带一路"文化报道中，采访了许多亲历丝路故事的人，记录下了他们的真实感受，正是他们的诉说，表达着中国对世界文明的贡献。

故事一　丝路沿线各国人民梦想变现实　感想诉记者

在"一带一路"战略中，基础设施互联互通是优先领域，是"一带一路"最直接的着力点。从土耳其已贯通的高铁，到巴基斯坦的900兆瓦光伏工程，中泰之间的多项合作，缅甸的电厂，孟加拉帕德玛大桥，斯里兰卡南部铁路，再到中蒙俄铁路合作，埃塞尔比亚轻轨……丝路沿线各国人民的梦想正变为现实。

在孟加拉国，你可以看到很多"中国建造"的影子：高速路、铁路、桥梁……正在建设中的帕德玛大桥主桥长 6150 米，宽 21.5 米，是连接中国及东南亚的"泛亚铁路"的重要通道之一，也是中国"一带一路"战略的重要交通支点工程。孟加拉国国民议会议长乔杜里在接受记者采访时说，建造帕德玛大桥的原材料来自孟加拉国，而建造则凝结了中国工程师的心血。"一带一路"倡议将改善沿线国家基础设施建设，提供更多工作机会，改变普通人的生活。

在巴基斯坦，作为中巴经济走廊优先实施项目的 900 兆瓦光伏建设工地热火朝天。其首个 50 兆瓦工程已经建设完成，已经为当地创造了近 2000 个就业岗位。在记者采访时，中兴能源巴基斯坦公司总经理刘凯介绍，随着项目大规模展开，预计高峰期需要 2 万名巴方工人。项目建成后，还需大量巴方人员对电站进行运营和维护，成为他们的终身职业。另外，随着越来越多建设者来到项目所在地巴哈瓦尔布尔市，当地的商业也逐渐繁荣起来，许多人也因此获益。25 岁的巴基斯坦小伙卡西姆向记者说："这个地区以前就是一片荒漠，连当地人都不会到这里来。但现在，这里正成为巴基斯坦的光能绿洲。"

在埃塞俄比亚首都亚的斯亚贝巴的城市轻轨列车上，一位名叫阿贝贝的女乘客欣喜地对记者说："乘坐轻轨，以后就不用担心堵车了！"亚的斯亚贝巴城市轻轨项目是埃塞俄比亚乃至东非地区第一条城市轻轨，也是中国公司在非洲承建的首个城市轨道交通项目，极大地缓解了亚的斯亚贝巴的交通拥堵状况。亚的斯亚贝巴轻轨运营公司总经理高爽难掩自豪和激动。他说，作为深圳地铁和中国中铁创新组成的运营管理联合体，能在践行国家"一带一路"战略中为非洲人民提供轻轨运营服务，感到非常骄傲和自豪。

故事二　民心相通　中国对世界文明的贡献在持续

国之交在于民相亲，民相亲在于心相通。随着建设"丝绸之路经济带"战略的逐步推进，沿线地区经贸交流日趋热络，与此同时，多地将丝路文化作为"丝绸之路经济带"人文交流的重要内容，促进了"民心相通"的同时，对世界文明持续作出贡献。

在伊朗德黑兰大学攻读博士学位的洛阳女孩张梦晗，因为一次偶然的机会出演伊朗电视剧《首都》女主角。随着电视剧的播出，她成为当地人知晓的中国"明星"，中国文化在伊朗的影响力也越来越大，很多伊朗人开始对中国的饮食、针灸、书法等传统文化产生浓厚兴趣。张梦晗说："伊朗人越来越喜欢中国文化，而又恰逢中国推进'一带一路'战略的大好时机，我希望能通过自己的努力，让伊朗人更加了解中国。"

在埃及，在孔子学院的橱窗里，陈列着埃及学生们到中国交流时拍摄的中国长城照片、毛笔字比赛作品以及汉语歌曲、诗歌等比赛留影。一位中文名为美琪的埃及姑娘对记者说："我喜欢所有跟中国有关的活动，它们让我更加了解中国的文化艺术。我认为中国比其他国家更重视文化方面的交流，还向全世界学汉语的学生提供到中国去看看的机会，这对我们的就业非常有好处。"

在泰国，仅在校学生就超过 100 万人学习汉语，如果加上社会上各类培训班，数量非常庞大，这对于只有 6800 万人口的国家来说，比例极高。在泰国教育部国际合作交流处处长阿曼达维娃看来，汉语在泰国可以说已经成为一种社会技能，会成为泰国的第二外语。

故事三　做"一带一路"记录者，更要做参与者

新华网不仅是"一带一路"倡议的宣传者、传播者，更是实施参与者、活动组织者、服务提供者。

2015 年 4 月 1 日，马来西亚国际贸工部主办"2015 世界清真产业

峰会"在首都吉隆坡开幕，现场来自清真食品、金融、基建等多个领域的 10 家优质企业签约正式入驻巴生港自贸区。马来西亚频道对这两场活动用中文、英文、阿文三个语种进行了报道，助力中国企业走进马来西亚，走向世界。

文明因交流而多彩，因互鉴而丰富。"一带一路"沿线国家人民，通过新华网这扇窗口，深切感知丝路精神的丰厚内涵和恒久魅力，从中获得更多智慧，汲取更多营养，共同推进"一带一路"建设，融通中国梦与世界梦。

搭建文化走廊　构建友谊之桥

——中国国际广播电台大型纪录片《丝路上的我们》

【导读】

丝绸之路源于古代中国。印象中，丝绸之路的就是戈壁、大漠、叮当的驼队、走不完的黄沙……随着时代发展，丝绸之路已经成为古代中国与西方所有政治经济文化往来通道的统称。丝绸之路是文化之路，也是政治之路。失落的传统在今天重新"活"了起来，"一带一路"国家战略让沉寂千年的丝路再度焕发生机，亚欧大陆再次紧密地相连在一起，万里"丝绸之路"再次改变了今日世界格局。

人物纪录片《丝路上的我们》是中国国际广播电台（以下简称"国际台"）英语中心贯彻落实习近平总书记提出的"一带一路"战略的具体举措，其宗旨是"促进正面交流，以达共赢世界"，向世界介绍和平、开放、包容的中国。

该片通过记录在"一带一路"地区"外国人的中国故事"，展示"一带一路"战略为相关国家带来的发展机遇和为中外人民带来的合作机会。项目于2015年年底启动，预计拍摄15集，每集完整版10分钟左右，用于移动终端和社交媒体的精华版1分钟左右，重点在海外平台播出。

关键词：丝绸之路　一带一路　木卡姆　国际广播电台

纪录片《用生命传承刀郎木卡姆》中的新疆麦盖提县老艺人

商业之路承载中西文化桥梁

丝绸之路是历史上横贯欧亚大陆的贸易交通线，促进了欧亚非各国和中国的友好往来。中国是丝绸的故乡，在经由这条路线进行的贸易中，中国输出的商品以丝绸最具代表性。19世纪下半期，德国地理学家李希霍芬就将这条陆上交通路线称为"丝绸之路"，此后中外史学家都赞成此说，沿用至今。

张骞通西域后，正式开通了这条从中国通往欧、非大陆的陆路通道。这条道路，由汉都城长安出发，经过河西走廊，然后分为两条路线：一条由阳关，经鄯善，沿昆仑山北麓西行，过莎车，西逾葱岭，出大月氏，至安息，西通犁靬（jiān，今埃及亚历山大，公元前30年为罗马帝国吞并），或由大月氏南入身毒。另一条出玉门关，经车师前国，沿天山南麓西行，出疏勒，西逾葱岭，过大宛，至康居、奄蔡（西汉时游牧于康居西北即咸海、里海北部草原，东汉时属康居）。

广义的丝绸之路指从上古开始陆续形成的，遍及欧亚大陆甚至包括北非和东非在内的长途商业贸易和文化交流线路的总称。除了上述的路线之外，还包括在南北朝时期形成，在明末发挥巨大作用的海上丝绸之路和与西北丝绸之路同时出现、在元末取代西北丝绸之路成为路上交流通道的南方丝绸之路等等。

丝绸之路一词最早来自于德国地理学家费迪南·冯·李希霍芬1877年出版的《中国》，有时也简称为丝路。虽然丝绸之路是沿线各国共同促进经贸发展的产物，但很多人认为，中国的张骞两次通西域，开辟了中外交流的新纪元，并成功将东西方之间最后的珠帘掀开。从此，这条路线被作为"国道"踩了出来，各国使者、商人沿着张骞开通的道路，来往络绎不绝，上至王公贵族，下至乞丐狱犯，都在这条路上留下了自己的足迹。这条东西通路，将中原、西域与阿拉伯、波斯湾紧密联系在一起。经过几个世纪的不断努力，丝绸之路向西伸展到了地中海。广义上丝路的东段已经到达了韩国、日本，西段至法国、荷兰。通过海路还可达意大利、埃及，成为亚洲和欧洲、非洲各国经济文化交流的友谊之路。

多平台融合　立足国际传播

2013年，国家主席习近平在哈萨克斯坦纳扎尔巴耶夫大学发表题为《弘扬人民友谊　共创美好未来》的重要演讲，倡议用创新的合作模式，共同建设"丝绸之路经济带"。

聚焦人物，温暖人心。《丝路上的我们》每集以一个外国友人为主人公，通过人物的经历、故事、沟通、感悟来反映"一带一路"框架下的合作共赢和民心相通。团队从丝绸之路起点西安出发，经由敦煌、乌鲁木齐、喀什等地，南至泉州、厦门、广州、深圳等海上丝绸之路地区，寻访来自印度、伊朗、巴基斯坦、美国、英国、法国的外国友人和他们的中国伙伴，目前拍摄了《丝路新"食"代》《孔子的洋徒弟》《红酒恋上茶》《波斯兄弟中国情》《丝路画家》《歌唱才女在丝路》《发现不一样的新疆》《喀什创业家》和《用生命传承刀郎木卡姆》等九集纪录片。

这些外国友人从事不同的职业，每个人都有自己的"中国梦"。例如，在西安的美国留学生"笨笨"立志向世界介绍孔子儒学，在乌鲁木齐的美国歌者爱丽丝学习了维吾尔族传统歌唱艺术，在喀什的英国创业者迈克尔用新疆上乘的水果生产出了婴儿食品。该系列贴近国际受众习惯，以主人公第一人称叙事方式，以小故事透视"一带一路"大战略，融合个体、细节、故事、画面和感悟，客观自然地展现了主人公的筑梦故事，同时以短小精悍、节奏明快的新媒体传播特色，立体表现中外普通人的闪光点和关联度，以"润物细无声"的手段实现人与人之间的沟通、磨合、包容和协作。

《丝路上的我们》从国际传播的特点与规律出发，充分发挥多媒体平台融合传播的优势，立足于国际传播使命，在"一带一路"话题持续升温的前提下，提前作出项目规划和具体策划，把传播、推广、合作贯穿始终，在适当时间点进行阶段性推介，保持热度和关注度。

该系列前九集已经在英闻天下网（国际在线英文网）、中华网英文网、优酷、腾讯、新疆网络电视台天山网、喀什零距离、脸谱、优兔等中外新媒体平台同步融合传播。截至目前，节目综合点击量已超百万次，引起业内重视，并入选国家新闻出版广电总局"百人百部中国梦"

短纪录片扶持项目。网友纷纷留言，认为节目传递了正能量，向世界介绍了"一带一路"，促进了不同国家人民之间的了解。另外，在境外社交平台脸谱和优兔收到海外受众的积极反馈。他们评价，纪录片中的人物故事很有趣，希望有机会也能来中国体验生活。纪录片还陆续得到小米电视、蓝海电视台等国内外传播平台的关注和授权播出的邀约。

2013 年，习近平总书记在全国宣传思想工作会议上指出："胸怀大局、把握大势、着眼大事，找准工作切入点和着力点，做到因势而谋、应势而动、顺势而为""要精心做好对外宣传工作，创新对外宣传方式，着力打造融通中外的新概念新范畴新表述，讲好中国故事，传播好中国声音"。在国际传播中，对不同种族、不同信仰、不同文化背景的外国人"讲好中国故事"是国际台的光荣使命和庄严职责。我们相信，讲好中国故事的前提是找准中国故事。

弘扬文化，展现内功。中国文化辉煌灿烂，蕴藏着巨大的魅力和无尽的感召力，是中华民族繁荣昌盛的丰厚源泉。我们认为，"讲好中国故事"需要立足于中国文化与国情，在拍摄制作过程中尤为关注外国人学习传承中国文化的故事，借此弘扬丝路精神。

丝路焕彩下的中国梦

五千年华夏文明，可谓是一个个鲜活生动故事的集合。丝绸之路古文化作为中国古代历史瑰宝。而今，"一带一路"战略，国家"丝绸之路经济带"战略性提升，让丝绸之路再焕光彩。

人物纪录片《丝路上的我们》，通过记录在"一带一路"地区外国人的"中国故事"，展示"一带一路"战略为相关国家带来的发展机遇和为中外人民带来的合作机会，可谓是华夏文明的延续。《丝路上的我们》团队通过"找准中国故事""讲好中国故事""传播中国故事"的过程，让新丝绸之路以新的面貌展现在世人面前。

以纪录片形式真实地反映中国故事。15 集，150 分钟，同时在新媒体推送精华版，重点在海外平台播出，从设计上就定位于向全球传播中华文明，重点推介中国古代文化，让中国文化融入世界文明。

新媒体传播独具的特色"短小精悍、节奏明快"在丝路故事中被应用到最佳。正如文中所讲，立体表现中外普通人的闪光点和关联度，以"润物细无声"的手段实现人与人之间的沟通、磨合、包容和协作。讲好中国故事的前提是找准中国故事，通过一个个篇章去聚焦丝路上的外国友人，表现他们的中国故事。通过纪录片形式，真实展现中外合作共赢。

每一个中国人都有一个"中国梦"，在丝路故事中，展现外国人的"中国梦"，叙述外国人的中国故事，展现丝路精神。从一个个点滴的小故事中展现我国战略发展、全国规划的宏伟蓝图。其中，纪录片《孔子的洋徒弟》主人公对中国传统文化的"痴迷"则从侧面表现出了中国文化的魅力，对中国文化冠以"炫酷"二字则显得更时髦。

传播中国文化则是丝路交流的主要意义，"丝路好声音"则向世界宣传了中国，传播了中国文化。

丝路故事展现活力中国

一个故事的动人之处，莫过于"真实"。用纪录片形式向世人展现一个真实的中国具有鲜明的时代意义，《丝路上的我们》正是向世界展现一个活力四射、与时俱进的中国。

向外界诠释一个真实的中国意义非凡。可以有效反击西方媒体刻画的不真实的中国形象，让世界了解中国，了解中国人，了解中国人的生活。

展示给世界一个不一样的中国，以中国新疆为片段，让媒体人看清新疆，了解新疆。通过"讲好中国故事"，消除国际社会对中国的刻板印象，而纪录片则恰好能"真实"记录一个鲜活的中国，让国际观众深刻地记录这些来自中国的故事。

丝路故事还以普通人细节入手，描写普通人的生活，叙述普通人的情感，展现出属于中国人自己的价值观。通过亲身体验，去反思，去产生共鸣，这种自然地表现形式更加真实。

向世界介绍不一样的中国

多媒体平台发展是顺应时代潮流发展的，我国飞速发展的媒体传播平台，立体化的传播，中外媒体同步播放，为专业化传播丝路文化奠定路径。点击量超百万次，引发业界重视，这是丝路故事传播的鲜明成果。

纪录片的传播，让更多的人了解中国，也让更多的人爱上中国，《丝路上的我们》团队挖掘好故事，向世界介绍"一带一路"大主题下外国人的中国式生活、中国式机遇和中国式奋斗，是在让中国"走出去"，让中国人"走出去"，让中国式"走出去"……

选取中国历史上最长的一条路——丝绸之路，横跨亚欧大陆，在古代就是中国与外国文化、贸易交流的重要途径，而今它的意义仍然不同凡响。外国人的中国故事，让外国人融入古丝绸之路，中华文明的传播，展现出一个不一样的中国，一个不一样的新疆。

在策划之初，选取外国普通人作为纪录片对象，讲述他们的故事，是有很强的针对性和目的性的。外国人亦如此，何况中国人，这样一个连外国人都向往的国度，岂是境外舆论三言两语就可以片面反映清楚的。人民必胜，中国必胜，中国文明必胜，华夏五千年文明积淀是厚重的，中国人正在积极地向世界传递着老祖先留下的文明，同时中国人也在用勤劳的双手去创造着现代中国文明。

感人的故事，一流的策划，最新潮的传播方式，用最真实的故事去打动人，去传递最真的人物故事，让中国故事走向世界，向世界昭示一个和平、繁荣、人民幸福安康、安居乐业的中国。这样的安排，正是为了向世界传递中国人热爱和平，促进中国与世界文化交流、政治交流的积极态度，中国与世界共赢求发展才是中国人，乃至中国发展的真正意图。

以真诚面对　以"我"为线

"我"的代入感叙事。纪录片需要一种"真诚"的面对，故事如以"我"为线索，以第一人称的所见所闻、所思所感代入，会让受众感同身受，最大限度地感知内容。《丝路上的我们》有别于传统纪录片制造冲突矛盾的表述方式，还原普通人生活的细节、情感与思想的最细微处，忠实于主人公自己的观察、感受和思考，从而现出中国式价值观的无穷魅力。例如，《用生命传承刀郎木卡姆》拍摄的是生活在新疆喀什地区麦盖提县的一群传承刀郎姆卡姆艺术的老艺人的平凡生活，他们的故事因为刀郎姆卡姆艺术而精彩传奇。没有他们的坚守，就不会有这一珍贵的非物质文化遗产的延续。老艺人们波澜不惊的平凡生活、朴素的语言、沧桑的面颊和深沉激昂的木卡姆弹唱，在时空间弥漫着质朴的人性之美。不同人群的平凡故事客观地展示生活，使观众从关注人物到关注自己，由体验到反思，以共鸣实现情感共通。

 幕后故事

痴迷中国文化的美国学生

一直以来，国际社会审视中国的眼光和心态与中国的实际状况存在一定差距，这就需要进一步加强国际传播能力，以国际受众乐于接受

的形式和易于理解的语言"讲好外国人的中国故事",加强不同国家与中国的交流、信任和理解,凝心聚力,让"命运共同体"意识深入世界人民的心中。

在拍摄《孔子的洋徒弟》一集时,团队身临其境地感受到了主人公"笨笨"(Ben Giaimo)对中国传统文化的痴迷。他来自美国,在陕西师范大学攻读古汉语硕士学位,能说一口地道的陕西方言,唱起秦腔来也是有板有眼。他对中美文化进行比较研究后,把孔子的智慧翻译成了美国俚语。他的导师接受采访时说,"笨笨"学习特别刻苦,他翻译了《论语》,正在联系国内出版社出版。像"笨笨"这样对中国文字和中国文化感兴趣、又肯下功夫学习的美国人是不多见的。"笨笨"自己在纪录片中说:"美国是个很大的国家,有很多酷炫的东西;中国更大,人更多,有其他炫酷的东西。如果这两个国家可以帮助彼此,更了解对方,两国的人民都会受益,也将会给全世界带来重要影响。"

文化使者用民族艺术传播爱

《歌唱才女在丝路》的主人公爱丽丝(Elise Anderson)也来自美国,在新疆艺术学院攻读维吾尔艺术博士学位,从事有关木卡姆和维吾尔族传统艺术的研究。爱丽丝翻译了维吾尔语的说唱作品,为新疆民族艺术数据库的建设和向世界介绍新疆作出了贡献。爱丽丝还经常参加维吾尔族朋友的婚礼,和朋友们一起跳民族舞蹈和木卡姆表演艺术。

爱丽丝在纪录片中表示,木卡姆艺术对新疆、中国、全世界来说都有极其重要的价值和意义,她愿为此不懈努力。值得一提的是,爱丽丝在《丝绸之路好声音》音乐选秀节目中入围八强,在舞台上演唱了一段木卡姆,并用维吾尔语自如地和导师交流,赢得全场热情掌声,成为新疆家喻户晓的明星。

她立志把维吾尔族表演艺术推广给不懂维吾尔语、不了解维吾尔族文化的人们。爱丽丝的一幕幕故事不仅展示了与老师、同学建立的深厚友谊，更加传播了中国民族文化，让世界刮目相看。

客观真实，增信释疑。向全世界讲述中国故事，还要呈现当今中国的真实状态，反击西方媒体刻画的不真实的中国形象。《丝路上的我们》正是向世界展现一个活力四射、与时俱进的中国。

《发现不一样的新疆》主人公约什（Josh Summers）把他和家人在新疆的真实生活拍成视频，上传到自己创办的网站和出版的电子书上，通过镜头捕捉新疆人的淳朴生活。例如，他请维吾尔族朋友介绍特色小吃，住在老百姓家体验生活习俗，在牲口集市与维吾尔族老伯用英文交流，跟主妇们学做汤面，拍摄新疆首条高铁开通时的情景，还亲自体验了高铁出行。他说："每次出去，我都能找到一些有趣的新鲜事。我在这里住了十年了，所以如果我觉得好玩，那对其他美国人来说，就更有意思了。"他还出版了新疆旅游电子书，被很多人抢购并提出反馈，纸质书也将销往美国、英国和其他欧洲国家。约什说："我认识的美国人只会在报纸上读到关于新疆的事情，大部分都是不太好的事情。我想通过自己的网站让人们知道新疆的另一面——人们在媒体上看不到的新疆，最真实的、最原始的新疆，让他们认识这里的老百姓。像吐峪沟这样的小村落，都是西方人从来没有听说过的地方。对他们来说，来旅游一定非常好玩。"

记录真实的中国式生活

发挥纪录片的优势。纪录片是对"真实"的客观记录，在国际传播中更能起到沟通不同国度、不同文化、不同民族间的桥梁作用，产生情感共鸣，深度传递民间交流。《丝路上的我们》采用纪录片这一国际通用语言，但又不拘泥于传统纪录片的叙事模式。在创作风格上，体现了镜头精练、构图和谐、光影到位、剪辑流畅、短小精悍、节奏明快和富于诗意等特点，以轻松自然的叙事风格，真切鲜活地描绘当代丝绸之路上中外友人的情感、思想和梦想。系列故事瞄准主人公切身感受，体现普通人的生存状态，同时反映时代精神，使国际受众对中国故事留下深刻印象。

《丝路上的我们》团队是一支由中外摄像、编辑、导演和制片人构成的国际化团队，作品具有全球视角和互联网风格，在国内独树一帜。团队曾制作多个视频栏目和项目，并得到广泛认可。团队作品曾获得多个奖项，包括国家新闻出版广电总局"弘扬社会主义核心价值观共筑中国梦"原创网络视听节目优秀作品、2014年全国优秀广播电视民生品牌栏目、2015年第九届"纪录中国"栏目类二等奖、2015年全国网络视听大会纪录片类二等奖、2015年第二届万峰林国际微电影盛典纪实类一等奖，并入围2016年美国亚洲丝绸银幕电影节等奖项。

未来，《丝路上的我们》团队将继续挖掘好故事，以纪录片的方式、融合传播的手段，向世界介绍"一带一路"大主题下外国人的中国式生活、中国式机遇和中国式奋斗。

在中国这片古老而神奇的土地上，每天都在上演着日新月异的事情，丝路，一条连接中西方文明的道路被赋予了更大的历史责任和时代使命，在这条古老的道路上，展现给世界的是中国，同时也让中国的文明起航，飞往世界各地。商旅之路再度焕发光彩，文化走廊构建出了新的世界友谊之路。

一曲乡愁颂两岸

——中国台湾网赴台报道连接海峡血脉之情

【导读】

台湾诗人余光中一首《乡愁》传诵于海峡两岸，"乡愁是一湾浅浅的海峡 我在这头 大陆在那头"。1987年11月，两岸同胞隔绝状态结束后，两岸文化交流合作逐步发展。2008年5月以来，两岸关系实现重大转折、开创和平发展的新局面，两岸文化交流合作取得重大发展。文化交流不同于政治对话、经济往来的作用日益凸显，受到各界肯定与关注。同时，在两岸大交流大发展的背景下，青年工作也在近几年成为大陆对台工作的重点之一。习近平总书记曾在2014年指出，两岸青少年身上寄托着两岸关系的未来，要多想些办法，多创造些条件，让他们多来往、多交流，感悟到两岸关系和平发展的潮流，感悟到中华民族伟大复兴的趋势，以后担当开拓两岸关系前景、实现民族伟大复兴的重任。

于此背景下，2014年，中国台湾网受到北京市台办和北京电影学院的邀请，参加报道"第七届中华文化快车"活动。在赴台演出中，中国台湾网记者随行报道，用10余篇生动活泼的报道，描述了两岸人民的血脉相通之情。

关键词： 永远的微笑 中华文化快车 文化交流 中国台湾网

案例回望

话剧《永远的微笑》剧照

两岸学子共同演绎"母子亲情"

祖国母亲与宝岛台湾，祖国在这头，台湾在那头。

"永远的微笑"策划，是两岸人对未来祖国统一美好憧憬。炎黄子孙永远的黄皮肤、黑眼睛必将拥有同一张灿烂笑容。"永远的微笑"策划展现两岸文化交流的独特视角，也被称为文化交流创举。

有一个故事，永远是讲不完的，博大的母爱是无法用语言来穷尽的，中国与台湾就是这样的。"我们都有一个家，名字叫中国"，这是华夏儿女的心声。宝岛台湾不愿永久做一个游子，祖国母亲也在时刻恋着她的孩子。母亲必将与她的孩子对话，去互诉衷肠。从 20 世纪 80 年代以来，两岸通邮、通商、通航，两岸交流在不断推进，两岸文化的交流则是两岸对话最温暖的路径。

两岸学子随着文化的交流找到了彼此的认同感，这种血脉相连的亲情是大洋无法阻碍的，无论身处何方，一个烙印深深印刻在每个人的心间——中国人、华夏儿女。

话剧《永远的微笑》展现的就是这份血浓于水的亲情，展现的就是祖国母亲对游子的惦念之情。微笑镌刻在心头，在微笑之间映射出的是母亲对游子的牵挂，游子远行，母爱却永驻。游子，母亲渴望你的归来，渴望你再一次投入母亲的怀抱。

台湾著名戏剧家、表演艺术家金士杰创作的话剧《永远的微笑》于 2002 年在台湾被表演工作坊搬上舞台，这部历经金士杰 10 年时间创作完成的话剧，由 8 名演员分别饰演现实生活中不同的人物，表现在历经聚散离合人生百态之后，总会有一份情怀依在，总会有一张赤子般的笑脸在繁华落尽后从容绽放的主题。

12 年后，北京电影学院的学生发掘出这一经典剧本，在北京电影学院表演艺术研究所副所长王劲松的指导下，重新打造该话剧，并作为"第七届中华文化快车"的演出内容入台巡演。

将台湾艺术家的作品带进台湾进行巡演，台湾的剧本与两岸的青年群体，大陆的青年演员与台湾的青年演员，两岸的青年群体与台湾的观众，这种多层次多形式的两岸交流，被不少台湾教育界人士誉为"创举"。

台湾艺术大学校长谢颙丞认为，两岸大学生同台演出话剧这一形式"非常棒"，两岸双方借由这样的机会进行交流并分享成果非常有必要，文化方面将来两岸一起合作，一定会做得更好。台湾世新大学广播电视电影学系齐隆壬教授表示，两岸学生共同把台湾本土的剧本搬上舞台并赴台表演，这是一次非常成功的创新和尝试，一定会产生深远的影响，为未来两岸文化交流探索一条新的道路。多年从事两岸青少年交流的台湾中华企划人协会名誉理事长翁林澄认为，话剧形式的两岸交流非常好，希望未来能更加深层次、让台湾学生更有参与感地进行交流合作。

近年来，两岸文化交流形式多种多样，两岸话剧交流的历史也有多年，但以学生群体为代表的深入台湾中南部的青年群体交流可谓罕见。

2014年10月16日，话剧在台中市台湾体育运动大学中兴堂演出两场，剧情诗意、幽默而温情，备受观众称赞。"感人""共鸣"是观众反馈最为集中的两个关键词。话剧《永远的微笑》角色林林总总，形形色色，男男女女所有的人，都可以归纳为两个人：一个男人，一个女人。本剧讲述的正是男人和女人在各个年龄和不同境遇下的一颗追求真情、幸福和解脱的心。

同学们的演技可圈可点，获得台湾观众称赞。由曲艺扮演的何来内敛细腻，对母亲的爱温暖而深情；台籍研究生徐千京扮演为爱守候的伦伦，情感收放自如牵动人心；闫琪塑造的空虚执着的王大可生动活泼；台籍研究生廖晓彤扮演的阿芳简单而清纯，惹人怜爱；陈薪璇扮演的露露敢爱敢恨，极具舞台魅力；剧中何来的母亲由台籍研究生蔡珮颖扮演，她对丈夫执着的守候令人动容；唐羽翰扮演的季伟情感层次丰富，张力十足。

10月22日话剧在台南市台湾成功大学成功厅再次演出两场，观众反响热烈，谢幕后演员一度返场答谢观众，场面火爆。来自台南一中的学生还配合现场音乐在座位上表演起了《小苹果》，引得台上北京电影学院的演员阵阵掌声。随后观众们纷纷上台与喜欢的演员合影留念，场面热闹非凡。

相较于电影相隔于荧幕的互动，舞台剧中演员与观众的互动更为直接而亲密，观众可以洞察舞台上演员们的喜怒神态，细微的表情变化和舞台张力；演员亦能从观众的直接反馈中读懂演出效果。从这点来讲，话剧形式铺陈的两岸交流舞台更为广阔也更为细腻。

话剧《永远的微笑》本次赴台由3名台籍表演专业的研究生与北京电影学院表演学院本科学生共同演出，两岸本科生研究生合作默契，感情深厚。从台湾剧本与大陆演员的合作、大陆学生与台湾学生的合作、到大陆学校的表演与台湾观众的互动，进行各种形式的文化交流，对海峡两岸青年文化的思想交流和艺术创作起到重要作用。其形式新颖独特，此次尝试得到很多嘉宾观众的称赞。

几场演出的间歇，北京电影学院的师生还先后参访了台湾体育运动大学、台湾逢甲大学、台南市第一高级中学、台湾成功大学四所学校。除就话剧及两岸高校合作等进行交流之外，还和当地学生亲密交流，建立友谊，可谓是两岸青年的友谊之旅。

四所学校各有特色，交流的方式各有不同，但对交流展现的热忱却是一致的。来自台湾体育运动大学体育舞蹈学系的姑娘们活泼热情，不仅为北京电影学院的同学们献上欢迎舞蹈、赠送小礼物、一起共进午餐，聊着互相感兴趣的话题，临别还留下联系方式希望以后还能再次相会。

台南第一高级中学的小伙子们的热情也丝毫不弱，参访途中恰逢高一学生正在上体育课，他们热情、礼貌而富有活力，对北京电影学院参观一行直呼"大哥哥、大姐姐好"！22日演出当天，台南一中表演社团的学生还配合现场音乐在座位上集体歌唱并表演起了大陆非常火爆的歌曲《小苹果》，将现场气氛再次推向高潮。逢甲大学虽然以理工科为主，但交流的同学们亦对话剧有着浓厚兴趣；台湾成功大学艺术研究所的同学们对话剧艺术颇感兴趣，他们不仅和演员们就演员选择、表演方式及人物塑造等问题进行交流，还现场参观话剧舞台的布置和走台。在短暂却宝贵的交流中，同学们亲密合影、互留联系方式，友谊已于点点滴滴中建立。

"微笑"走进台湾，两岸年轻学子交流如歌，相信未来这歌声——两岸青年交流的歌声将飞遍海角天涯；两岸学子动人的微笑，也将变为两岸交流的遍野春花。

"永远的微笑"策划将交流主题选择为两岸青年学生，可以说是独具慧眼，因为青年人是最具有未来的一代，要通过此种形式塑造两岸青年交流典型。校园文化的交流，则更具时代气息。

梁启超先生曾经有"少年中国说"，青年人，可谓是中国的希望。两岸统一大业必然赋予年轻一代光荣的使命。习近平总书记也曾在 2014 年指出，两岸青少年身上寄托着两岸关系的未来。要多想些办法，多创造些条件，让他们多来往、多交流，感悟到两岸关系和平发展的潮流，感悟到中华民族伟大复兴的趋势，以后担当开拓两岸关系前景、实现民族伟大复兴的重任。

 幕后故事

用温和报道　用爱来讲述

"中华文化快车"是北京市台办主导策划的品牌交流活动，活动以弘扬中华传统文化为主线，进一步拓展两岸青少年之间文化教育交流渠道，让中华优秀传统文化在两岸师生交流中发扬和传递。

通过对该活动内容的考察和考量，"第七届中华文化快车"展现了两岸文化交流的独特视角，在赴台演出过程中，也展现了两岸青年交流鲜活的故事与风貌。中国台湾网从前期彩排、赴台演出、两岸校际交流等方面进行深入报道，意在真实生动地讲述亲身经历的两岸青年在文化

领域的动人交流。历时 20 余天，制作主题专题 1 个，稿件 10 余篇，新闻图片 60 张。下面将以记者视角回顾报道过程，详细阐述本次报道内容与宣传形式的创新。

如同话剧的名字一样，给中国台湾网记者留下深刻印象的就是北京电影学院这个演员团队中的学生的笑脸，这是一个年轻而有活力的团队。

中国台湾网在报道时有意识地用更温和的形式，向读者介绍这一活动相较于其他两岸交流活动不同的生动面，报道重点关注于活动交流形式创新，交流层次深入。

赴台演出前期，中国台湾网系统性地回顾中华文化快车前六届取得的丰硕成果，相较于以往文艺汇演的方式，也突出本次话剧演出的别致特点。在大陆彩排期间，通过介绍金士杰和话剧《永远的微笑》，希望达到前期宣传的铺垫效果，让读者能够了解这一话剧的大概面貌。出发赴台，10 月 13 日发表文章《带着"微笑"起航台湾　第七届中华文化快车即将出发》，预告活动即将正式开始。

以热情的方式，报道这场长达十天的两岸交流之旅，避免用宣导式的语言表达，通过细心观察和热情交流——参与同学们的聊天，观察同学们台前幕后的彩排，收集多方观点和采访反馈，将镜头对准青年演员们的真实交流，用讲故事的方式呈现出活动过程中展现出的两岸文化交流的火花碰撞，展现两岸文化交流鲜活的故事和热情向上的风貌。

让人动容的共鸣感动两岸

在几场话剧演出的报道中，重点注意相同内容的不同层次及重点报道，例如第一场报道《〈永远的微笑〉台中倾情上演　两岸学生同台献艺获赞》，注重介绍剧情及演员表现。

"陈薪璇是这个话剧的主演之一，剧中她扮演一个开朗热辣的酒店公关女郎，戏外也是个活泼的女孩；台籍研究生廖晓彤剧中扮演内向而清纯的阿芳，戏外却是个热情的台湾姑娘，由曲艺扮演的何来内敛细腻，对母亲的爱温暖而深情；台籍研究生徐千京扮演为爱守候的伦伦，情感收放自如牵动人心；闫琪塑造的空虚执着的王大可生动活泼；剧中何来的母亲由台籍研究生蔡珮颖扮演，她对丈夫执着的守候令人动容；唐羽翰扮演的季伟情感层次丰富，张力十足。"

"曲艺是一位活泼帅气、多才多艺的男生，他除了饰演话剧主角'何来'以外，还担任该剧的几首原创音乐的创作。话剧排演中，他与其中三位台籍的演员交流密切，直到临近演出，还在和饰演'何来'母亲的蔡珮颖商议表演细节。"

"话剧首演成功赢得观众称赞，结尾处何来与母亲的最后一段回忆，'天'与'地'的呼喊最终变成何来的痛哭，伴随音乐在舞台上响起，观众身临其境而为之动容落泪，将现场气氛推向高潮。"

之后的报道中，开始侧重报道观众的临场反应、观后感想等等，希冀通过这种具体的"共鸣"展现两岸青年感情的共通，对亲情友情爱情的相似感受，以及两岸同文同种交流感受无障碍的真实状态。让这个由大陆学生演绎的台湾剧本绽放新的生命力。

"记者采访到几位台南女中的学生，她们有的喜欢剧中的'何来'，有的喜欢'露露'，有的则对'伦伦'的自我超脱印象深刻。得知北京电影学院是大陆乃至世界知名演员和导演的摇篮后，同学们更是激动表示要好好珍藏合照与签名，'将来他们就是大明星啦！'"

台南一中校长张添唐也被话剧内容和演员表演深深打动，他拿出已经湿透的纸巾对记者说，"这部剧让我非常有共鸣，非常感人"。

来自成功大学的周昱菁在观看话剧后对记者说："何来与母亲的感

情非常令人动容，而剧中伦伦这一角色非常真实，让我们能看到自己的影子。"

报道的同时，中国台湾网积极寻求同学及老师们的反馈，通过在微信群中的交流，报道内容获得北京电影学院的指导老师的高度认同和同学们的赞赏，让参与进来的两岸青年们，意识到自己真真切切参与到两岸青年交流的浪潮中来，对两岸关系和平发展、两岸一家亲、两岸同文同种有了更深刻和直观的认识。

10月22日，《永远的微笑》在位于台南市的成功大学迎来最后一场演出，第七届中华文化快车于此圆满结束。事后中国台湾网趁热打铁，通过"千张面孔铸就永远的微笑""话剧赴台演出　铺陈两岸交流广阔又细腻的舞台""友谊之旅　两岸青年的深度交流"三方面，综述本次活动的整体情况，总结前期报道，并配以时事评论，展望未来两岸青年及文化交流。

立足于此，本次报道中，中国台湾网把握时机，将镜头对准鲜活的故事，利用"转文风"的做法吸引读者，让稿件生动活泼的同时，发挥更大的正面宣传作用——通过讲述一个个真实的交流案例，向两岸展示，向世界展示两岸一家亲，两岸青年热络交往的积极风貌；通过讲述真实案例，鼓励两岸青年和人民都投入到两岸大交流的浪潮中；通过讲述真实案例，充分肯定大陆对台政策和两岸关系和平发展的积极意义。

这是中国台湾网对讲好中国故事的一次积极尝试。未来，中国台湾网将以习近平总书记关于"讲好中国故事"的讲话为指导，积极选择更多的两岸交流鲜活案例，积极尝试更加丰富动人的表达方式，做出让两岸人民乃至全世界人民都爱看的新闻，讲好两岸故事。

从连环画到中国动漫

——中国经济网访谈栏目《文化名人访》

【导读】

连环画，是一种古老的中国汉族传统艺术，曾是中国几代人的启蒙读本、童年记忆，随着社会的快速发展和欧美日本动漫等外来文化的冲击，中国传统连环画艺术日渐式微。但经过多年的培育和痴迷此道的文化人的坚守与传承，近年来中国的动漫产业发展开始迎来春天，2015年，以《大圣归来》为代表的一批动漫电影票房屡创新高，而围绕动漫IP改编的游戏、影视、衍生品也越来越丰富。中国动漫正以高速增长的态势，对世界动漫格局产生影响，有数据表明，2020年中国有望跻身世界动漫强国。

中国经济网视频访谈栏目《文化名人访》一直关注传统连环画的传承和动漫产业的发展，2015年，特邀几位中国动漫的知名人士访谈，希望通过挖掘他们的故事，能够一窥鲜明的时代印记和整个动漫行业的发展变迁。

关键词：文化名人　连环画　大圣归来　中国经济网

案例回望

中国经济网《文化名人访》专栏页面截图

　　《文化名人访》视频访谈是中国经济网文化产业资讯部推出的国内互联网第一档关于文化产业领域的高端视频访谈节目。自 2010 年年底创办以来，已经采访了 200 多位业内人士。节目的创办，为公众了解中国文化产业领域热点事件、风云人物提供了一个窗口，也为网友观众与文化产业领军人物交流互动提供了一个平台。2015 年，该栏目邀请李志武、路伟、权迎升等连环画和动漫产业的名人进行面对面的交流与互动，对中国动漫车的发展作出形象的展示和故事化的表达。

人物 1：李志武：做"中国传统连环画最后的旗手"

　　2015 年 3 月 22 日，根据路遥小说改编的《平凡的世界》电视剧在各大卫视热播，与此同时，根据小说改编的长篇连环画《平凡的世界》

作者李志武来到中国经济网，做客《文化名人访》。

李志武并不是一个全职画家，你也很难把眼前这个长相朴实、面色红润、身着白衬衫的陕北汉子，和他本职身份"金融界人士"联系在一起，他的言谈举止温文尔雅，透露出些许艺术工作者的气息。

李志武是长篇连环画《平凡的世界》《白鹿原》的创作者，并且还在谋划着《秦腔》连环画的改编创作，被媒体誉为"中国传统连环画最后旗手"。而李志武所做的一切，都是二十几年来见缝插针挤业余时间完成的，他本职是中国某保险公司的一名管理人员，画漫画是因为热爱。

闯入者的"不归路"

1991年春天，一个29岁的陕北青年，瘦削、干净，留着那个时代男青年时尚的标志——两撇八字胡，为追求心中梦想，托朋友介绍，风尘仆仆地奔赴到作家路遥家中毛遂自荐，因为自己特别喜爱《平凡的世界》，所以想把这部鸿篇巨制绘制成连环画。

这一设想得到路遥的赞赏和支持，并当即让其弟代笔给延安日报社副总编张春生同志写信，委托李志武承担连环画脚本的改编任务。临走时，路遥还赠给李志武一套书，用于改编和绘画。

从此，一个闯入者踏上了"不归路"。后来，就有了连环画《平凡的世界》。"当时我已将自己完全置身于《平凡的世界》中不能自拔。无论是吃饭、走路，满脑子都是《平凡的世界》中的人物和构思。"李志武描述着当时的情形。

"将自己囚禁在斗室之中，朋友也都与我疏远，我不仅没有时间同他们一起饮酒、玩牌，即便擦肩而过也都言语简短。就像纤夫一样艰难地行进，天天数着页码，盼望手中的作品早日成型。"

1992年秋天，656幅连环画终于全部完成。当时，李志武看着撂起来足有尺把高的画稿，觉得再连一点改动的精力都没有了。创作完成了，李志武也瘦了一圈，因过度疲劳，右眼视力也从 1.5 下降到 0.2。

"志武绘画的《平凡的世界》水准不低，完全同意出版。"重病的路遥在西京医院的病榻上写下了授权书，对李志武的绘画作出高度评价。李志武回忆，创作期间，路遥曾三次看稿，让他印象最深的是 1992 年 8 月，路遥到延安，那时他身体已经不好，但还是把连环画稿摊在宾馆床上，一张一张看，看了三四个小时。路遥看得很细，在翻看到煤矿的场景时停住了，询问李志武是不是下过井。李志武告诉他自己没下过，对煤矿生活并不熟悉，画画的根据是书里的描写还有一些资料，路遥点头称赞："那你还画得挺真实的嘛。"

带着连环画"走出去"

后来，李志武又与《白鹿原》《秦腔》这三部茅盾文学奖作品结缘。他是幸运的，为连环画而生，却不必如职业画家那样被生计名利羁绊，这样的人生清苦、忙碌，却也让人羡慕……

有人感慨地说："李志武也许是传统连环画的最后一位旗手。"对此李志武深感不安："一来自己谈不上旗手，二来更不愿意成为'最后'的旗手。"

"法国人找我找了很久。"谈到那件对于他人生是另一个里程碑的事情时，李志武神采飞扬。几年前，一位法国艺术家在中国逛书店时偶然看到了《白鹿原》连环画，从没见过这种连环画的法国人顿时产生了极大兴趣，他历经波折找到了李志武。双方磨合了两三年，这本书终于得以在法国出版。

2015 年 2 月份，李志武与他的连环画《白鹿原》中文版、法语版在法国安古兰漫画节上亮相，之后在巴黎、波尔多等城市进行巡展和推介，为中国传统连环画"走出去"攻下一城。活动所到之处，无不受到法国观众的关注和喜爱。李志武表示，他又找回了对于传统连环画的一点自信。

聊起传统连环画的未来，李志武并不像很多专家和业内人士一样，认为只要政府出资扶持，连环画就能重现辉煌。

"如果说没有庞大的市场，没有需求，政府再怎么投入，那都是杯水车薪的事，也没什么太大意义。"温文尔雅的李志武说得掷地有声，这份自信也许源于作为金融人士的他早已谙熟市场规律，又或许是这次法国之旅的"彻悟"。

谈起迟迟不敢动手的连环画《秦腔》，李志武皱皱眉头，坦承自己不想再重复过去，想以全新的一种形式来创作，"你知道对自己的突破超越是非常艰难的，我不知道能不能成功。"

人物2：《大圣归来》路伟　中国动漫电影众筹第一人

也许是等待得太久，2015年的夏天，当一部充满诚意的国产动画电影《大圣归来》出现在眼前时，终于让满腔热血的我们双拳捶胸大吼一声：国产动画有希望了！不到90分钟的电影，情节紧凑，全程笑点泪点贯穿，人物完整饱满，场景美得一塌糊涂，配乐更是精确渲染情绪。最终，《大圣归来》以9.56亿票房完美谢幕。

当然《大圣归来》取得大胜也并非制作精良那么简单，背后有着怎样的故事？2015年8月5日，出品人路伟做客《文化名人访》。

八年磨一剑

中国人民大学财政金融学院毕业的路伟，从事金融事业多年，但身上却没有太多金融气息，他自然随性，踏实可爱。他的言谈举止也让人相信，由他出品的作品必然也会是一部诚意之作。

据了解，《大圣归来》前后共耗时8年才完成。在集体挣快钱的时代，花那么久的时间去打磨一部电影让人觉得可贵又好奇。

"这8年时间其实就是中国动画电影发展的缩影，我们一直都在一个非常艰难的路上走。但依然有那么多的喜欢动画的人，有那么多的作品。"路伟说。

《大圣归来》是100%中国制造的第一部西游题材的3D动画电影，上映38天突破9亿票房，刷新中国动画电影的各种纪录。这是一个600人参与项目，前后历时8年，单是1帧画面最长就需要12小时的精雕细琢，其中的中国元素、中国气质让它成为动画界的"舌尖上的中国"，让《西游记》从此"西游"，缔造了中国动画电影"齐天时代"。

如路伟所愿，《大圣归来》完成了华丽的逆袭，获得了票房和口碑的双丰收。此外，它也是中国动漫第一部发起众筹的电影。

一次成功的电影众筹

89位众筹投资人，合计投入780万元，最终获得本息约3000万元，平均每位投资人可以净赚近25万元。国产动画电影《大圣归来》创造了中国电影众筹史上的第一次成功，用这样的方式让参与者赚到了一桶金。

作为这次众筹的发起人，路伟感慨道，这样一部动画电影能做出一个成功的众筹案例，是很幸运的一件事情。其成功离不开中国电影市场发展良好的背景和移动互联网、社群经济迅猛发展的环境。

"国产动画只要能挣钱，支持它又何乐而不为？"路伟脸上掠过一丝自信。对于还在动画电影路上拼搏的人们，路伟分享经验称："一定要不忘初心，脚踏实地，不被外界干扰，知道自己最想要的是什么，不要半途而废，定能成功。"

人物3：权迎升　从《中国惊奇先生》看国漫IP的崛起

2015年，中国动漫用户井喷，以6000万动漫粉丝为核心的二次元人群达2.2亿。对于二次元，有人追捧有人炮轰，但无可争议的是，在这嬉笑怒骂间，二次元浪潮已经来袭。

作为动漫行业的内容源头，几十年来一直不温不火的国产漫画俨然成了"风口上的猪"，还有越飞越高的趋势。大动作、好消息频频出现。2015年11月底，漫画总点击量已超过40亿之巨的"国漫神作"顶级IP《中国惊奇先生》与火谷网络签约合作，将开展除动漫之外的手游研发。12月，"惊奇先生之父"权迎升畅聊国漫IP的崛起。

大叔闯进二次元世界

作为中国第一批职业漫画作家，权迎升的履历表可以说就是一部国漫发展简史。

1977年生，受作为雕刻家的父亲影响，自幼酷爱艺术，4岁开始涂鸦、描画。"那些漫画好像为我们打开了一个新的世界，非常喜欢。"权迎升说的"那些漫画"指的是从小和哥哥一起看的盗版日漫，后来两人也因此放弃了学习多年的国画，转而投身漫画，之后就一直随着国内漫画业而起起落落。即便最好的时候，权迎升同时有三四部作品在不同杂志上连载，年收入也不过几十万元，运营整个团队捉襟见肘。

漫画还没画就有人买

从2013年开始，漫画圈的生态悄悄发生了改变。手持终端让漫画在线阅读更为方便和直接，越来越多的成年人加入到在线阅读漫画的行列。这时权迎升推出了国内第一部真正意义上给青年人阅读的故事类漫画作品《中国惊奇先生》，以前像这种有着完整故事的成人作品因为不好卖，基本上没人做，成年人更喜欢像几米画的那样的绘本。

"我们赶上了网络阅读的兴起，吸引了许多新读者，再加上整个产业链都打通了，'惊奇先生'自然就让大家都惊奇了。"权迎升说，《中国惊奇先生》漫画的点击量29亿次，全网的转载量加起来超过50亿次，动画片的播放量超过5亿次，这些炫目的数据在以前的纸质平台上根本无法想象。高点击量也为作品带来更多机会，《中国惊奇先生》的网剧和游戏版权已经售出，电影版权也有多家在争取，还未最后敲定。

"以前你画好一个作品去和别人谈这些衍生开发，简直像天方夜谭。现在我刚有一个创意，还没开始画，就有公司决定开拍网剧了。"

互联网巨头瞄准国产漫画

"大概从 2008、2009 年起，文化部就一直把动漫作为一个非常重要的未来产业在投入、扶持，每年都有相关的扶持的资金和政策。"权迎升介绍。

"此外，在市场上很多互联网巨头像腾讯、网易、爱奇艺这些大公司，它们也都在投入做这件事情，投入力度也很大，比如腾讯明年要拿出大概 3 个亿的基金来做漫画开发。"

"从 2013 年开始，陆续有一些国漫产品引爆了市场，大家看到了前景。"权迎升说，目前无论从政策上还有市场的反应上，大家都已经感受到漫画产业的热度，甚至有大量资本市场的人力和资金介入，开始在这个行业投钱。

 幕后故事

动漫——中国古老传统艺术的传承

2015 年 3 月，《平凡的世界》电视剧在各大卫视热播。中国经济网

找准时机，选择李志武作为《文化名人访谈》嘉宾，借助于电视剧的热度去传播传统连环画艺术。作为最普通中国艺人的代表，一个业余选手的专业作品，绝对是有代表性的，甚至以"折服""彪悍的人生不需要解释"去称赞也不为过。

《平凡的世界》剧本本身的艺术感染力就已经能让观众热泪盈眶，可是巧妙地将之从文字变成生动的、活灵活现的画面，这种艺术形式的转变，更加升华作品的内涵。李志武辗转于国内多地，20年磨一剑，寻找画感，寻找艺术的灵感，对艺术品的创作绝对是有敬畏之心的，不亵渎的。一个业余选手的作品，能水准不低，完全获得出版社同意，绝对是心血的结晶。《平凡的世界》作者路遥先生能在病中给予高度评价与大力支持，可谓是看重它的。"画得挺真实的嘛"绝对是最高评价。与《平凡的世界》《白鹿原》《秦腔》这三个陕西的茅盾文学奖作品结缘，并将它由文字转为画面，也是一大创造。

作为我国动漫产业的雏形存在的连环画艺术，应运而生，能取得斐然成就是必然的事情。有这么一群专注的艺术家，传承连环画艺术，几十年的艺术积淀，日新月异的发展，动画产品屡创票房新高，说明了中国人对我国传统文化的肯定，同时也说明我国动漫产业发展正在日趋成熟。一位法国艺术家在来中国时逛书店偶然看到了《白鹿原》连环画这部作品，就能产生极大兴趣，三年促成在法国出版，走向世界，成为国际化艺术品，在国际上用最古老的文化方式去攻打一座一座的城，踏踏实实。国外观众的关注与喜爱，是对作品的肯定，也是对中国古老文化的肯定。在艺术创作的过程中，敬畏传统文化又不愿意重复过去，想以全新的方式来呈现它，这是一条创新路，也正是一个个不断追求卓越的中国艺术家的创新精神，中国文化才在世界文明中不败。

《大圣归来》——国产动画有希望了

五百年桑田沧海，这是大圣顽强斗志的写照。在文化作品创作中，亦如此。由业余作者路伟前后共耗时 8 年完成，用时间去打磨一部作品，可以说时间的价值仅仅只能用时间去衡量，其他任何都无法替代。完全利用中国古代四大名著为原型，精雕细琢的中国元素，甚至在作品身上印上"中国制造"标签，"Made in China"将成为一个流行语。作品在创作上多次有"第一"，第一次众筹，甚至称其缔造了中国动画电影的"齐天时代"。

《大圣归来》作为一个成功的众筹成功案例，是具有时代气息的，当众筹成为当今一种新兴的商业筹资模式，将之运用于传统中国文化传播中，也会成为我国经济发展的新兴经济体。

正如路伟分享经验称："一定要不忘初心，脚踏实地，不被外界干扰，知道自己最想要的是什么，不要半途而废，定能成功。"所以，我们中国文化，中国动漫的发展，一定要不忘初心，一定要脚踏实地，走中国特色的文化发展之路。

中国动漫用户井喷将引爆流行

《罗辑思维》曾经推介一本书——《必然》，想必有些事的成就也必定是必然。2015 年，中国动漫用户井喷，"国漫神作"《中国惊奇先生》点击超过 40 亿，国漫 IP 的崛起必然又是风靡一时。

很形象地将之称为"大叔闯进二次元世界"，一个职业漫画家，一个专业选手，漫画为之打开了新的世界。作为实力派，漫画还没画就有人买，洛阳纸贵。

新技术的发展，也让大众对艺术的观赏方式有所改变，线下到线上，以及线上互动，网络流行成为潮流，影响了人们的艺术欣赏习惯。

用新的艺术呈现方式，去引导读者，去感染读者，是艺术家的时代召唤精神。炫目的点击量后面是作者紧紧跟随时代潮流以及我国现在科技发展的反映，紧紧抓住读者之心，去引爆流行，权迎升创造了另一个"天方夜谭"。

引发国家的重视从 5 年前就开始，国家对动画产业发展的布局，是当今动漫产业发展的伏笔。文化部从大概 2008、2009 年就一直把动漫作为一个非常重要的未来产业在投入、扶持，每年都有相关的扶持的资金和政策。

动漫产业发展市场上则有互联网巨头参与，一些作品的引爆流行，让大家更是看到了希望，动漫产业发展在不断升温，大量资本流向与观众"用脚投票"行为是一致的，动漫产业发展必将引爆流行。中国动漫将是引领时代的，将是引领潮流的，将是引爆流行的，将是引发世界关注的。

感受三晋文化 传播山西声音

——山西省网信办第十届全国网络媒体山西行

【导读】

提到山西，人们都说那是一片煤海，中国的煤有四分之一来自这里。但山西也是中华民族的发祥地之一，有文字记载的历史达三千年，被誉为"华夏文明摇篮"，素有"中国古代文化博物馆"之称。

第十届网络媒体山西行与以往不同，不再聚焦在山西的煤炭上，而是把目光放在了太原、长治、临汾、运城四个极具文化底蕴的城市，开启了一扇重新审视、了解山西的窗口。本届网络媒体山西行被称为一场围绕山西外宣的网媒精英大集结、大演习，既有"国家队"的17家中央新闻网站，也有5家国内知名商业网站，以及21家地方重点新闻网站，基本涵盖了全国各类有影响力的网络媒体。与此同时，还有山西日报、山西广播电视台等传统媒体及官方微博、微信公众号参与报道，基本实现了全媒体矩阵式互动。

第十届网络媒体山西行，把一个日新月异的山西展现在世人面前。一组组数据背后，是网民对美丽新山西的渴盼，是外界对"中国之源"再崛起的期待。甩掉污染"黑帽"、逐步弊革风清的山西，以奋力转型为脊，以历史文化为魂，甩掉"煤思维"的"拐杖"，继续挺立着三晋热土的不老传说。

关键词：三晋文化 中国之源 华夏文明 网媒山西行

案例回望

《"美丽山西·中国之源"第十届全国网络媒体山西行》专题页面截图

"美丽山西，中国之源。"2015年9月8日至13日，第十届全国网络媒体山西行采访活动在山西成功举办。本届网媒山西行由山西省委宣传部、省互联网信息办公室主办，黄河新闻网承办。来自全国各省区市41家网络媒体的60余名记者行走三晋，把一路的所观所感，把山西厚重的历史文化和独特的自然风光，传播到海内外，让大家初步了解了华夏文明的起源，对山西有了一个全新的认识。

"全国网络媒体山西行"活动开始于2006年，至今已成功举办九届，成为网上宣传山西的品牌，也成为广大网络媒体走进山西、了解山西的重要窗口。

本届网络媒体山西行的主题是"美丽山西·中国之源"，全国41家媒体的编辑记者们汇聚三晋热土，先后深入太原、运城、临汾、长治四市，围绕中国之源、红色山西、重点项目、文化产业等热点题材进行了集中采访，开启了一次寻根之旅、文化之旅。

以文化贯穿始终

细数历届行程，大多集中于宣传山西的能源大省地位，采访活动主要选择在煤炭大市中展开。而此次山西行活动，首次全部选择了更具文化内涵的晋南地区，采访团辗转各地，无一不渗透着厚重的历史文化，此行即是要感悟根祖文化，探求中华之源。

在太原，晋祠、蒙山大佛让许多首次来山西的记者了解了晋阳的悠久历史和灿烂文化，长风商务区的夜景和太原美术馆的大师之作让记者们感受到了太原这座城市的现代活力和艺术魅力。太原像一颗明珠一样镶嵌在三晋大地上。虽然参观采访时间有限，但足以改观记者对太原的既有印象。

本届全国网络媒体山西行正值山西省第二届文博会开展时期，采访团对此进行了集中采访。本届山西文博会以"文化三晋、美丽山西"为主题，博览会有来自 20 余个国家和地区、20 余个省市的 1000 余家企业和单位、1 万余种文化产品亮相展会，既有历史悠久、工艺精湛的传统手工艺品，也有新鲜又新潮的高科技文化产品，还有众多极具地方特色的文艺节目表演。文博会现场，丰富多彩的文艺节目、美轮美奂的文化产品、精彩绝伦的民俗展示吸引着网媒记者们驻足欣赏，他们纷纷用镜头感知和记录山西文化的魅力，并通过网站、微博、微信等方式向全国网民展示了文博会盛况，引起了网络上的热烈讨论。

在运城，记者们共同见证"古中国·新运城"的风采。他们先后参观了关帝庙、池神庙，拜谒了舜帝陵、司马温公祠，登上了鹳雀楼、莺莺塔，感受了黄河大铁牛的昔日荣光。悠久深远的根祖文化、博大精深的盐文化、忠义仁勇的关公文化以及"古中国"文化更为大家充分展现了美丽运城的文化魅力。

离开关公故里运城，媒体记者一行来到了尧都临汾。记者们走进晋国博物馆感受"晋魂"，走进丁村探寻旧石器文化印记，走进洪洞大槐树遗址公园寻找"华人老家"，在陶寺遗址感受"最早中国"的荣耀。此次采访活动的主题之一，就是探寻"中国之源"，华夏文明自尧始，临汾的厚重历史景观令记者们肃然起敬。

记者们还到访了曾经的八路军总部所在地——长治市武乡县，参观八路军太行纪念馆，了解了悲壮曲折、波澜壮阔的抗战历史，缅怀革命先烈，重温伟大的太行精神。在纪念中国人民抗日战争胜利 70 周年之际来到八路军太行纪念馆，记者们感触很深，表示太行精神、吕梁精神是中华民族抗战精神的重要组成部分，要代代相传。

转变的不只是路线，更是新的思路。在经济下行压力加大的情况下，山西省委、省政府加快转型升级，努力挖掘传统文化优势，将文化旅游列入七大非煤产业的龙头产业，推动文化产业成为国民经济支柱性产业。文博会的举办，网媒行的策划，正是展示晋风晋韵的大舞台，是努力发展文化这个"非煤经济"的创新实践。

全媒体矩阵式互动

第十届网络媒体山西行，可以说是一场围绕山西外宣的网媒精英大集结、大演习。既有"国家队"人民网、新华网、央视网、光明网、国际在线、中国日报网等 17 家中央新闻网站，也有商业巨头新浪网、腾讯网、网易网、今日头条等 5 家国内知名网站，以及长城网、北方网、红网、西部网等 21 家地方重点新闻网站，基本涵盖了全国各类有影响力的网络媒体。与此同时，山西日报、山西广播电视台等传统媒体不仅全程参与，发挥内容生产优势，在重要版面或重要时段跟踪报道，还在官方微博、微信公众账号随时跟进，基本实现了全媒体矩阵式互动。

据不完全统计，在第十届全国网络媒体山西行活动期间，全国各网络媒体共制作专题 30 个，发布原创稿件 577 篇，微博 3000 多条，微信 500 多条，所发稿件被全国各大媒体转载 2000 多次，"全国网络媒体山西行"一度成为网络热搜词汇。

第十届网络媒体山西行，以新媒体的独特优势，把一个日新月异的山西展现在世人面前。一组组数据背后，是网民对美丽新山西的渴盼，是外界对"中国之源"再崛起的期待。在"美丽山西·中国之源"的入神倾听中，山西留给世界一个惊艳的转身：甩掉污染"黑帽"、逐步弊革风清的山西，以奋力转型为脊，以历史文化为魂，甩掉"煤思维"的"拐杖"，继续挺立着三晋热土的不老传说。

各地网民热烈响应

优秀的文化吸引人。各地的网民纷纷通过互联网，与网媒记者们互动，一起感叹人类文明的波澜壮阔。

本届网媒山西行开设微话题，网媒记者一路走、一路拍、一路发，不间断直播沿途见闻，各地网民纷纷响应。在看不见的互动场，网民和记者们交流热烈，微话题浏览量逾 100 万次。省内各新闻网站对采访报道进行深加工，将报道改编为适应移动互联网传播的短小精悍的图文稿件，在微博、微信中进行再传播，取得良好的传播效果，新山西的美好形象在移动互联网上呼之欲出。

在新浪网，一则《第十届全国网络媒体山西行将于 9 月 7 日启动》的预告新闻，就引来 612 条跟帖。山西忻州网友"青松常在我心"说："如果你是第一次来山西，肯定会被厚重的山西历史和文化深深吸引。"网友"善流贤齐"跟帖说："看着古代的建筑，听着古老的传说，才能真正读懂这个古老的地方。"网友"yu7979"感叹："再华丽的语言在这里都显得苍白无力"。

记者们所到之处，都是赞声此起彼伏，溢美之文不断在网上传播。网民对本届网络媒体山西行纷纷点赞。在网络世界里，本届网媒山西行成为网络热搜词汇，网民与记者们互动热烈，一度在新浪话题社会榜中排名前40。网友"迷人的悠悠草2015"认为，网络行会推动山西旅游业的发展。

网友"温妮夕颜"说，这次网络媒体山西行，"把一个生机勃勃、充满魅力的山西展示给了全国和全世界的网友，在网络世界里引起广泛关注。"

网友"nwgao"看了报道文章后感慨地说，美丽山西，古韵与现代风采并存。一名外地网友"jair_yu"说，山西的文化灿烂、景色灿烂，我们为山西点赞！网友"长河落日46740"感叹，这次网媒行是一场"寻根之旅、文化之旅、红色之旅"。网友"糖果色小冬瓜"表示，感谢41家媒体朋友用自己的独特视角、生花妙笔和新闻智慧，把一个生机勃勃、充满魅力的山西展示给了全国和全世界的网友。网友"guofeng108"则再次发出邀请："欢迎各位再次来山西，山西的美景会让大家不虚此行。"

线上线下，网里网外，记者们通过键盘鼠标液晶屏，与山西网民唠家常、诉衷肠，仿佛重逢的旧友，有说不完的话。关于"美丽山西"的中国故事，在互联网上掀起一阵阵风潮。

从百万年前的西侯度起步，人类稚嫩的脚步一步步走入了文明的大门。今天的网民，通过网络媒体的桥梁，通过网媒行的"故事会"，向智慧的先民做了一次集体致敬。

 幕后故事

"网络媒体山西行"活动，经过9年的实践，每年确定一个主题，从不同的侧面，宣传展示山西在改革发展的伟大进程中所取得的新成就，成了一年一次的"规定动作"，也已成为山西对外宣传的一个品牌。第十届怎么搞，确定什么主题，怎么把常规的活动搞出特色，站在山西的视角，讲好中国故事，让世界用心倾听山西的声音？山西网信办费尽心思，充分考虑山西历史文化的特点，几经酝酿，才确定这次活动的主题，那就是"美丽山西·中国之源"。

说什么："中国的起源"

山西被誉为"华夏文明的主题公园"，在这五千年浩瀚的历史长河中，从哪个方面来说，才能既彰显山西历史的厚重深远，又让人听得有滋有味？

"美丽山西·中国之源"是个大命题。山西地处黄河中游，表里山河，人文荟萃，自古就是人类生息、繁衍的重要舞台，是中华民族的重要发祥地之一。山西历史文化脉络清晰、框架完整，而且山西文明的进程从未间断。山西历史从史前文明的旧石器时代发端，经尧、舜、禹和夏、商、周数千年的演进，至晋国时期已经形成有别于其他地域文化的显著特征，秦汉以来，山西的历史文化更加多姿多彩。说起山西的历史，可将其概括为"三个一"：一缕曙光、一团圣火和一座都城。

一是一缕曙光。这就是1994年中美联合考察，在山西垣曲发现了世纪曙猿化石，它的科学含义是类人猿亚目黎明时的曙光，化石测定时间是4000万年以前，意义在于否定了人类非洲起源说。这样，把人类起源历史向前推进了1000多万年。

二是一堆圣火。这是国务院命名的运城的西侯度文化遗址，专家考古在这里发现了人类 180 万年前用火烧兽骨的文物，这就把我们人类用火的历史向前推进了 100 多万年。

三是一座都城。这就是 2015 年 6 月 28 日，中国社会科学院在北京召开新闻发布会，对外发布了临汾陶寺经过近 40 年发掘的成果，陶寺文化遗址实际是一座都城，这座都城的规模很大，达 280 多万平方米，相当于北京 4 个紫禁城的面积，出土了大量十分宝贵的文物，包括朱书文字。在这之前，我国最早的是殷墟文化遗址，是商代后期。而陶寺文化遗址比殷墟文化遗址，甚至比整个商朝都早了 700 多年，陶寺文化遗址也比我们国家商朝之前的夏朝还早了 300 多年。现在著名的考古专家、历史学家研究考证，初步认定陶寺文化遗址就是尧都，出土的这些和我国历史上记载的尧时代是高度吻合的。陶寺如果是尧都的话，尤其是发现文字的历史，把我国历史至少向前推进了 500 年，成为我们中华民族五千年文明史的一个最新的重要支点和基石。

尧之后是舜和禹，之后是夏商周，夏商周在山西都有大量历史文化遗迹，到周成王桐叶封弟、叔虞封唐，他儿子燮父改国号为晋，从西周到春秋战国，晋国延续了 640 年，其中 150 年称霸中原，晋之后秦、汉、三国、西晋、东晋、十六国、南北朝、隋唐、五代十国，到宋辽金，一直到元明清，在这段历史中，我们山西的历史文化依然波澜壮阔。

山西的历史文化、文化旅游资源丰富多彩，而且很有特色，越是深耕细挖就越有价值，是一个挖掘不完的宝藏。我们决定综合考虑地理和历史因素，"切蛋糕"给大家品尝。按地理位置，先横着切一刀，把晋南这块宝地端出来。中国历史上第一个奴隶制国家政权夏朝建立在晋南；商代，晋南靠近商的主要统治区；周代，晋国由晋南崛起，晋文公为春秋五霸之一。这块地方，水土丰沃，养育了世代勤劳的山西人民，也滋养了文明的成长，文化瑰宝俯拾皆是。随后，我们以时间的力量，渐次切下每一刀，深浅不一，各个历史断面的山西形态展现在互联网新媒体面前，大家尽情品尝这带着晋土芳香的文明糕点。按照这个思路，采访团从太原出发一路南下，开启了在运城、临汾、长治的探源之旅。

如何说：让网媒告诉世界

在第十届网媒山西行的启动仪式上，有媒体很敏感地注意到，山西省委宣传部领导以24个字概括山西"表里山河，华夏之根，名人故里，革命老区，文化宝库，能源大省"，"能源大省"排在最后。而在外界看来，山西一直以来最引人注意的就是"煤"。记者们认为，突出文化的地位，彰显了山西作为"华夏之源"的文化自信。

7天时间，来自全国各地的网媒记者们，先后赴太原、运城、临汾、长治四个城市，行程1200多公里，参观参访了24处人文和自然景观，穿越厚重历史，感受山西文化，讲述中国故事，传播山西声音，用最快捷的网络传播形态勾勒描绘出表里山河的雄奇壮美和厚重人文，描绘了"美丽山西"新形象，开启了解"中国之源"的时代之窗。

一路行走一路歌。媒体记者们在晋祠博物馆惊叹于不老泉的传说，在蒙山大佛前感慨蒙山晓月，在盐池探秘国之大宝，在关帝庙感受关公文化，在普救寺聆听"愿天下有情人终成眷属"，在鹳雀楼远眺黄河，"欲穷千里"。

在陶寺遗址，法制网记者杨义理感慨："陶寺遗址不仅在全国具有影响，更在世界范围内意义重大，我们有理由证明自己的5000年历史。"北方网记者吴宏在微博上写下这样一句话："古中国就在这里，陶寺遗址，抬头望出去，历史与文化亦远亦近，这里辽阔、安宁，可洗肺、洗心。"新浪网编辑韩军强称"敬畏油然而生"。

在洪洞大槐树祭祖堂前，记者们深鞠三躬，寻找自己的姓氏牌位，叩拜上香。在听到古移民为了认祖认亲而把小脚趾割为两瓣的故事后，环球时报在线记者张冬艳激动地告诉大家："我的小脚趾就是两瓣的，所以我是大槐树移民的后代！"中青网记者王再文表示，洪洞大槐树寻根祭祖园早已在炎黄子孙心中深深扎下了认祖归宗之根，这里是"家"，这里是"祖"，这里有"根"。河北新闻网记者宋瑶在新浪"全国网媒山西行"话题中，写下："拔地巨槐冲碧汉，相承一脉密分枝；树身即使高千丈，落叶归根也有期。"

晋国博物馆陈列着出土的晋国国君墓葬，珍贵文物馆藏500余件。进入车马坑展厅，人群瞬间沸腾了，大家睁圆着眼睛，"长枪短炮"齐上阵。"山西原来还有如此壮观的地下墓葬群，太不可思议了。"天山网记者张棋兴奋地说道。"此坑比秦兵马俑早600多年，震撼！"中国搜索副总裁何春强直言"醉了"。

在武乡八路军纪念馆，记者们重温烽火战争的岁月，感受山西人民为抗战胜利作出的重大贡献。观看大型实景剧《太行山》时，战马嘶鸣、黄河咆哮，不少记者热泪盈眶，中国搜索副总裁何春强起立鼓掌："向革命前辈们致敬，向为抗战胜利作出巨大牺牲与贡献的太行山老区人民致敬！"

采访结束，中国台湾网记者李岳在文中说："6天行程虽然短暂，但我们深切感受到了山西历史文化的厚重，山西的文化灿烂、景色灿烂，我们为山西点赞！"

"山西的变化就在眼前，我们为新山西欢呼喝彩！"记者们说。

"高原明珠"铸就藏汉民族情

——西藏新闻网保护"非遗" 加快藏文化走出雪山

【导读】

西藏文化历史悠久、底蕴厚重，各类非物质文化遗产是其重要组成部分。西藏非物质文化遗产是千百年来由西藏各族人民共同创造、享用和传承的民族文化，具有很强的地域性和民族性，是西藏传统民族文化中的精髓，是中华民族文化的有机组成部分。

2011年以来，中央和西藏自治区投入近25亿元，重点实施了文化设施建设、文化遗产保护、公共文化发展等系列文化建设工程，极大地促进了西藏传统文化的有效继承、保护和弘扬，促进了现代文化事业的不断繁荣、进步和发展。

西藏自治区不断加快西藏文化"走出去"步伐，在海外110多个城市开展了文化遗产展览、特色文艺演出、学术交流等活动，扩大了西藏文化在国外的影响力。大力推动现代文化市场体系建设，积极打造特色文化产业品牌，全区文化企业发展到3000余家，其中，3个国家级文化产业示范基地，15个自治区级文化产业示范基地。推出了《文成公主》《幸福在路上》《寻找香巴拉》等市场化的演绎剧目。

关键词：西藏　藏戏　文成公主　布达拉宫　非物质文化遗产

西藏新闻网《非物质文化遗产》频道页面截图

西藏的非物质文化遗产非常丰富，相应地，对其进行保护的难度也比较大。加强文化遗产保护，对于传承和发展我区民族优秀传统文化，保护国家文化安全，努力建设社会主义先进文化，构建和谐文化，实现西藏地区经济社会全面、协调、可持续发展具有重要意义。因此，必须在全社会努力普及文化遗产保护知识，增强全社会保护文化遗产的意识，使文化遗产在维系中华民族血脉，弘扬优秀传统文化，增进民族团结，振奋民族精神，促进经济快速发展、社会长治久安的历史进程中发挥应有的作用。

2015 年 6 月 13 日是我国第十个"文化遗产日"。为充分展示近年来西藏非物质文化遗产保护工作取得的丰硕成果，广泛普及非物质文化遗产保护知识，增强全社会特别是广大青少年的文化遗产保护意识，6月12日至19日，西藏自治区文化厅、自治区群艺馆、自治区非物质文化遗产保护中心等单位开展了丰富多彩的文化艺术活动。

6月12日下午，由自治区文化厅主办，自治区群艺馆、区非遗保护中心、西藏新闻网联合承办的第二届西藏非物质文化遗产保护成果大展在拉萨举行。大展以"保护成果、全民共享"为主题，以文字图片、实物展览、技艺展示、歌舞展演为主要形式，以国家和自治区级项目为主要内容，以集中展示保护成果，积极营造保护氛围，全力推进传承发展为主要目标。

传统与现代结合的《文成公主》

藏戏诞生于公元7世纪，是在民间说唱艺术、民间歌舞，以及苯教宗教舞蹈的基础上发展而来，是伴随佛教的壮大发展而来的跳神舞蹈。随着现代技术的发展和西藏旅游业的繁荣，怎样用现代舞台技术对藏戏进行包装，在传承的基础上赋予它新的内涵，既保护发扬传统文化，又提振西藏经济的发展，就成为藏戏发展的一个契机。这一重任落在了《文成公主》的身上。

《文成公主》这一历史、民族、文化价值集中体现的藏戏剧目，无疑是价值连城的民间珍宝，对它的传承和发展是讲好中国故事、传播中国好声音的重要载体，也是西藏故事、世界表达的重要载体。借鉴《云南印象》的成功经验，由域上和美集团、拉萨市布达拉文旅集团打造的，由汉藏文艺骨干团队精心创作的大型实景剧《文成公主》，于2013年8月1日正式开演，获得极大的成功和广泛关注。

实景剧既保留了雪域风格和藏文化特色，又发挥了视听艺术的审美优势，给观众带来了身临其境的精致体验。宫殿、骏马、耕牛等由抽象变成了具象，实景道具的广泛应用，现场气氛的整体烘托，不再需要想象来勾勒氛围，让观者有时空穿越般的视觉享受和心理体验。除了藏戏，《文成公主》还借鉴了大唐歌舞、卓舞、阿卓舞、打阿嘎、牛皮船等艺术形式。可以说是国内目前投资最高、规模最大、海拔最高、场面最震撼、气势最恢宏的实景演出剧目，传唱出藏汉一家亲的动人史诗。

实景剧开演以来，很快就成为进藏游客的热宠，成为西藏旅游文化宣传的一张名片。"与文成公主一起进藏"成为一种情怀。2015 年，《文成公主》共演出近 200 场，创收近 1.5 亿元，观众 30 余万人次，获得了业内外人士的好评。

高原大型实景剧《文成公主》，自 2013 年 8 月盛大开演之后，以气势恢宏的场面、丰富的民族文化元素，传唱千年的经典和亲故事，以及无可替代的高原自然景观，震撼着来自四面八方的游客，成为西藏旅游文化的亮点。

2014 年，经过一年成功演出，《文成公主》实景剧又再次掀起热潮。为了在 2014 年的演出季里给观众奉献出更精美的艺术盛宴，从冬季休演季起，该剧出品方域上和美集团就对该节目进行了优化升级，使全剧演出更加精彩。经过完善升级后的《文成公主》，呈现出更加美轮美奂的演出效果，演出节奏也更加切合观看要求。

《文成公主》大型实景剧取材于唐朝史实，讲述了大唐文成公主历经坎坷奔赴西藏与吐蕃赞普松赞干布和亲的故事。该剧穿越时空，依凭历史故址，追踪古人足迹，在历史真实与艺术真实之间，唤醒沉睡的记忆，重现文成公主的命运征途，现场演绎出大唐盛世的爱情传奇，传唱出汉藏和美的不朽史诗。《文成公主》大型实景剧演出，也成为 2015 年雪顿节开幕式上的一个重要节目，将使参加开幕式的来宾收获到别样的惊喜。

《文成公主》大型实景剧剧场，与布达拉宫隔河相望，是除布达拉宫、大昭寺之外的拉萨第三大旅游景点。据出品方域上和美集团相关负责人介绍，早在 2012 年 10 月，王莉和四郎贡布就已经与著名青年歌唱家谭晶一道，在国家大剧院联袂主演了大型音乐剧《文成公主》，演出后反响热烈，本次合作将是二位在沉淀一年后的再次精彩亮相。为了让《文成公主》实景剧的演出能达到最佳效果，王莉和四郎贡布以及《文成公主》实景剧的演员们，则在正式演出前顶着烈日一遍又一遍地排练，表现出极强的敬业精神。

《文成公主》共分为五幕，总时长约 90 分钟，剧情跌宕起伏，从藏族人民的视角回顾了文成公主和松赞干布的美丽传说，如藏族民间传说中的"蜜蜂识公主""怒摔日月宝镜""松赞干布唤花神为文成公主驱寂寞"等在剧中均有精彩展现。

实景剧综合运用了大唐歌舞与西藏地区流传久远的藏舞、藏戏、佛号念唱等艺术形式，以拉萨自然山水为背景，配合人工舞台和高科技视听技术，将戏剧、音乐、舞蹈与现代舞美元素熔为一炉，演绎出文成公主万里跋涉、历经艰辛而无悔的进藏和亲历程。演出场馆总建筑面积 2 万多平方米，可同时容纳近 4000 人观看表演。

演出现场，座无虚席。优美的原生态藏族牧歌、鲜艳华丽的藏族服饰和独具西藏特色的卓舞、藏戏等表演赢得观众阵阵掌声。

"我第一次看到这么多的演员在户外演出，表演太精彩了，以后面的山为背景，加上皇宫和布达拉宫道具、变幻莫测的灯光，简直就是完美的结合。"次珍老人激动地说。

饰演松赞干布的次旦朗杰说，从入选到演出，自己一直不断地学习，练习无数次，虽然压力很大，但是很值得，感到非常光荣和自豪。主创方拉萨市和美布达拉文化创意产业发展有限公司董事长邱伟表示，从正式对外商业演出开始，直到 10 月底结束，以后每年将从 5 月到 10 月，共演出 180 场。未来，这台演出将是常态化的，每天一场，甚至还会考虑白天演出。邱伟说，《文成公主》大型实景剧票价根据座位、档次及需求等不同，推出 100 元至 1280 元六档票价，以后白天演出的票价将有所优惠。

《文成公主》实景剧是世界首例藏地星空奇观实景剧，也是目前国内海拔位置最高、舞台场面壮观的实景剧。文成公主与松赞干布唐蕃联姻的故事，传承千载、家喻户晓，已成为藏文化的宝贵遗产。

加快西藏文化"走出去"步伐

2015 年 9 月 30 日，第二届中国西藏旅游文化国际博览会在拉萨完美落幕。本届藏搏会以"人间圣地·天上西藏"为主题，通过展览展示、文艺演出、主旨论坛等多种方式，全面展示文化西藏无穷风采和独特魅力，展示西藏优秀传统文化保护传承和现代文化事业繁荣发展的突出成就，展示西藏文化产业发展的强劲生命力和创造力。大会邀请了澳大利亚、加拿大、日本、韩国、尼泊尔、俄罗斯等国的旅行商代表团和世界城市旅游联合会代表，并邀请了陕西、青海、甘肃等 24 个省区市的旅游部门负责人参加，推介西藏旅游产品和精品旅游线路。

在西藏各级政府的推动下，西藏的非物质文化遗产保护工作取得了一定的成绩。西藏召开了非物质文化遗产保护工作专门会议，启动了非物质文化遗产的普查工作，举办了普查培训班，给调查人员集中讲授了《西藏民间歌舞普查》《西藏民间美术普查》《西藏民间曲艺普查》《非物质文化遗产数据库普查管理系统软件》《第二批非物质文化遗产名录申报事项讲解》等课程，使调查人员掌握了非物质文化遗产普查的工作方法，学会了使用普查系统软件的操作方法，为西藏非物质文化遗产保护工作提供了必要的智力支持。随后积极组建调查队伍，以地区为单位，深入各地进行非物质文化遗产的普查工作，林芝地区、贡嘎县较早地建立了本地区和本县的非物质文化遗产保护库。

目前已经初步建立了西藏自治区级的非物质文化遗产名录，除格萨尔、拉萨觉木隆、日喀则迥巴、南木林湘巴、仁布江嘎尔、山南雅砻扎西雪巴、山南琼结卡卓扎西宾顿、山南门巴戏等入选第一批国家级非物质文化遗产名录的 15 个项目外，还有那曲山歌、日喀则甲谐、日喀则斯马卓、阿里扎达宣舞、山南扎唐国谐、昌都嘎玛银器工艺、山南杰德秀围裙编制工艺、拉萨萨噶达瓦节、拉萨风马旗、日喀则新年、工布（林芝）新年、珞巴族服饰等 23 个项目入选，共计 38 个项目，涉及歌谣、表演艺术、传统手工技艺、风俗节庆等非物质文化遗产方面。目前，藏传佛教跳神用鼓及鼓舞正在准备申请第二批国家级非物质文化遗产名录。在党和国家的正确领导下，在西藏自治区各级政府部门的通力协作下，在西藏各族人民的积极配合和社会各界的共同努力下，西藏的非物质文化遗产保护工作一定能取得更大的成绩，为我国的非物质文化遗产宝库增添新的光彩。

自 2014 年西藏出台《关于开展非物质文化遗产进校园工作的意见》以来，已有西藏大学、西藏藏医学院、日喀则拉孜县拉孜镇中心小学等7 所学校被命名为西藏非物质文化遗产进校园示范基地。而各地也根据自己的特色，积极打造"非遗"进校园项目，除了扎囊果谐已全面进入扎囊县各中小学外，林芝响箭技艺也进入林芝市职业技术学校，拉孜堆谐、曲水牛皮船舞及其他一些非遗手工技艺，也不同程度进入校园。

西藏山南素有"果谐之乡"的美称，而且"扎囊果谐"的曲调独具特色，节奏既能激情热烈，也能悠扬柔情，具有极强的感染力。而果谐的很多动作都是从农业演变而来，曲调、特点等充满农业气息。可以说果谐就是由西藏农业兴起和发展时期，较简单的模仿劳作方式而逐渐发展起来的一种流行于农村的古老民间歌舞。一般在藏历新年、节日宴会及众人相聚欢度喜庆的日子里表演，其表演以圆圈为主要队形，按照顺时针方向边唱边舞。2006 年，"扎囊果谐"被列为全区第一批非物质文化遗产名录。

"'非物质文化遗产四进校园'内容包括文化非遗展览进校园、非遗歌舞进校园、非遗传承人进校园及非遗出版成果进校园，我们在非遗文化周期间，让非遗走进了西藏大学及藏医学院。目的就是让在校大学生了解、掌握非物质文化遗产，这样一来才能起到更好保护非遗的作用。归根结底与扎囊堆谐课间操是一样的目的。"阿旺旦增说。

扎囊果谐是山南农区非常流行的一种圆圈舞蹈，在扎囊县，每个人从小都会跳，有很好的基础。在扎囊县精选出扎囊果谐的同时，自治区群艺馆专程派编导与音乐人到扎囊县，打造扎囊果谐课间操。

随着旅游国际化程度的提高和进藏申请许可的优化，西藏每年将会接待数以百万计的入境游客，而西藏传统文化一直就是最受欢迎的消费项目，因此向他们展示西藏优秀传统文化的繁荣本身就是一个极好的宣传和统战手段。

 **幕后故事**

全媒体互动下的"非遗"挖掘

第二届西藏非物质文化遗产保护成果展设有图文展区、手工技艺互动区、衍生产品区、出版成果展示区和"非遗"歌舞展演区。展览汇集了具有代表性的 27 个国家级项目、20 个自治区级项目，全面展示了西藏开展"非遗"保护工作以来取得的丰硕成果。同时，为了让广大干部群众能够深入了解我区非遗项目，展区还特别设置了互动环节。

此次展览为期 7 天，其间，主办方还在西藏大学、西藏藏医学院举行展览进校园、传承人进校园、演出进校园以及藏汉文书法比赛等活动。"非遗"项目传承人进行现场技艺展示，让在校大学生能够更加详细、更加深入地了解西藏的"非遗"项目。

长期以来，西藏一如既往地坚持"保护为主、抢救第一、合理利用、加强管理"的文物工作方针和"保护为主、抢救第一、合理利用、传承发展"的非物质文化遗产工作方针，积极推进民族优秀传统文化的保护和传承工作。高度重视，加强领导，强抓规划，切实加大文物保护、维修、利用和管理工作力度，推进非物质文化遗产的认定、保护和传承，加强藏文古籍普查、保护和利用。

藏文媒体报纸、网站、微信互动，全面介入该活动的宣传报道工作。活动前，自6月8日开始《西藏日报·藏文版》开设"非遗"专栏，进行活动预热。同时启动西藏日报藏文媒体"非遗"新闻宣传工作。中国西藏新闻网藏文网站制作专题。做 LOGO 上首页，在内容还未成熟的情况下，专题内部做上面大图，下面列表，左侧或右侧图片形式，先行推出。

加班加点向世界介绍西藏

藏文媒体微信公众号做了大量工作，在内容上加强了贴近性、服务性，文化稿件、服务资讯栏目稿件执行周策划，均非报纸复制，内容更加丰富；强化了美编，报网人员整合，新闻稿件的发布不仅早于藏文报纸，有时还早于汉文报纸和汉文微信，在藏文传统媒体走向新媒体道路上迈出了良好的步伐。藏文微信于6月8日开始同时启动"非遗"宣传，文化栏目推出，并暂时取消服务栏目，在服务栏目中也推出"非遗"内容，即一条为知识性的稿件，一条为"非遗"内容稿件或图片新闻。

活动期间，采写有关西藏非遗保护与传承、第二届西藏非物质文化遗产保护成果展、西藏大学老校区宣传和演出活动、"西藏非物质文化遗产教学基地"颁奖及成果书籍赠送仪式、西藏非物质文化遗产传承人、西藏藏医学院宣传展示活动和"非遗"歌舞演出方面的综述稿。

在活动宣传结束后，各藏文媒体对"非遗"新闻宣传进一步进行梳理，制订方案，《西藏日报·藏文版》把该栏目作为长期栏目运营。藏文网站精心设计栏目内容，制作精致专题推出。藏文微信文化栏目不间断推出非遗内容稿件。

在活动期间，编辑们夜以继日的加班加点编写稿件，争取第一时间把精彩的内容传递给网友。在此期间，有的编辑带病坚持工作，有的记者不顾家里老人住院、孩子无人照看的困难，埋头工作，只为将西藏迷人的风土人情、博大精深的文化艺术向各界人士传送。

为了利用好手机网络平台这一阵地，我们创建了"雪域青稞"微信公众号这一平台，坚持以原创首发为主，充分利用新兴媒体的力量，在传播中央和自治区党委政府大政方针的同时，积极挖掘西藏传统的民间文化资源，助力国家软实力的提升，把西藏经济的千年跨越、文化的发展繁荣宣传好，为讲好中国故事、传播中国好声音，为西藏故事、世界表达作出了自己应有的贡献。

要充分认识到媒体对人的世界观巨大影响。绝大部分人来说，媒体是他们认识世界、区分是非的重要参考。在西方舆论霸权的现实背景下，必须利用好网络这一平台。根据目前世界惊人的手机普及率和上网时间，手机网络已经成为舆论思想战线的一个重要平台，手机平台甚至能够起到一份报纸或一个报社的作用。

用民间珍宝传递中国声音

宣传部门承担着十分重要的职责，作为宣传思想战线上的一分子，我们必须要把围绕中心、服务大局作为基本职责，胸怀大局、把握大势、着眼大事，找准工作切入点和着力点，做到因势而谋、应势而动、顺势而为。以充分发掘散落在民间的珍宝无疑是讲好中国故事，传播好中国声音的一个重要途径，也应该是我们努力的方向。

西藏是国家重要的民族特色文化保护地，拥有巨大的文化宝库，保护好传承好开发好这些宝库，不仅是西藏经济社会发展的要求，是实现中华民族伟大复兴的要求，更是驳斥十四世达赖集团和国际反华势力的要求。

下一步，我们打算围绕"寻找散落民间的文化珍宝"这一活动契机，对西藏的传统民族文化进行深入的挖掘、系统的整理，为中国好故事、好声音呐喊，努力将西藏故事演绎好、宣传好，为全面建设小康社会，为建设富裕、和谐、幸福、法治、文明、魅力的新西藏而奋斗。

千年老司城　走向全世界

——红网讲述"中国土司遗产"老故事新篇章

【导读】

2015 年 7 月，在德国波恩召开的第 39 届世界遗产大会上，中国申报的"中国土司遗产"成功列入世界文化遗产名录。土司遗址不仅给人们带来艺术美感，也让人们更加了解当时中国少数民族地区的生活状况、生产力水平和管理体系，从而了解中国国家和民族的历史发展脉络。土司遗址也是中国文化多样性的体现，入选世界遗产能够让世界更加了解多彩的中华民族文化。

红网为"中国土司遗产"入列世界文化遗产准备了丰盛的"晚宴"——多角度全方位的新闻报道、精心制作的中英文双语专题、点对点送达 300 万用户的红网手机报，以及红网微信、微博及 130 余家分站的全面联动。

扎根基层发现好故事、精心策划讲好故事、充分运用现代传媒传播好故事；跨越时空、超越国度，把继承传统优秀文化又弘扬时代精神、立足本国又面向世界的当代中国文化创新成果传播出去，红网"走心"地将"中国土司遗产"老故事的新篇章讲给了全世界，传播了中国声音。

关键词：土司遗址　世界文化遗产　老司城　红网

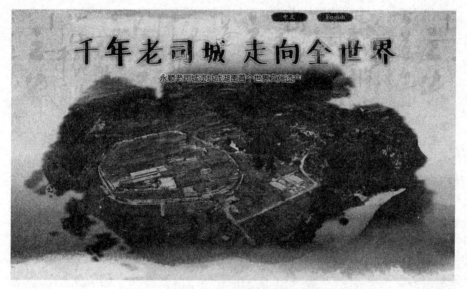

《千年老司城　走向全世界》专题页面截图

媒体人"丰盛的晚宴"背后"蓄谋已久"

北京时间 2015 年 7 月 4 日下午 16 时 10 分，在德国波恩举行的第 39 届世界遗产大会上，"中国土司遗产"申报世界文化遗产审议项刚一通过，红网及其内容产品矩阵就迅速推出了集束式的报道。报道最先发声、瞬间升温，在互联网上引爆了一个世人瞩目的话题。

红网精心策划推出的有关千年土司申遗盛典可以说是一餐"丰盛的晚宴"，可圈可点、可观可赏、可点评、可分享，而在丰盛晚宴背后则是红网高瞻远瞩，提前策划，提前深入基层、悉心采集，挖掘有温度的老故事。

在"丰盛的晚宴"背后是"蓄谋已久"——红网自 2010 年就开始

部署相关采访，不能不说，在五年后的隆重出场是有"预谋"的，必将在五年后蓄势待发，势不可挡，让世人惊叹，可谓是"必然"的奇迹。

13 世纪至 20 世纪初，中国元、明、清三朝中央政权在西南少数民族地区推行"土司制度"政策。"土司制度"结束于 20 世纪初，在中国历史上长达 1000 多年。2010 年，红网派出骨干记者深入基层，十年磨一剑，五年备"申遗"，挖掘千年土司老故事，给老土司申遗增添了文化底蕴。五年积蓄，蓄势待发，积蓄了在"中国土司遗产""申遗"成功之时引爆传播高潮的能量。因为充分准备，由红网主导了这一消息的互联网传播，推动这个"中国好故事"传遍全世界。

提前策划、准确表达，老故事延伸新篇章

2015 年 7 月 3 日，红网的"中国土司遗产"报道组采编人员经历的是一个紧张又漫长的夜晚。根据会议日程推测，在德国波恩举行的第 39 届世界遗产大会是夜将揭晓"中国土司遗产"能否成功进入世界文化遗产名录。大家通过各种可能的渠道，关注着来自波恩的消息。

是夜，在武陵山腹地的湘西永顺县，数万人也守望到凌晨，他们也在等待，等待着欢庆申遗成功的那一刻，他们要跳舞、要巡游、要演出从土司时代就已流传的民俗节目，他们如同在迎接一个盛大的节日……红网永顺分站的采编人员，一直在现场，关注着这一切。当天的会议并没有轮到审议"中国土司遗产"事项。波恩夜色降临的时候，中国已是凌晨。申遗能否成功，仍悬而未决。

北京时间 7 月 4 日下午 16：11，红网《时刻》新闻客户端弹出了"中国土司遗产"申遗成功的消息。这时候，第 39 届世界遗产大会刚刚表决通过，正在会议现场的湖南省文物局局长陈远平第一时间向红网确认了这一消息。紧接着，红网"网报端微视屏"六位一体传播矩阵同时发力，集束式发布推荐了这一消息并迅速进行深入的全方位解读，瞬间

引爆了它在互联网上的传播。

16：12，红网首页头条推荐了消息《老司城申遗成功　湖南实现世界文化遗产零突破》。接下来在 5 分钟之内，红网又接连发布了《神秘老司城　揭开你的面纱来》《八百年老司城　数十年考古路》《在老司城，把时间留住（组图）》等一系列稿件。这些稿件，讲述了老司城的老故事、老司城申遗的新故事，同时以大量的图片直观地展示了这个古老城池的荣耀与沧桑。

16：20，红网大型中英文双语网络专题《千年老司城　走向全世界》发布上线。专题以永顺老司城的大幅航拍图片为背景，页面像一幅山水画，既有历史的厚重，也有现代的简约。专题内容除了新闻报道之外，还有"申遗之路""老司城：一座八百年的逍遥王城""高清图集""中国的 48 个世界遗产"等多个板块，以 30 余条文字稿件、100 余张图片，多层面、全方位向国内外读者描绘了古代土司城市遗址，不仅对地处湖南的永顺老司城做了全面系统的推介，还对"中国土司遗产"的湖北恩施唐崖土司城址、贵州遵义海龙屯两处土司遗址以及中国其他 47 个世界遗产，都进行了图文并茂的推介。这个专题被研究媒体传播的业内人士称为"在进行精彩传播湘湘文化和精准描绘湖南大美的有益探索方面提供了一个很好的样本"，其双语全景呈现的模式被视为"加强外宣工作的全新传播形式"。

红网的媒体矩阵进行了全方位的联动，130 余家分站同步联播，在首页推荐由红网总站制作的专题报道。红网论坛突出互动，精心制作了申遗活动主题帖《真正的边城原来在这里——"世界文化遗产"永顺老司城遗址》，不到 3 天，跟帖超 2000 条，浏览量破 100 万。红网视频发布了老司城遗址宣传片及相关视频新闻报道。红网《红辣椒评论》深层解读，从"申遗"成功的世界性意义、文物保护的重要性以及对湖南文化旅游业发展的重大价值等角度，组织评论，并约请吉首大学研究老司城遗址的权威学者瞿州莲、罗维庆、成臻铭等人发表观点，还从更深层次解答了"申遗"成功后如何进一步有效开发与保护等相关问题。

诗意表达、移动分享，新故事更有新讲法

红网同步部署了这一主题在移动端的内容的策划与传播，同样取得了非常好的传播效果。

在"中国土司遗产""申遗"成功之时，红网《时刻》新闻客户端正式上线仅1个多月，《时刻》新闻客户端提前备料、精心设计。在"申遗"成功的消息确定之后，迅速以永顺老司城遗址航拍图为背景做启动画面，在客户端首页大头条区、图片区重点推荐"申遗"成功的消息。推出的专题《这样的老司城，世界唯一》，通过文字、视频、图集等方式全方位介绍老司城遗址的历史与现状，简洁大方。

《时刻》新闻客户端还精心制作发布了适于移动媒体传播分享的两件H5作品，通过对于音乐文字图片的动态集合，获得了极大的关注和转发。其中《一座王城的前世今生》，浏览量3天之后就达到了277488次，刷新了当时新媒体编辑制作的新闻类H5的新高。这个H5页面分《老司城所在》《沉埋的神秘王城》《老司城与土司政权》《八百年土司王朝》《历史见证 荣耀存在》《丰富的遗迹遗存》《远去的辉煌》《文物荟萃》《文化传承》《申遗之路》《专家声音》等11个部分，用诗性的语言讲述一个古老的故事与它的新篇章，触动了人心深处的柔软，纪录片式的表达，不事煽情，却很感人。另一个H5页面《48项世界遗产 48种中国骄傲》，将中国目前所有的世界遗产一帧一帧全景式地展示，讲述的是属于世界的中国好故事。

在用H5页面这种新手段传播的同时，红网没有放松红网手机报这种已经并不新颖的移动传播手段。红网的300万手机报用户每天点对点接收彩信版的新闻资讯，手机报的传播模式，因其精练简洁、点对点无

障碍送达、本地化等特点依然受到相当多用户的欢迎。点对点的送达，吸引了手机报用户向具有更详细报道的客户端、电脑端导流。

红网微博及时发布老司城"申遗"成功的快讯，阅读量达 40 万。红网微信平台以最具亲和力的表述来讲述老司城的故事。红网官方微信 16：11 即发布了《真正的边城原来在这里——"世界文化遗产"永顺老司城遗址》，内容有《老司城小档案》《湘西真正的百里边城》《国内规模最大的土民事城遗址》《土家族历史文化的见证》《建筑之美，堪称"中国的马丘比丘"》《专家评价》等几个部分，微信在发布当天浏览量就超过了 10000 次。当时由红网负责更新的"湖南微政务""这里是湖南"公众号也同步推送了相关消息，《湖南老司城！老司城遗址凭啥成为世界文化遗产？》《老司城遗址公园预计 9 月开园，周边旅游指南请收藏》都获得了大量阅读、点赞与分享。

传播传递正能量，依托中华文明舆论传播走向世界

新时期，习近平总书记用 48 个字概括了在新的时代条件下，党的新闻舆论工作的职责和使命。在这 48 个字里面，"联接中外、沟通世界"是对新闻舆论工作的国际视野的强调，尤其需要我们长期从事外宣工作的新闻工作者学习、贯彻和落实。这是时代赋予我们的使命，也是媒体人的新机遇和新挑战。新闻工作者要时刻思考：向海外世界展示一个什么样的中国？如何理解和认同中国？用什么样的手段和渠道才能让外国网友正确认识这个庞大国度的真实面貌？"民族的就是世界的"，在第 39 届世界文化遗产大会上，具有中国特色、中国元素的老司城展现在全世界人民眼前，积极传递中国能量，发出中国声音。红网更是抓住"中国土司遗产"入列世界文化遗产名录之际，特别推出"丰盛的晚宴"——《中国土司遗产——老故事的新篇章》，使全球读者与网民了解了老司城的前世今生，并与作者一起见证了老司城从处于寂寞处的湘

西深山到成为享誉世界的文化遗产的历程的故事。红网的媒体矩阵更是进行了全方位的联动，130 余家分站同步联播，在首页推荐由红网总站制作的专题报道。红网论坛突出互动，精心制作了申遗活动主题帖《真正的边城原来在这里——"世界文化遗产"永顺老司城遗址》，不到 3 天，跟帖超 2000 条，浏览量破 100 万。这些处在基层深处的故事如何被挖掘，又是如何走出国门走向世界？老故事的新篇章该用何种方式宣传，又该如何进行解读？带着这些疑惑与对中国古老故事留存的深刻印象，红网开启了一场以深入基层、传递正能量，按不同传播平台用户的特点将老故事的新篇章讲给全世界的模式。

讲好中国故事，传播中华五千年文化，是媒体人的使命与责任。与时俱进，开拓创新，媒体人在不断地向前走，新媒体发展的路会越来越宽广。扎根基层发现好故事、精心策划讲好故事、充分运用现代传媒传播好故事，红网在讲述"中国土司遗产"故事新篇章的过程中，体会到只要精心做好策划，契合网络传播规律，注重引导策略，讲究沟通技巧，我们就能把中国故事讲好，才能传播好具有中国特色的"媒体传播好声音"。依托中华文明，传递正能量，营造国内外良好的舆论环境，地方新闻网站同样可以大有作为，地方媒体同样可以走进世界。

 幕后故事

深入基层、悉心采集，挖掘有温度的老故事

2015 年 7 月 4 日下午红网推出的这一"丰盛的晚宴"，引爆了一个世人瞩目的话题。这个话题可以简单到仅有一句话——"中国土司遗产"入选世界文化遗产名录，也可以丰富成一部千年史。它是一个故事，是由湘西永顺老司城传播开来的两个老故事的后续新篇章。这两个老故

事，一个关于"溪州铜柱"，一个关于土家族"过赶年"的民俗。

这两个老故事的后续新篇章，是红网想要好好讲一讲的。

这是事先精心策划、充分准备的。"中国土司遗产"的主要代表湖南永顺老司城遗址申报世界文化遗产的工作 2012 年正式启动，而红网对老司城的深度关注，始于 2010 年。

2010 年 10 月，湖南 10 家省直媒体派出 19 位青年编辑记者到基层挂职锻炼，红网派出骨干记者廖洁、李泽清到老司城遗址所在的湘西永顺县，分别到塔卧镇和青坪镇任镇长助理。在两个月的时间里，他们走村串户，深入基层，工作的范围不限于所在乡镇，而是对永顺县的风土人情做了比较深入的了解，尤其是老司城遗址的独特价值，给他们留下深刻的印象。挂职两个月后回到红网，他们讲述了在永顺听来的两个故事。

第一个故事关于国家一级文物"溪州铜柱"。后晋天福四年（939年），湘西少数民族反抗南楚王统治，爆发溪州之战。南楚王马希范派兵征讨溪州，湘西首领彭士愁率兵奋力抵抗。战后双方议和盟誓，铸溪州铜柱，刻《复溪州铜柱记》2000 余字，规定各自所辖地域，互不进犯。此后，湘西彭氏土司统治承袭 28 代 818 年，土司王朝与中原政权之间边境安定再无战乱，直至清雍正六年（1728 年）"改土归流"方告终止。

第二个故事说的是偏安一隅的湘西土司政权在国家危亡大义前挺身而出的义举。明嘉靖年间，倭寇不断侵扰我国东南沿海。湘西子弟受征召组成土家联军 3 万余人，由当时年仅 18 岁的土司彭冀南等率领远离故土奔赴抗倭前线，历时四年，歼灭倭寇，被嘉靖皇帝亲授"东南第一功"。这个故事在《明史》载称："永保土司，世序富强，每遇征战，辄愿荷戈为前驱。"

这两个故事，第一个直观地体现着区域自治和平相处的理念，第二个则体现了"区域自治"的土司政权"辄愿荷戈为前驱"的国家观念。如何讲好这两个古老的中国故事？红网觉得很有意义，值得好好讲一讲。

当年 11 月，湖南省委宣传部、省委网宣办布局在全省 123 个县市区建设红网县级分站。随后，红网在与永顺县委宣传部一道落实红网永顺分站建设工作的时候，双方进一步详细交流了老司城遗址的历史文化价值、开发利用与保护等情况，就如何做好老司城遗址的新闻报道工作达成了共识。2012 年年底，红网永顺分站开通，红网总站依托红网永顺分站，发布大量关于老司城的报道。

为了使报道更系统更有分量，中南传媒董事、红网董事长舒斌又于 2013 年秋率采编团队专程到老司城遗址采访调研，就红网如何进一步做好老司城的新闻报道工作作出了安排。其后，红网采编人员数次到永顺采访，深入关注报道老司城的前世今生，并一路见证了老司城从寂寞处在湘西深山到成为享誉世界的文化遗产的历程。

历时 5 年的前期准备，使红网积蓄了在"中国土司遗产""申遗"成功之时引爆传播高潮的能量。正是因为准备充分，便得以在"中国土司遗产""申遗"成功的 2015 年 7 月 4 日下午，由红网主导了这一消息的互联网传播，推动这个"中国好故事"传遍全世界。

多样传播、发布及时，举城欢庆世界瞩目

第 39 届世界遗产大会刚刚表决通过，红网《时刻》新闻客户端立即弹出了"中国土司遗产""申遗"成功的消息。这是媒体人对我国文化走向世界的必然信心，也是媒体人精心策划，让老司城"申遗"一刻不停传向国人心中的迫切感。

红网"网报端微视屏"六位一体传播矩阵同时发力，集束式发布推荐了这一消息并迅速进行深入的全方位解读，红网开启了一场运用新传播手段、以接地气的方式、按不同传播平台用户与特点，从多角度全方位进行新闻报道。

红网永顺站也在 7 月 6 日第一时间，同步报道了在德国波恩举行的第 39 届世界遗产大会决定将由湖南永顺老司城遗址、湖北唐崖土司城遗址和贵州播州海龙屯遗址联合代表的"中国土司遗产"列入世界文化遗产名录。消息传出，永顺县城沸腾了！县城组织万人跳摆手舞、万人巡游、燃放烟花等活动。在永顺县城休闲文化广场，巨龙飞舞，锣鼓喧天，成了舞的世界。由县级领导、干部职工、业余文艺团队、各族群众组成的万人摆手队伍身着民族盛装共同跳起土家族摆手舞。再现了当年老司城"红灯万盏人又叠，一片缠绵摆手歌"的盛况。

高点击率，广泛传播，专题报道，这是土司古文化走向世界的荣耀，也是媒体人静心准备的血与泪，也记录着我国新媒体发展的血泪史。不过，这一切都是光荣与梦想，都有鲜花锦簇的光环。红网的精心策划，向世界传播的不光是土司文化，还有我国媒体人的必胜之心，还有我国媒体发展势不可挡的趋势。新媒体传播开启了舆论传播新形势，也必将引爆流行。

第四章

叙中外友谊和传承

历史上，无论是亚非还是欧美，中国与世界各国各地区都结下了深厚的友谊。传承友谊从了解开始。要把我们这一代友谊的接力棒传给下一代，绝不能仅靠我们教给他们的那点儿历史，而是创造条件让他们了解彼此民族的文化与传统，了解彼此的发展现状。

和平而不是战争，合作而不是对抗，共赢而不是零和，是人类社会和平、进步、发展的主题。"中国梦是和平、发展、合作、共赢的梦"，而世界所看到的，也是这样一个为了梦想而奔走的中国。党的十八大以来，习近平主席、李克强总理等频繁出访，加强中外交流合作，促进世界和平发展。从庄园会晤、到瀛台夜话、再到白宫秋叙，足够大的太平洋，见证了新兴大国和超级大国关系的创新；从"一带一路"战略构想全面铺开，到迟滞多年的亚太自贸区路线图终在雁栖湖畔划定，中国已经化身为近年来最积极推动世界自由贸易的大国。

当今世界，要和平不要对抗、要合作不要对立，是国际社会的共同愿望，亦是时代的呼声。在"一步一个脚印"的交往中，丰富和平发展战略思想，强调建立以合作共赢为核心的新型国际关系，倡导构建不冲突不对抗、相互尊重、合作共赢的新型大国关系，提出打造人类命运共同体的宏大倡议，一系列新理念新思想新战略相继成熟。

大视野 大手笔 大气魄 大格局

——新华网多媒体融合专题《习近平的大外交》

【导读】

2014 年，习近平主席 7 次出访，身影遍布 18 国，出席 300 多场外交活动，这是中国外交全面进取的丰收之年。新华网把握时机，顺势而为，创作并推出多媒体融合专题《习近平的大外交》，从大视野、大格局、大手笔、大气魄四个角度向世界展现中国负责任大国的国际担当。该专题采用时下流行的 Win8 模块进行链接，将遍及亚洲、欧洲、大洋洲、拉丁美洲的 18 个国家，300 多场外交活动重新梳理整合，二次展现给受众，并穿插介绍核安全峰会、G20 国峰会、金砖国家领导人会晤情况，使受众在一个平台全面了解 2014 年的外交大事件成为可能，形成了媒体二次聚合传播的强大影响力。

《习近平的大外交》是新华网推出的一部从正面发声、通过深耕历次领导人出访活动、展现中国外交新理念的多媒体融合产品，也是展现中国形象的重要窗口，在 2014 年年末引领了媒体外交报道潮流，是讲好中国外交故事的一次成功实践，是正面阐释国家重大战略的一次有益尝试，是一次值得借鉴和学习的多媒体融合产品经典案例。

关键词：中国形象 大外交 融合新闻 新华网

案例回望

对于"讲好中国故事",不同群体有不同的讲述方式。作为国家通讯社,新华网创作并推出多媒体融合专题《习近平的大外交》,通过集纳展示中国新一届领导集体提出的外交理念与政策,破除一些西方媒体对中国的曲解与误读,在世界上展示了我国良好的国际形象。

所谓重大主题宣传,一般是围绕党、国家和军队一个时期中心工作或某个特定的思想主题,在一定时间内组织的大规模、多题材、连续性新闻宣传活动。此类宣传活动往往因为主题重大、政治性强而受到主流媒体的青睐,成为主流媒体新闻工作的重头戏。在融媒时代,如何阐释重大主题、采用何种表现手法、如何获取传播效果,则是新闻媒体在"同台竞技"中取胜的关键。

2014年是中国外交全面进取的丰收之年。以习近平同志为总书记的党中央领导集体带领全国人民为实现"两个一百年"目标和民族复兴的中国梦而奋力开拓,开展了一系列外交活动,不断采取外交新举措,推出外交新理念,中国特色大国外交成绩斐然。不谋全局者,不足以谋一域;不谋万世者,不足以谋一时。拥有宏大的视野,才能纵观全局。纵观习近平上台以来提出的外交创新理念,均站在了历史的高度,具备国际视野,为外交工作的布局定下了基调。循此轨迹,新华网制作播发了多媒体融合专题《习近平的大外交》。该作品宏微观结构层次清晰、逻辑缜密,概括全面、把握准确,展现形式简约直观、用户体验效果好,作品采用中、英双语,收获了良好的国际传播效果,展现了一个负责任大国的国际担当,获得第二十五届中国新闻奖国际传播类一等奖。

一、渠道和内容并重，适应受众阅读习惯

21世纪是一个信息爆炸的时代，每天人们从各种社交媒体、客户端、主流媒体接收信息。《习近平的大外交》能在这样一个信息过剩的时代脱颖而出，原因有两点：首先，运用多种平台推送，海量覆盖，使各层面受众有机会接触到该作品；其次，坚持内容为王，选取公众感兴趣的内容，用公众喜欢的方式表达，使受众产生阅读的动力。

2014年12月18日，该作品中文版本在新华网首页头条位置进行突出展示，新华社发布、新华国际客户端、新华炫闻同步发布，《新华每日电讯》次日以"特别关注"整版集中展示报道内容。此外，新华网还通过脸谱、推特和新浪微博等国内外社交平台大力推送该作品，不仅在PC端呈现，手机和iPad等移动客户端也同步向受众推送。

新华社是中国国家通讯社，新华国际客户端是新华社在新媒体方面全面推进战略转型的一大成果，新华炫闻是一款面向4G的多媒体集成交互客户端，《新华每日电讯》是由新华社出版的日报。脸谱、推特和新浪微博则是中美两国举足轻重的微型博客服务类的社交网站。新华社调动了包括传统媒体网站、新媒体客户端、报纸、社交网站等在内的多个平台，超豪华阵容多渠道推送《习近平的大外交》。不同的媒介拥有不同的视听族类，将分众的族群聚拢起来，产生长尾效应，聚沙成塔，最终实现覆盖人群的扩大。

在互联网时代，作品的视觉效果、交互体验以及情感体验直接影响着传播效果。《习近平的大外交》专题网站采用极简风格，大量使用图表、数据，分模块创作，注重细节，逻辑清晰，利用新技术手段使之成为一部受众喜闻乐见的作品。

二、从正面发声，展示我国良好国际形象

传播好中国声音、塑造国家良好形象是中国对外宣传的重要工作，也是一项全局性战略性的工作。《习近平的大外交》就是紧跟国家公关脚步的表现，是拉近中国和世界距离的成功实践。为破除一些西方媒体对中国快速发展的曲解与误读，向国外输出一个真实的中国，我们必须加强国际传播能力和对外话语体系建设，强化传播能力，打造报道中国的权威媒体，加强重大主题对外宣传，创新方式方法，增强对外宣传工作的针对性、实效性、权威性。

2014 年，习近平 7 次出访，身影遍布 18 国，出席 300 多场外交活动，这是中国外交全面进取的丰收之年。新华社以"大外交"的"大"为切入点，从大视野、大格局、大手笔、大气魄四个角度向世界展现中国负责任大国的国际担当。为提升国际传播效果和海外影响力，新华网特别制作了《习近平的大外交》的英文版本，期望搭建起为海外读者阐释新时期中国外交理念和政策的互动平台。双语种的推出，收获了良好的国际传播效果，被多家海外媒体广泛转载，有力增强了我国外交政策的对外宣传力度和国际传播能力。

"一带一路""互联互通"等战略构想的推进，不仅是气势恢宏的外交大手笔，也在中国外交的版图上绘制了崭新蓝图。正确"义利观"的提出，不仅体现了中国作为一个负责任大国的国际担当，更体现了中国这个"大块头"海纳百川的大气魄。新华社在"内知国情，外知世界"的前提下，确保内容的准确性和权威性，坚持"中国立场，国际表达"，从正面发声，用他们习惯的表达方式，把准确的中国风貌告诉外国人，展现中国良好的国际形象。

三、旧闻变新闻，媒体二次聚合传播

《习近平的大外交》是一部典型的旧闻变新闻的多媒体融合新闻作品。时效性之于新闻，有如血液之于人体，有之则生，弃之则亡。时效性作为新闻价值的基本要素之一，在新闻写作上发挥着重要作用。虽然有些作品乍看在时效性上已经失去了其新闻价值，但只要细加揣摩，另辟蹊径，对新闻资源进行二度开发，就会发现其背后隐藏着"旧闻"变"新闻"的新价值。

新华网在制作多媒体融合产品《习近平的大外交》的过程中，不断深耕领导人出访活动，对"大外交"这一重大主题进行学习、研究，将来自新华社及人民日报发布的稿件汇总、整理，再通过专题的形式表现出来，实现新闻的二次聚合。时间让新闻成旧闻，而二次聚合则使一些不再具备时效性的新闻再次迸发生机，从而塑造强大的舆论传播能力。

《习近平的大外交》汇总了习近平2014年的7次出访，采用时下最流行的Win8模块进行链接，将遍及亚洲、欧洲、大洋洲、拉丁美洲的18个国家、300多场外交活动二次展现给受众，并间或介绍核安全峰会、G20国峰会、金砖国家领导人会晤情况。新华网的二次聚合传播，使受众在一个平台全面了解2014年的外交大事件成为可能，形成了媒体二次聚合传播的强大影响力。《习近平的大外交》在2014年年末引领了媒体外交报道潮流，是讲好中国外交故事的一次伟大实践，是围绕国家形象建设和外交战略重大主题宣传的重要组成部分，是在正面阐释国家重大战略上的一次有益尝试，是一次值得借鉴和学习的多媒体融合产品经典案例。

四、运用互联网思维，多媒体多终端打造良好用户体验

"融合新闻"（Convergence Journalism）是新闻传播在媒介融合发展进程中已经出现并仍在继续发展的一种新的新闻传播模式，即多种新闻媒体形态的整合，采用多媒体的方式进行多渠道的传播，最终以多种形态，通过多种渠道展示给受众。在互联网时代，作品的视觉效果、交互体验以及情感体验直接影响着传播效果。在作品制作过程中，新华网编辑人员尤其注重影响用户体验的每一个细节，力争打造一个具有良好用户体验的互联网专题。

为增加网络新闻的易读性、缓解用户的审美疲劳，该作品在页面呈现形式上采用极简主义设计理念和互联网最新的设计形式，页面简洁大气，设计感十足。在图文配置比例上，将文字的比例降到最低，尽可能多地使用图片及简明数字，各个模块采用不同的内容分布模式，页面鼠标滑过每个模块产生图片放大、板块翻转等不同呈现效果，采用多层结构来丰富页面的交互性，将每个模块的细节信息置于其他层中，点击每个模块可查看详尽信息，做到结构清晰、层次分明，用最少的网页空间为用户提供尽可能多的内容。

此外，为了适应移动互联网趋势，作品采用响应式设计，实现 PC、手机和平板电脑等多终端适配，满足不同终端用户的无障碍阅读需求，为其提供完善的交互阅读体验。

五、中英文版本，打造强大的国际传播力

为提升国际传播效果和海外影响力，特别制作了《习近平的大外交》的英文版本，期望搭建起为海外读者阐释新时期中国外交理念和外交政策的互动平台。

为适应用户移动化阅读的需求，新华网在专题制作之初便遵循多

终端、自适配的理念，采用了响应式设计。专题推出后，不仅在 PC 端呈现，手机和 iPad 等移动客户端也同步向全球受众推送。考虑到社交媒体已成为海外受众获取新闻的一个重要来源，新华网还通过脸谱、推特和新浪微博等国内外社交媒体平台大力推送作品，总阅读量过万、转载量和点赞量累计近千次。除移动终端和社交媒体，该作品还被《东亚日报》、吉尔吉斯斯坦通讯社等多家具有较大影响力的海外主流媒体转载或援引，并被谷歌、日本雅虎等国外知名搜索引擎资讯页面收录和展示，实现专题内容在海外落地。

 幕后故事

一、好的时机催生好的作品

时机之于作品，犹如时代的天然馈赠。身逢盛世，怎能不谱写出华美的乐章？2014 年，习近平主席通过一系列的出访和外交活动，向全世界传递了中国坚定走和平发展道路的信念，发出了中国与全世界命运与共的呼声，展示了中国作为负责任大国的国际担当。在这个过程中，新的外交理念被不断提出，一幅宏伟的中国外交蓝图也呼之欲出。

值此契机，新华网把握时机，顺势而为，创作并推出多媒体融合专题《习近平的大外交》，希望通过集纳展示中国新一届领导集体提出的外交理念与政策，从正面发声，破除一些西方媒体对中国快速发展的曲解与误读，在世界上展示我国良好国际形象。从这个意义上讲，制作多媒体融合专题《习近平的大外交》是新华网从正面阐释国家重大战略的一次有益尝试。

该作品从点题立意、到梳理整理习近平主席历次出访的资料，再

到制作完成，历时一月有余。其间，恰逢中央外事工作会议召开，习近平主席在外事工作会议上的讲话为本专题的创作策划起到指导作用。作为新华网年终盘点的重大选题，新华网董事长、总裁田舒斌高度重视、亲自部署，新华网党组成员、副总编辑刘加文精心指导，从作品的立意、制作到审改，均倾注了大量心血。为了增强作品的国际传播效果，新华网国际部、外文部和多媒体中心联手打造了该作品的中英文版本。此外，北京大学国际政治学系张海滨教授的悉心指导，使该作品对中国外交理念和政策的归纳更具学术严谨性。

二、深耕领导人历次出访活动，形成新闻二次聚合效力

制作多媒体融合产品《习近平的大外交》的过程，也是一次外交理论的学习过程。党的十八大以来，习近平总书记提出的外交理念内涵丰富、博大精深。对重大主题进行学习、研究，再通过适当的形式表现出来，这样一个输入——输出过程需要坚实的理论功底，对领导人的讲话精神需要深入学习和细致梳理，只有这样，才能对这一宏伟的外交蓝图有全面认识。

通过对新华社发布的习近平主席历次出访时的演讲稿和署名文章的整理，我们发现，习近平主席有着独特的演讲方式和别具一格的语言风格，善于进行话语创新和理论创新。习近平主席非常善于引用古语阐释全新的理念。2014年7月4日，习近平主席访问韩国时在首尔大学发表演讲，倡导合作发展理念，在国际关系中践行正确义利观。他提出，国不以利为利，以义为利也。在国际合作中，我们要注重利更要注重义。中国主张"君子义以为质"，强调"不义而富且贵，于我如浮云"。"君子义以为质，礼以行之，孙以出之，信以成之。君子哉！"出自《论语·卫灵公十五》，意思是君子用礼加以推行，用谦逊的语言来表达，用忠诚的态度来完成，这就是君子了。"不义而富且贵，于我如

浮云"意思是用不义的手段得到的富与贵，对于我就如同天上的浮云。这些古语非常到位地阐述了中国的义利观，让韩国民众印象深刻，习近平主席的这场演讲赢得了现场观众 30 多次热烈掌声。

不仅如此，习近平主席善于开创性地塑造国际议程，体现了宏大的国际视野。例如，2014 年 3 月，在海牙举行的第三届核安全峰会上，中国国家主席习近平全面系统阐述了中国的"核安全观"，这也是世界各国中第一个提出的"核安全观"。"我们要坚持理性、协调、并进的核安全观，把核安全进程纳入健康持续发展的轨道"，分别从战略、全面、持久三个维度阐释了中国对待核安全问题上的基本原则和思路，为国际核安全指出了方向。

平实的语言却讲述了深刻的道理，这体现了新一代领导集体通过构建自己的话语权，主动回应外部世界对中国崛起的疑虑，塑造中国未来的外交战略。这种语言风格在习主席历次出访时表现得淋漓尽致，所访之处刮起阵阵"习式"旋风，受到中外媒体的广泛好评，也在世界人民心中留下了深刻而又良好的印象。

思考再三，我们认为唯有原汁原味地引用习近平主席当时的表述，才能更好地展示这些具有开创性的外交理念，切实提高对外传播的有效性。我们逐条梳理这些外交新理念，并注明其被提出的时间和场合，外交理念的核心内容则引用习近平主席的原始表述，便于读者理解，同时也方便读者查阅讲话全文。

本作品的素材均来自新华社及人民日报发布稿件，来源权威，同时达到了新闻的二次聚合效果。时间让新闻成旧闻，而适当契机下的二次聚合则使一些不再具备时效性的新闻再次迸发生机，从而塑造强大的舆论传播能力。

三、宏微观结合，全方位展示外交理念体系和领导人风采

梳理完习近平主席提出的外交理念和外交政策后，我们发现这些理念既有全局性的外交指导原则，也有针对具体国家与地区的外交方针和政策；既有具有实操意义的战略构想，也有展现中国负责任大国的情怀与担当。这些理念的提出不仅形成了"立足周边，谋篇全球"的外交大格局，也展示了我国最高领导人极具历史高度的宏大视野、海纳百川的气魄。同时，"一带一路""互联互通"等战略大手笔的推进，不仅在中国外交版图上绘制了崭新蓝图，也为沿线国家与地区带去了实实在在的好处。

鉴于此，在宏观层面上，我们把握住中国外交的大气恢宏的主线，创造性地将习近平主席提出的外交理念整理归纳为"大视野""大手笔""大气魄""大格局"四个部分，这构筑了"习式外交"的理论体系，每个部分逻辑清晰，定位明确，不仅将习近平主席提出的外交理念包含其中，也使读者对于中国外交理念有了清晰的认识和整体的了解。

外交理念的提出与领导人的出访活动密不可分，通过盘点领导人密集而高效的出访活动，也可窥出中国外交的全貌与精髓。在微观层面上，我们十分注重领导人的出访细节，运用数据直观展示领导人的出访成果。经过盘点得出结论：2014 年，习近平主席的足迹跨越 4 大洲，7 次出访了 18 个国家，出访时间 47 天，出席了 300 多场外交活动。在作品中，我们以地图为背景，标注出习近平主席曾经访问过的城市，清晰展示领导人的出访足迹。根据王毅外长在每次领导人出访后的成果解读，我们在地图旁简明扼要地列出习近平主席每次出访的重要成果，阐述过的重要理念，以及在出访国所发表的署名文章和接受的专访。

以习近平主席 2014 年出席金砖国家领导人第六次会晤、出访拉丁

美洲四国为例，在 9 天的行程里，习近平主席共出席了 70 多场双多边活动，与 20 多位国家元首或政府首脑会晤。数字非常直观地展现了领导人的辛苦与不易，对于读者的冲击力也是非常直观的。有网友评论，"看完这个方知领导人辛苦，给总书记点赞。"还有网友写道："新华网的这个报道对于习主席的外交理念梳理极为细致，学习了！"

微观层面对于出访具体活动的集纳，对宏观层面的外交理念体系形成了有力的补充，相互辉映、相得益彰。

"中国种子"进行时·"一带一路"梦想花开

——央广网倾力推出 2015 米兰世博会系列专题报道

【导读】

2015 年 5 月 1 日，五年一度的综合性世界博览会在意大利米兰开幕，在中国经济文化全球化拓展的重要时刻，中国最具代表性的领军企业集聚米兰以创意展示、品牌传播为纽带，搭建广阔的文化经济商贸交流合作平台，向世界呈现中国企业开放包容、创新求进的整体形象，与此同时，央广网倾力推出《"中国种子"进行时·"一带一路"梦想花开——2015 米兰世博会》大型涉外多媒体系列专题报道，以展示中国企业"走出去"、中国种子生根发芽为目的，以多媒体网络专题为呈现方式，传播中国与亚欧国家共建"一带一路"为主题，阐释中国国家主席习近平关于"丝绸之路经济带"重大倡议的丰富内涵及深远意义。

本次报道是央广网首次成建制的长期涉外报道，前后历时六个月，自主策划选题设置议题，并在米兰世博会场设企业专访专场，约访参展中国企业代表，解读中国各领域的领军企业进行深度国际发展策略，先后采访 100 多个国家和地区的场馆负责人，拍摄图片 2000 多张，全程录制视频近 500 小时，境外专访近 100 人，特别是专访到各国政要、工商及企业界人士。系列报道在第一时间运用多媒体手段与世界各国人民分享，成功展示了央广网国际传播能力建设的成果。

关键词：2015 米兰世博会　一带一路　中国种子　央广网

案例回望

央广网《"中国种子"进行时·"一带一路"梦想花开》2015 米兰世博会专题页面截图

一、历时 6 个月倾心报道　携手亚欧共建"一带一路"

2015 年 3 月 28 日，国家发改委、外交部、商务部联合发布《推动共建丝绸之路经济带和 21 世纪海上丝绸之路的愿景与行动》，"一带一路"的建设从顶层设计转到了具体推进、务实合作的阶段。5 月 1 日，综合性世界博览会在意大利米兰开幕，值此良机，央广网与世博会中国企业联合馆合作，以"中国种子"为主题，与国家馆"希望的田野"主题相呼应，推出《"中国种子"进行时·"一带一路"梦想花开——2015 米兰世博会》大型涉外多媒体系列专题报道。本次报道是央广网首次成建制的长期涉外报道，前后历时六个月，自主策划选题设置议题，成功展示了央广网国际传播能力建设的成果。

央广网作为项目的具体执行者，充分运用央广品牌优势，加强与社会企业沟通，结合自身优势争取到一次低成本的涉外报道机会，报道活动自 2015 年 2 月策划筹备，得到了中国外交部、国家新闻出版广电总局、国家互联网信息办公室、中央人民广播电台、上海市人民政府、米兰世博会中国企业联合馆的大力支持。同年 5 月，中广网启动了"一带一路"采访报道活动，前期 1 名记者随中国企业联合馆抵达米兰进行开拓式报道。7 月下旬、9 月中旬，央广网又分别派 2 名记者作为第二、三批人员前往意大利米兰进行报道工作，先后发挥视频图文报道百余篇，独家采访各国政要及工商界代表若干。回国后，整个后续采访报道工作持续至 2015 年年底，持续对这一主题进行动态关注及细化拆分。

本次系列报道主要突出了以下三方面的内容：

一是以"中国企业全球化"为主线，深度挖掘中企"走出去"背后的故事、企业创新案例以及对当地所作的贡献等，向世界网友展现中国企业实力和形象。

代表稿件包括《Chinese Enterprises Showcase in CCUP at 2015 Milan World Expo》《万科王石：中国企业要走出去　第一步应有契约精神》《中国企业创世博会"互联网＋物联网农业"品牌融通"一带一路"》等。中国与全球化智库理事长王辉耀在米兰世博会中国企业联合馆接受央广网记者采访时表示：我们提倡"大众创新、万众创业"这种 21 世纪全新的模式来鼓励大家有更多的创新和不同，特别是鼓励企业创新。我们不光要模仿，还要加强研究，加强人和品牌建设。"一带一路"作为国家中长期发展战略，为中国企业"走出去"提供了有力的战略和政策支持。除此之外，中国企业还要更加重视创新驱动发展战略，提高自主创新能力，构建以企业为主体、市场为导向、产学研相结合的技术创新体系。

二是通过世博会平台，约访包括意大利和欧洲在内的世界各国相关专家人士，就"一带一路"合作发展模式、世界经济全球化、国际文化交流、全球企业公民等国际主流话题展开报道。

代表稿件包括《世博会是"文明对话"平台 中企馆首次亮相担任"一带一路"先锋——访国际展览局名誉主席吴建民》《专访意大利前总理 Enrico Letta："一带一路"中意交流 G20 中国领导力受期待》《OECD 前副秘书长专访：一带一路、中国种子与创新破解全球治理难题》等。国际展览局名誉主席吴建民认为欧洲是工业革命的发源地，品牌和技术是欧洲的强项，与中国的市场结合起来会有新的发展，将是双赢的局面。这次米兰世博会，能够加强中意和中欧经济的往来，中国企业可以利用中企馆平台，与意大利和欧洲的工商界进行接触。

意大利前总理恩里克·莱塔在接受央广网记者专访时表示，中意关系对意大利来说很重要，不只是在经济，而是更广泛的层面，首先是在文化交流和教育方面，比如大学之间，意大利大学可以吸引更多的中国学生，也将有更多意大利学生和教授去中国交流。中意有不同的文化，在全球治理和全球政策方面我们可以共同努力。

三是嫁接中国和欧洲企业家，在米兰现场组织论坛、研讨或者对话会，央广网以图文直播、视频录播等形式提供最新鲜的思想、实践和文化碰撞。

稿件如《"One Belt One Road China、Italy Common Forward"—Chinese Brand Milan Forum Opens in China National Pavilion Expo 2015》《"中国梦 世界情" 中意总裁圆桌论坛 把中国品牌带上"一带一路"》《"中国品牌米兰论坛"亮相世博》《米兰世博会掀中国茶热潮 茶企喜迎"一带一路"新机遇》。

2015 年 10 月 28 日，由米兰世博会中国企业联合馆、人民日报文化传媒有限公司、中国中车股份有限公司、意中商会共同主办的中国品牌米兰论坛暨米兰世博会中国企业联合馆馆日、中国中车日联合庆典活动，在米兰世博会中国国家馆举行，来自中国和意大利的政府和商界的代表齐聚，共商"一带一路"新形势下两国经贸合作与品牌成长之道。央广网进行了全程跟踪报道，尤其是追踪了中国高铁亮相米兰世博会之后产生的巨大反响和效应。

"在中国，我们已经编织起 1 张 1.7 万公里的高铁网，占全球高铁里程的 60% 以上，而且正以每天 8.2 公里的速度不断延伸。正如 150 年前太平洋铁路的开通重塑美国经济版图一样，现在的中国高铁也向世人讲述了一个'高铁一响，黄金万两'的故事。"这是中国中车股份有限公司党组副书记、监事会主席万军在"一带一路　中意同行"中国品牌米兰论坛主旨演讲中对中国高铁的解读。

在中国品牌米兰论坛发表演讲

中国中车是当今中国品牌成熟、进取的缩影，代表了中国企业的未来。除了中国中车，还有上海纺织、中国商飞、光明乳业、上海世茂集团、上海水产和五粮液等一大批优秀企业亮相米兰世博会中国企业联合馆，向世界展示着中国品牌的成长成熟之路。

除了中国知名企业之外，央广网也报道追踪了很多知名国际企业的全球化之路。日本三菱商事（上海）有限公司董事长平井康光在接受央广网记者采访时表示，"三菱在'一带一路'路经沿线的各个国家、各个市场都有项目"，这些项目的开展为中国企业开发"一带一路"沿线国际的市场和贸易能提供非常好的借鉴经验。

二、全媒体矩阵推广有效传播

央广网作为大众传播的主体，担纲本次项目的具体执行者，充分运用央广品牌优势，调动全网资源，加强与社会企业沟通，并获得了中国外交部、国家新闻出版广电总局、国家互联网信息办公室、中央人民广播电台、上海市人民政府、米兰世博会中国企业联合馆的大力支持，为《"中国种子"进行时·"一带一路"梦想花开——2015 米兰世博会》专题报道提供了最先进的技术条件和采访支持。

自《"中国种子"进行时·"一带一路"梦想花开——2015 米兰世博会》专题 2015 年 5 月 1 日上线以来，在央广网首页要闻区头条、头条广告位、专题头条呈现。运用视频、文字、图片、图文直播等多种呈现形式，全方位、多角度持续地向受众传递米兰世博会最新动态。

专题主要呈现出以下四个特点：

一是专题内涵丰富、特色鲜明。在显著位置突出呈现了极具传播力的"'中国种子'进行时·'一带一路'梦想花开"字样，以"中国种子"为喻形象体现中国企业走向全球化品牌形象。专题共包括头条、直通米兰、欧亚零距离、走进中企联合馆、滚动新闻、世博图集六个板块，突出汇聚了中央台及央广网独家原创内容，大量一线报道，图文音视频并举，呈现记者采访中外官员及各界人士，反映中国企业在经贸、交通、能源、金融、科技、文化、旅游等领域建设最新成果。

二是大力发挥"三微两端"平台优势，打造永不落幕的掌上米兰世博会中国企业馆。在这场全世界的盛会中，央广网专题除 PC 端（www.cnr.cn）报道"阵地"之外，还通过手机端（手机央广网、手机客户端）传播专题内容，形成"三微两端"集群式新媒体报道。央广网拥有粉丝数量可观的微博、微信官方账号。社交媒体发布、转发链式传播影响力巨大，通过"微博、微信、微视""三微"的二次传播。"中国之声""央广网""中央人民广播电台"等微博、微信账号本身就有数量可观的粉丝群，且受众忠诚度较高，受众的二次转发进一步扩大了该系列报道的影响力。

自《"中国种子"进行时·"一带一路"梦想花开——2015 米兰世博会》专题上线以来，央广网组织专门力量对前方稿件进行深度音频、图文编辑包装，并同步在央广网首页要闻区头条、头条广告位、专题头条呈现。同时，央广网还组织专门力量对该专题进行微信、微博、客户端二次传播，将包含视频、文字、图片、图文直播等多种呈现形式，通过前方报道＋后方配合，力争用访谈、直播、采访等全媒体手段，形成全媒体、线上线下产品，社交媒体发布、转发链式传播影响力巨大。

三是面向全球社交平台有效精准传播。自《"中国种子"进行时·"一带一路"梦想花开——2015 米兰世博会》专题上线以来，央广网精彩独家英文稿在 Facebook、YouTube 等全球社交网站进行二次传播，被多家国外主流媒体广泛转载，向世界发出中国声音，展示中国形象、弘扬中国文化、唱响中国经济。

四是央广网将此次世博会报道方案纳入"央广网 2015 年重大议程策划"序列，并于 3 月 20 日在国家网信办"全国网络 2015 年重大策划会议"上汇报纳入全国全网推广项目《创新者说——梦想花开 四个全面发展元年》。优秀作品每周向全网推送，其中《世博会是"文明对话"平台 中企馆首次亮相担任"一带一路"先锋——访国际展览局名誉主席吴建民》等稿件被全网转发。

三、唱响中国经济，增强国际传播力

新经济时代，全球化趋势日益加强，对中国企业国际化的要求日益迫切。央广网推出《"中国种子"进行时·"一带一路"梦想花开——2015 米兰世博会》系列专题报道，伸出橄榄枝，全方位、多角度向世界各国展现中国企业的实力和友好包容，为中国企业提供了全球合作交流的平台。在经济全球化的今天，积极参与国际竞争、改变中国产品的形象，树立中国企业在国际上的地位，已成为中国企业发展进步的必然要求。

央广网系列专题报道不仅面向全国全网海量推广，在国内产生强

烈反响，而且将独家英文稿件在 Facebook、Twitter、YouTube 等全球社交网站进行二次传播，并且被多家国外主流媒体转载报道，向世界发出中国声音。央广网系列报道以"中国种子"为喻，通过独家采访企业负责人、专题解读论坛活动，为中外企业面对面交流牵线搭桥，展示中国形象，弘扬中国文化，唱响中国经济。

 幕后故事

意大利既是古丝绸之路的终点，也是"丝绸之路经济带"与"21世纪海上丝绸之路"的交汇点。米兰世博会作为各国经贸文化合作交流的平台，为中国企业走出去提供了机会。央广网在专题报道中，深入地了解到中国企业在实施走出去战略的过程中精彩难忘的幕后故事。

故事一　万科·龙计划　提升中国企事业全球影响力

万科很早就考虑到世博之后建筑该怎么再利用，所以早前万科特邀央广网作为独家媒体，向世界宣布了万科·龙计划的实施，将在世博会结束后把万科馆的建筑材料所用陶板拍卖，筹集善款保护山西某千年历史的龙王庙，山西千年以上的木结构的建筑只有三个，万科这次保护的就是其中一个龙王庙。万科集团董事会主席王石说："作为万科来讲，搞的绿色建筑，占中国市场的一半，如何在建设的过程中保护古建筑、创新建筑，万科有很多思考，有很多保护行为，例如从东北的长春到广东的东莞，在规划建设过程中，只要是过去的老厂房，万科至少会保护一个，其他按照规划要求拆除，万科会建一个博物馆，告诉后人这里曾经发生了什么。现在万科的规模越来越大，有能力也有责任对未涉及的中国古建筑进行保护。"

借助米兰世博会这个平台，通过这样一个计划，一方面展现了万

科独特的发展理念，同时也向世界展示着古老中国文化的厚重底蕴。龙计划的实施为中国企业走向世界探索出了一个新的模式，提升了中国企业在全球的影响力。

故事二　从"被怀疑"到"被渴望"　中车愿为人类绿色交通发展贡献中国智慧

作为中国重工业走向世界的一张名片，中国中车股份有限公司成立伊始就以创新驱动发展，用绿色创造价值，以合作赢得未来，用"精益"打造中国名片。从东南亚、中东到非洲、欧洲，中国中车的产品已服务全球六大洲近百个国家和地区，并逐步从产品出口向技术输出、资本输出和全球化经营转变。通过业务往来，中车已同"一带一路"沿线的绝大多数国家建立了深厚的友谊，全球化经营网络基本形成。

在接受央广网记者采访时，万军表示，中国高铁经历了从"被怀疑"到"被渴望"的剧情反转，颠覆了"高铁难以盈利"的刻板印象。以中国京沪高铁为例，京沪高铁开通运营三年多后，2014 年实现盈利12 亿元人民币，2015 年盈利 50 亿元人民币。而据中国京沪高铁、广深港高铁香港段的粗略测算，高铁上 1 块钱的投入，可以拉动 10 块钱的投资；高铁 1 公里的建设，可以创造出约 390 个就业岗位；高铁 1 条线路的建设，可以形成若干个城市带。中国中车非常愿意向世界分享这些年积累的发展经验，为人类绿色交通的发展贡献中国智慧，这也是中国中车走进"一带一路　中意同行"中国品牌米兰论坛的初衷。

正如米兰世博会中国企业联合馆执委会主任陈安杰提到的，"历史上，'和平合作、开放包容、互学互鉴、互利共赢'的丝绸之路精神薪火相传，推进了人类文明进步，促进了沿线各国繁荣发展。今天，打开世界地图，'一带一路'这条世界上跨度最长的经济大走廊，更加强调相关各国要打造互利共赢的'利益共同体'和共同发展繁荣的'命运共同体'，这也是这次中国品牌米兰论坛的期望和主旨"。

初步估算，"一带一路"沿线总人口约 44 亿，经济总量约 21 万亿美元，分别占全球的 63% 和 29%，是最具发展潜力的区域。意大利作为古丝绸之路终点，又是"丝绸之路经济带"与"21 世纪海上丝绸之路"交汇点，地缘优势独特，机遇和潜力不可小觑。中意两国产业结构互补性强，在制造业、服务业、城镇化、节能环保等众多领域合作潜力巨大。伦巴第大区主席特使、副主席 Fabrizio Sala 表示，意大利在品牌的创新方面积累了很多宝贵经验，意大利愿意同中方一起努力，帮助中国品牌落户意大利，他也希望将来在世界上看到更多类似中车这样的优秀企业引领行业的发展。

故事三　借"一带一路"的东风　把健康和文化带给世界

品牌是企业的生命力，"一带一路"战略为中国企业从"中国制造"走向"中国创造"，从国内市场走向国际市场提供了平台和方向。在本次世博会期间，中国企业联合馆先后共组织了 200 多场经贸文化交流活动，除了中车、万科等这些知名企业之外，一些中小企业也瞅准时机，希望借助"一带一路"的东风，在国际上寻求到更多合作伙伴，迎接国际化的浪潮。

例如意大利的物流、家具制造行业的品牌运营理念就非常适合吉林省中小企业的发展。他们通过米兰世博会这个平台，借助"一带一路"战略的实施，把吉林省更多的企业推向世界。

央广网记者在《米兰世博会掀中国茶热潮　茶企喜迎"一带一路"新机遇》一文中，深情地写出米兰世博会近日中国茶文化周、徽茶主题文化周暨国际论坛相继展开，掀起了中国茶文化热潮，茶叶作为古丝绸之路的主要贸易产品，再次迎来"一带一路"战略的重要历史机遇。意大利茶叶协会主席 Marco Bertona 接受央广网记者专访时表示，中国是全球最大的茶叶生产国，茶历史十分悠久，了解中国茶文化将让欧洲人更喜爱茶。

中国茶文化国际交流协会吴副会长接受记者采访时表示，中国是茶叶生产大国，但不是强国，特别是在茶叶出口方面，更多的是原料茶出口。无论是对茶产业的延伸、产业附加值的提升，还是茶农和茶企的效益提升，都需要借助各类平台，帮助茶企同国际接轨，把产业做强做大。主祁眉茶旅公司张总经理也与记者分享了他的思考，"中国茶怎么走向世界，可能每家茶企都只是一滴水，但是我们希望这一滴水成为种子，正如中国企业联合馆的主题——'中国种子：种子的梦想　汇聚的力量'，我们代表着中国茶而来，希望把健康和文化带给世界。"

通过米兰世博会这个平台，中国的资金、技术和品牌越来越多地走向世界，全球化经营模式不断成长成熟。央广网深挖中国企业走出去的背后故事，并提炼故事背后蕴含的深刻含义，央广网本次系列专题报道搭建起为海外媒体和读者理解中国"一带一路"经济发展战略的互动平台，有力地推动了中国"走出去"的步伐，是一个值得借鉴的涉外多媒体报道的典型案例。

向世界展示开放的宁夏

——宁夏网信办举办 2015 中阿博览会网上丝绸之路论坛

【导读】

宁夏，控扼古丝绸之路，见证了相隔万里的中国和阿拉伯世界在千年岁月里的政治、经济和文化等方面的交融贯通。21 世纪，人类已进入互联网时代，中国和阿拉伯国家日益紧密的经贸人文交流，迫切呼唤为古老的丝绸之路赋予新的时代内涵。"2015 中国—阿拉伯国家博览会网上丝绸之路论坛"在时代的呼唤中应运而生。

网上丝绸之路论坛以"网络丝路、互联互通"为主题，分主论坛、电子商务暨卫星应用发展分论坛和新一代云计算分论坛三部分。为做好论坛宣传工作，协调电视、网络直播，组织网上宣传报道、全网推送重点稿件，专门成立工作组，协调国内外记者赴宁，统筹指挥论坛宣传报道，充分调动全国网络媒体力量，掀起了宣传报道热潮。

网上丝绸之路论坛成为本届中阿博览会备受赞誉的一大新亮点，也成为宁夏主动融入国家"一带一路"战略的创新举措。举办网上丝绸之路论坛，不仅有利于大力发展电子商务、云计算云服务，促进宁夏产业结构升级，提高科技化信息化水平，还可以打造中阿网上丝绸之路的平台，推进宁夏与阿拉伯国家的人文交流，增强宁夏的国际传播力和影响力。

关键词：网上丝绸之路 中阿博览会 一带一路 宁夏网信办

案例回望

《2015中国——阿拉伯国家博览会网上丝绸之路论坛》专题页面截图

2015年9月11日—12日，由国家互联网信息办公室、商务部和宁夏回族自治区人民政府共同主办，宁夏网信办等单位承办的"2015中国阿拉伯国家博览会网上丝绸之路论坛"在宁夏召开。论坛以"网络丝路·互联互通"为主题，分主论坛、电子商务暨卫星应用发展分论坛和新一代云计算分论坛三部分。来自10余个阿拉伯国家及印度、马来西亚等国的主管部门官员、业界精英、媒体记者800多人出席。网上丝绸之路论坛是2015中阿博览会新增板块，虽然首次举办，但受关注程度、产生影响、取得成效都是空前的，与会嘉宾、新闻媒体及社会各界好评如潮。

"一带一路"和"开放宁夏"

2013年9月和10月，习近平总书记在出访中亚和东南亚国家期间，先后提出共建"丝绸之路经济带"和"21世纪海上丝绸之路"重大倡议，得到国际社会高度关注。共建"一带一路"顺应世界多极化、经济全球化、文化多样化、社会信息化的潮流，致力于亚欧非大陆及毗邻海域的互联互通，建立和加强沿线各国交流合作、共赢发展，是我国在新时期坚持对外开放，构建全方位开放格局，深度融入世界经济体系的重大部署。

宁夏回族自治区地处内陆，虽然不沿边、不靠海，但不封闭、不保守。自治区党委、政府始终坚持开放的心态，敢于超越地域局限，主动融入全国、走向世界，坚持大开放引领大发展，把开放作为促进宁夏经济社会发展的新引擎。2014年年初，宁夏提出"打造丝绸之路经济带战略支点"，建好中阿空中、网上、陆上丝绸之路通道；2015年7月，宁夏出台《关于融入"一带一路"加快开放宁夏建设的意见》，重点部署了建设"陆上丝绸之路、搭建空中丝绸之路、打造网上丝绸之路"开放通道建设。

网上丝路需要互联互通，互联互通需要共商共建。各方迫切需要一个交流合作的平台，网上丝绸之路论坛的构想呼之欲出。

经过积极沟通努力，2015年4月27日，国家网信办正式决定，与宁夏共同举办2015网上丝绸之路论坛，将本届论坛定位为落实国家"一带一路"战略部署，深化与"一带一路"沿线国家互联网经贸服务、人文交流和技术合作的重要举措，希望依托中阿博览会的优势和国际影响力，使之成为深化中阿友谊、开拓互联网经贸活动、共襄网络治理大道的大平台。

确定论坛总体方案

初次筹办如此重大的国际性论坛，既是一次难得的机遇，也是一次严峻的挑战。论坛怎么定位？主题是什么？框架如何设计？怎么调动各方主动性积极参与？都是要考虑并着力解决的主要问题。负责活动具体承办的自治区宣传部、网信办的同志们，为此绞尽了脑汁。

没有经验，学习借鉴。在参考博鳌亚洲论坛、世界互联网大会以及历届中阿博览会成功经验的基础上，紧密结合本届中阿博览会"弘扬丝路精神，深化中阿合作"为主题，宁夏党委宣传部、网信办经讨论研究，提出了首届网上丝绸之路论坛的主题、主要目标、框架设计、组织机构等。经报请自治区党委、政府主要领导审定同意，2015年3月17日，《2015网上丝绸之路论坛活动建议方案》由自治区党委、政府报送国家网信办。

在国家网信办和自治区党委主要领导的帮助指导下，经过多次对接、调研、联络、沟通和"头脑风暴"，经中阿博览会执委会和宁夏党委宣传部专题会议数次讨论研究，经十余次修改完善，《2015网上丝绸之路论坛总体方案》最终出炉。

2015年5月22日，召开2015网上丝绸之路论坛筹备协调会。会议明确任务分工，论坛以"网上丝路·互联互通"为主题，以服务国家战略、展示科技成果、搭建经贸平台为主要任务，以网络安全管理、电子商务发展、大数据云计算应用为核心内容，采取"1+2"活动框架：由宁夏党委网信办牵头承办"网上丝绸之路主论坛"，银川市、中卫市分别承办"电子商务发展分论坛"和"新一代云计算分论坛"，自治区网信办负责总体联络协调。

充分调动全国媒体力量

2015年9月11日，阴沉多日的天空骤然晴朗，呈现出一片纯净通透、令人着迷的"中阿蓝"。2015年中阿博览会盛大开幕，网上丝绸之路论坛也如期召开。两天时间里，来自包括10余个阿拉伯国家的800余位中外嘉宾出席，30余位嘉宾分别在主论坛、分论坛发表演讲，论坛实现签约项目 16 个，签约金额 296.89 亿元。主论坛进行了电视、广播、网络直播，60 余家中外媒体百余位记者到会报道。

本次除了以"网络丝路·互联互通"为主题的主论坛外，还有以"电子商务暨卫星应用发展"为主题的银川分论坛和以"新一代云计算"为主要研讨内容的中卫分论坛。9 月 11 日上午的银川分论坛，吸引了中外嘉宾 300 余人，10 位中外专家学者及企业家代表围绕"中阿网上丝绸之路、电子商务发展、卫星应用发展"等内容作了主题演讲。当天下午的中卫分论坛选择了"新一代云计算"这一契合国家政策、产业发展和中卫实际的内容为论坛主题，吸引了众多专家、客商和云计算界人士的关注和参加。

为了给论坛营造氛围、吸引关注、展示成果，筹备组精心策划了《打造中阿网上丝绸之路，宁夏互联网＋在行动》系列报道，8 月中旬陆续在宁夏日报、宁夏广播电视台刊播，产生积极反响。开设中阿网上丝绸之路微博话题，及时推送相关信息，阅读量超过了 900 万。

为了扩大论坛影响，国家网信办专门印发网上宣传报道方案，协调电视、网络直播，组织网上宣传报道、全网推送重点稿件，论坛期间还专门成立工作组，协调国内外记者赴宁，统筹指挥论坛宣传报道，充分调动全国网络媒体力量，掀起宣传报道热潮。在中宣部、国家网信办的支持指导下，博览会宣传报道组组织协调 50 余家中外媒体对论坛各项活动积极宣传报道，刊发稿件百余篇，网站转载近 30 万次。充分利用网站、微博、微信、移动客户端等平台推送论坛新闻，以宁夏发布为龙头，带动银川市政务微博及宁夏主要媒体微博推出"网上丝绸之路论坛"微博话题，阅读量突破 900 万，7000 余人参与讨论，受到国内外广泛关注。

经过 4 天紧张忙碌，工作人员克服各种困难，紧急排除各种意外，确保论坛圆满完成各项议程，实现预期目标。论坛积极宣传了我国互联网发展和网络空间治理理念，开辟了国家在互联网领域向西开放的重要平台，丰富了中阿博览会的内容成效、扩大了与阿拉伯国家沟通交往的领域，受到社会各界广泛关注，得到领导嘉宾一致好评。

网上丝路引国内外共鸣

打造网上丝路宁夏枢纽工程，也引发了各方演讲嘉宾的强烈反响。"'网上丝路宁夏枢纽'是个很好的目标，值得宁夏政府、企业、人民去共同努力，我们也愿意为这个目标的实现献计献策。"中国工程院院士、中国科学院计算技术研究所研究员倪光南认为，要实现这一目标，至少要做好五方面工作，一是基础设施的保障，二是产业企业的支持，三是大数据的支撑，四是政策法规的扶持，五是安全方面的保证。

腾讯研究院首席经济学家、产业与经济研究中心主任孟昭莉在接受记者采访时表示："'网上丝路宁夏枢纽'的说法是有其科学依据的，首先宁夏'互联网＋'的发展是非常突出的，在腾讯'互联网＋'指数中排名第九，加上在'一带一路'西北六省区的布局图中，宁夏也是西北六省的重中之重，所以宁夏在'网上丝绸之路'（尤其是西北段）上应该是最重要的一个节点。"

阿拉伯国家与会代表也表达了相似观点。印度印孚瑟斯技术（中国）有限公司中国区副总裁巴斯卡指出："网上丝绸之路是传统丝绸之路的发展和创新，增加更加丰富、独特的新内涵，关键是要创造大数据平台的综合物流、信息流、资金流，为各种货物运输提供海关、出入境检验检疫、金融、咨询、翻译及其他一站式信息资源和服务。"

世界因互联而美好，生活因网络而更加精彩。如今，网上丝绸之路的风帆已经扬起，中阿博览会网络丝绸之路论坛充分利用中阿博览会这一国家战略平台对接国家"信息丝路"计划，为中阿交往缔造了安全、顺畅、有序的互联网合作平台。

论坛裂变效应　造福中阿人民

国家网信办把网上丝路宁夏枢纽工程和中国—东盟信息港列为同等地位，南北呼应，配合促进"一带一路"建设，积极打造"网络空间命运共同体"。为扩大论坛成效、加快枢纽工程实施步伐，推动中阿在互联网领域的沟通了解和务实合作，2016年1月，国家网信办和宁夏党委网信办一行6人，赴约旦、沙特和阿联酋3国访问，先后拜访了约旦投资署、约旦通信监管委员会与约旦信息和通信技术部、沙特通信和信息技术部、阿联酋电信管理局等部门，就加强中阿互联网信息技术和经济合作等双方共同关心的话题进行深入会谈。此次调研访问得到阿方高度认可，被评价为落实习近平总书记出访成果的重要举措，代表团和三个国家的多个机构在互联网投资合作、数字经济合作、互联网投资论坛、网络安全和物联网交流合作、互联网内容监管、人才培养合作等领域，达成一致意向。

宁夏回族自治区党委、政府全力推进网上丝路宁夏枢纽工程。2015年10月，宁夏党委、政府向国务院汇报宁夏有关工作，中阿网上丝绸之路建设等有关内容得到高度关注，按照国务院领导批示，国家网信办、国家发改委等部委牵头、自治区积极配合，组织力量积极研究推进；11月，自治区召开专题会议，召集发展改革委、经信委、网信办、信建办等部门研究中阿网上丝绸之路和网上丝路宁夏枢纽工程建设，自治区网信办抓紧起草《中阿网上丝绸之路宁夏枢纽工程建设草案》，广泛征求意见，不断细化完善；2016年1月，宁夏"两会"审议通过政府工作报告，网上丝路宁夏枢纽工程被列入2016年重点工作；自治区"两办"印发《关于建立自治区领导同志牵头推进重大项目工作"6+4"机制的意见》，网上丝路宁夏枢纽工程作为重大信息基础设施建设项目之一，由自治区政府分管领导牵头重点推进，自治区党委网信办统筹相关部门具体实施；2 月，自治区政府召开信息化工作专题会议，明确全区信息化建设专项经费重点支持网上丝路宁夏枢纽工程。

一场论坛裂变效应终将开花结果，网上丝路宁夏枢纽工程必将促进中阿网上丝绸之路加快建设，带给宁夏、中国和阿拉伯国家更多的发展机遇，也必将造福"一带一路"沿线更多的人民。

 幕后故事

小省区办大事情

宁夏有句老话叫"小省区办大事情"。虽然宁夏互联网发展还不够充分，但是应了宁夏这句老话，他们办成了"大事情"。自治区网信办同志表示："在互联网领域我们小省区也要搞一张大网，搞一个大平台。这是我们的设想，也是我们的理想。"为此，作为承办方之一，他们的筹备工作可谓呕心沥血，光是一本论坛宣传册，就花费了大量的心思。

邀请有影响的演讲嘉宾

面对诸多工作，各承办单位一点点梳理、一步步推进、一项项落实。为了拟定邀请嘉宾名单，自治区党委网信办一边多方了解查询，一边向中央网信办、外交部、商务部、自治区商务厅、自治区外事办咨询。经过多天筛选，一份涵盖阿拉伯国家信息化主管部门官员、国家部委领导、国内知名企业、科研机构、主要网站负责人等 200 多个拟邀请嘉宾姓名和联系方式的名单终于完成。

为了邀请到有影响的演讲嘉宾和主持人，自治区网信办同志多方联系，想尽办法。经过不懈的努力，中国人民大学时任校长陈雨露、中国工程院院士倪光南、印度印孚瑟斯技术（中国）有限公司副总裁巴斯

卡、卡塔尔贾巴尔集团主席穆罕穆德·苏丹·贾巴尔、中国宽带资本董事长田溯宁、华为技术有限公司副总裁蒋亚非、马来西亚（中国）商贸有限公司董事长夏宝文、腾讯研究院产业与经济研究中心主任孟昭莉以及中央电视台知名主持人康辉、王梁终于敲定。苏丹投资部次长沙瓦尔、黎巴嫩投资促进局总局长胡特伊特也在论坛即将召开前确认出席。

论坛的总体执行方案、筹备工作手册随即完成；分论坛的承办方案、执行时间表也在紧锣密鼓有序制定。论坛的前期策划筹备工作基本就绪，各项工作稳步推进。

物业人员从抱怨到佩服

为了筹办好此次论坛，国家网信办、宁夏党委宣传部专门成立了由国家网信办信息化发展局、国际合作局、宁夏党委宣传部、政府办公厅、公安厅、商务厅、外事办、博览局、信建办、通管局及银川市、中卫市有关领导组成的筹备工作领导小组，负责统筹各方力量，协调指挥筹备工作；成立了筹备工作领导小组办公室，负责落实具体筹备任务；由宁夏党委网信办全体干部及宁夏党委宣传部抽调人员组成综合协调、新闻宣传、接待联络3个工作小组，由自治区党委宣传部同志指挥并配合开展工作。

办公地点紧张，部领导从自治区档案局协调了几间办公室；没有设备，大家因陋就简，搜集和修缮了旧设备投入使用。自治区档案局523房间贴出"网上丝绸之路筹备组"标示牌。从7月中旬到9月中旬，523房间的灯光经常亮到深夜甚至凌晨。一开始大楼物业管理人员不理解甚至抱怨，什么单位工作这么忙？到后来他们习惯甚至佩服了，碰到夜归的同志便热情招呼："辛苦了，路上注意安全！""多注意身体啊！"

明确分工　细化到人

2015 年 7 月 27 日，国家网信办召开办务会，听取论坛筹备情况汇报，对论坛总体方案给予充分肯定，安排相关司局全力支持论坛嘉宾邀请、电视网络直播和网络专题宣传工作。论坛筹备全面启动，进入具体实施阶段。

各项工作的推进紧张有序，有条不紊。论坛筹备小组的人员明确分工，细化到人。专人发送邀请函并对接落实，专人与各国驻华使馆及国外嘉宾联系，专人对接落实境内嘉宾，重要嘉宾实行一对一联络；与自治区博览局密切配合，确定会场、酒店、车辆的落实；有车的同志负责市内取送相关材料，文字功底好的同志负责各类文案报告，有宣传工作经验的同志负责总体宣传部署，活动经验丰富的同志负责接待手册的编制……统计汇总嘉宾信息、收集整理演讲稿件、安排食宿车辆、落实会场布置、确定行车线路、编印会务手册、撰写讲话稿主持词、整理宣传背景资料、联络媒体记者，事无巨细、一个都不能马虎。凭着广博的专业知识、扎实的业务功底，一个含义丰富，线条优美，色调明快的中阿网上丝绸之路 LOGO 在设计人员脑海中跃然跳出，经专业公司设计制作，一经推出便广受好评。

一份风格清雅、印制精美，汇集论坛信息、领导重要论述、媒体重点报道于一体的论坛会刊，在相关同志的设计构思和亲自监督下制作完成。当样书摆在自治区网信办领导面前时，他眼睛一亮，连连点赞。自治区宣传部领导翻阅后，紧皱了几个月的眉头终于舒展了，笑着说：“看到这个册子都做得这么好，我就放心了。”

黄金地段的文化引擎

——中国甘肃网"一带一路看甘肃"活动

【导读】

　　"一带一路"是中国新一轮对外开放的大战略，而纵深1600公里长的甘肃是"丝绸之路经济带"的黄金段、大通道，无疑成为国家建设"丝绸之路经济带"主要省份。2015年9月30日，由甘肃省网信办主办，中国甘肃网承办的"一带一路看甘肃"——2015全国百家网媒丝绸之路行活动在敦煌正式落下帷幕。本次媒体行历时10天，全国50多家重点新闻网站的60多名记者用手中的镜头、细腻的文字，并利用各大网站、微博微信、移动客户端等方式，充分宣传报道了甘肃省的大美风景以及"一带一路"建设成果。"一带一路看甘肃"，让我们全方位领略"丝绸之路三千里，华夏文明八千年"的文化风貌，感知悠久厚重的文化底蕴，领略到了古丝绸之路上的独特风光。

　　此次百家网媒丝路行的最终目的不是报道甘肃的大美风景、文化风貌，而是致力于对接"一带一路"上最核心的价值——"民心相通"，借助文化认同与沿线国家进行政治、经济、文化多层次的交往，展现中外友谊和传承。

　　关键词：一带一路　新甘肃　民心相通　中国甘肃网

《"一带一路看甘肃"——2015 百家网络媒体丝路行》专题页面截图

聚合新媒体的传播优势　共话"一带一路"新甘肃

　　"一带一路"战略的实施为甘肃迎来全新的发展机遇，它作为全国最早制定出台"丝绸之路经济带"建设方案的省份，三年来积极按照国家赋予的"构建我国向西开放的重要门户和次区域合作战略基地，丝绸之路经济带重要组成部分"的战略定位，倾力打造"丝绸之路经济带"甘肃黄金段，在加强政策沟通、设施联通、贸易畅通、资金融通、民心相通等方面创造性地开展工作，一些重点领域取得了突破性进展。在这一大趋势下，作为世界了解甘肃的窗口中国甘肃网，在积极宣传甘肃推进"一带一路"建设取得的重要成果进展方面开展了多方位的实践探索。为更好地传播丝路文化，推进"一带一路"建设，并依托甘肃省地理区位、历史文化、旅游资源等优势，运用新媒体强大的传播优势和全国网络媒体报道的聚合力，向外推介"精品丝路·绚丽甘肃"品牌，扩大文化交流与合作。甘肃网信办尝试把客人"请进来",由原来的独自发声变多方联动,借力聚力,借助全国新媒体的传播优势,特推出"一带一路看甘肃"——2015百家网媒丝绸之路行,全面深入报道甘肃"一带一路"建设新亮点和发展新成就,讲好"一带一路"上的甘肃故事。

2015年7月,中国甘肃网联合甘南州委宣传部,举办"2015全国百家网媒甘南行"活动,开始了第一次"请进来"的尝试。活动邀请到全国和中央驻甘、省内主流新闻网媒共52家,在7月9日至17日深入甘南合作、迭部、玛曲、舟曲、碌曲、临潭、夏河、卓尼8个市县进行采访,活动取得了良好效果,共计发稿683篇,点击量约1560万次;新浪微博#百家网媒甘南行#话题发布300余条,阅读量218.9万人次,评论1516条;发布微信2800余条,访问量最低估值210万;新闻APP发稿量400余条,访问量300万次。所有PC端、微博、微信、H5、客户端的访问量总计超过2493.9万。

这次活动聚合众多网络媒体宣传甘肃,影响大,效果好。为更好地讲好"一带一路"上的甘肃故事,甘肃网信办决定再次举办主题活动的形式,邀请全国百家网络媒体一道,探访甘肃丝绸之路沿线各地在融入"一带一路"战略中的做法、进展、成效及丰厚的历史文化和独特的旅游资源。

2015年9月20日,"一带一路看甘肃"——2015全国百家网媒丝绸之路行活动正式启动,来自中青网、中国台湾网、中国西藏网、东方网、南方网等全国网媒界的60位媒体记者从兰州出发,途经天水、武威、张掖、嘉峪关、敦煌、酒泉等丝绸之路沿线重点城市进行采访,历时10天,跋涉4500公里。沿途采访,对甘肃省地理区位、历史文化、旅游资源等优势进行了深度挖掘,利用微博、微信等各种新媒体形式,全面展示"一带一路"战略给甘肃带来的活力和机遇,集中"火力"讲甘肃故事。

"民心相通" 黄金地段的文化引擎

在"一带一路"发展战略中，甘肃的历史、地理位置，决定了其通过文化的力量寻求发展机遇的可行性。在 10 天的时间里，全国百家网媒采访团的记者们长途跋涉穿行数千公里，从甘肃兰州新区到天水，再一路向西进入河西地区，采访团的记者们了解了天水的社会经济发展状况，参观了伏羲庙、麦积山、花牛苹果产业基地；进入中国葡萄酒城武威，参观现代化企业甘肃寿鹿山药业有限公司，了解先进的理念和企业文化；走进丝路明珠金张掖，参观焉支山、张掖大佛寺、丹霞地貌等名胜风景区；踏上万里长城西端起点天下第一雄关——嘉峪关城楼，用现代人的方式重新感受历史；奔赴塞上明珠——阿克塞，观风景看表演，了解哈萨克族的风情文化；在大漠敦煌，参观世界文化遗产莫高窟，重读尘封千年的历史记忆，并在鸣沙山赏月过别样中秋节。

"一带一路"提出要实现"五通"，其中有一点是实现"民心相通"。作为一项沟通多元文化和众多国家的重大战略构想，"一带一路"能否获得成功从根本上取决于民心能否相通。

要实现和所交往国家的共建、包容、理解、合作、共赢，需要有相互认识、相互沟通、相互交流、相互认同的过程。文化认同更容易引起共鸣、方便沟通，在文化先行的前提下，甘肃实施"一带一路"的其他战略如基础设施建设、贸易往来等，会相对顺利地和沿线国家达成合作。

网络媒体，正是促进民心相通、增进国家间了解互信、推动文化互融互鉴的重要桥梁和纽带，可以通过互联网的方式，超越文字、语言上的隔阂，实现信息资源互联互通，实现跨境信息服务创新发展。为此，甘肃省正在建设华夏文明传承创新区这一平台。这是甘肃文化强省战略的重要内容，其中包括：抓祖业，即对文物进行有效的保护、挖掘、整理、传承、再现、利用等；抓事业，即让改革开放的成果通过文化惠及千家万户，特别是边远落后的农村基层；抓产业，即要把文化产业逐步打造成甘肃省经济发展的新兴产业和支柱产业。

"一带一路" 通达天下则百业兴旺

"一带一路"战略蕴含"通达"之意，通则勾连四方，达则百业兴旺。2014 年 5 月，借助国家实施"一带一路"战略，被推到向西开放"前沿"位置的甘肃，及时制定出台《丝绸之路经济带甘肃段建设总体方案》，以落实"五通"为重点，拉开甘肃"丝绸之路经济带"建设的大幕。后来又编制《甘肃省参与丝绸之路经济带和 21 世纪海上丝绸之路的实施方案》，进一步细化全省"丝绸之路经济带"建设的发展目标、战略布局、重点任务和项目清单。

根据两个《方案》，甘肃省确立在"一带一路"建设中的战略定位：向西开放的纵深支撑和战略平台、丝绸之路的综合交通枢纽和黄金通道、经贸物流合作的区域中心、产业集聚和合作示范基地、人文交流合作的桥梁和纽带。

采访团选取兰州新区、天水国家农业科技园区、张掖电子商务创业园等地进行采访，深入挖掘甘肃在转方式、调结构、实施创新驱动方面的新突破，在深化改革扩大开放、激发市场活力方面的新成效，在扩大有效需求、释放发展潜力方面的新举措，进一步提振信心，为继续保持经济平稳健康发展助力。

历时十天，活动结束，全国 50 多家重点新闻网站的 60 多名记者用手中的镜头、细腻的文字，并利用各大网站、微博微信、移动客户端等方式，充分宣传报道了甘肃省的大美风景以及"一带一路"建设成果。中国西藏网冯登宁、中国日报网杨帆获得本次活动的一等奖。此次颁奖经过严格评审，由主办方分别评出新闻宣传贡献一、二、三等奖和微博微信达人银、铜奖并颁发荣誉证书，来自24家媒体的记者获奖。

网媒联动　全媒体融合报道扩大对外影响力

"'一带一路看甘肃'——百家网络丝绸之路行"是甘肃新闻宣传、网络宣传工作中的重大主题活动，也成为甘肃对外宣传的重要平台。这一平台充分发挥媒体优势，集中展示甘肃建设"一带一路"的新思路、新进展、新举措、新气象，为"一带一路"的深入推进提供强有力的舆论支持。

采访团记者从不同角度、以不同形式积极宣传推介此次丝绸之路行的所见所闻所感，该融合报道以扎实的采访，借助多重移动互联网技术，在报道方式上，重点突出"融合"理念，将新闻报道、政策解读和深度调研等多种报道形式相结合，"两微一端"等多种媒体形态相融合，力求实现中国网络媒体甘肃行历史上最大范围的"融合"宣传报道。

同时，这次活动是在丝绸之路黄金段进行的持续时间最长、报道最全面、挖掘最深入、参与媒体最多、发稿量最大、影响力最深远的一次全媒体融合报道活动。数据显示，本次网媒行所有PC、微博、微信、H5、各网站新闻客户端总访问量超过3900万，取得了良好的宣传效果。

东方网、浙江在线等十余家新闻网站同步开设"一带一路看甘肃"中文版网络专题，中国日报网开设全英文主题，专题数量达到42个，发布原创稿件620余篇，点击阅读量约1390万次。同时，在各网站首页开设专题入口，各网站原创稿件以图文并茂的形式报道采访沿线各地的历史文化、经济社会发展现状，充分展示了甘肃"一带一路"发展成果，同时，网媒之间开展联动，同步转载所有稿件，形成宣传报道强大合力。

采访团成员及时将沿路观感通过微博、微信及时发布，共同参与#百家网媒丝绸之行#话题讨论，共发布新浪微博418条，话题点击阅读量达 230 万人次，参与评论 3680 人；发布腾讯微博 315 条，点击阅读量 196 万次；微信朋友圈分享 1900 余条，访问量最低估计 380 万；新闻 APP 发稿量 480 余条，访问量 520 万次。

 **幕后故事**

河西走廊的历史，既是中国人的历史，也是全人类的历史。文化的形成、宗教的传播、贸易的往来都是中西方交流的结果，所以它具有高度的国际传播价值和适应性，展现了历史，展现了中国友谊与传承。

故事一　历史与文化　传承与创新

甘肃自古就是丝绸之路的必经之地，拥有厚重的历史文化。本次活动除了深入挖掘丝绸之路黄金段上深厚的文明和文化底蕴，还注重把文化产业发展的现状、理念和思路融入参访路线，体现甘肃对文化凝聚力的重视和对文化软实力的关注。甘肃丰厚的历史文化底蕴早已为众人所熟知，中国甘肃网则想让当下甘肃文化创意产业的发展状况为更多世人所知晓。

参访期间，中国甘肃网组织采访团成员沿途参观了"全球华人寻根祭祖圣地"天水伏羲庙、麦积山石窟、"陇上古刹"南郭寺、张掖大佛寺、世博会发祥地焉支山、张掖丹霞地貌、天下第一雄关嘉峪关、敦煌莫高窟、鸣沙山、月牙泉，让记者团成员亲身体验甘肃深厚的文化底蕴。在陇东南历史文化区典型代表天水清水县，记者团们采访了清水轩辕文化产业发展情况，了解了清水道教音乐、剪纸和庞公玉等 22 项非物质文化遗产保护项目及"轩辕故里""轩辕文化之乡""中国民间文化艺术之乡""中国温泉之乡""充国故里""非子封邑""魏晋古城"等文化品牌，深入挖掘轩辕文化内涵。

　　坐落在河西走廊西端的敦煌，以精美的壁画和塑像闻名于世，敦煌莫高窟则被誉为 20 世纪最有价值的文化发现。但同时，莫高窟因为游人与日增多，随着时间的变化发展，室内二氧化碳的积聚，很多壁画已经剥落或者破损、退化。因此，莫高窟的守护者们不断探索"发展与保护"这一核心问题，经过十年时间的研发，完成了用现代化和高科技手段拍摄的高清球幕电影《梦幻佛宫》，在敦煌莫高窟数字展示中心，记者团成员观看了这一部完全真实地再现莫高窟洞穴艺术的经典代表作品，让人如同身临其境，电影画面中塑像神态形象逼真，壁画色彩亮丽，细腻传神，栩栩如生，有极强的视觉冲击力。

　　莫高窟"数字洞窟＋实体洞窟"的参观模式将文化资源的合理保护、永续利用和创新发展三者统一，在保护的前提下进行文化资源的开发和创新展示。这一做法也得到了采访团记者的认可和赞赏，好的经验和做法值得去推广和传播，而甘肃网信办也在利用这样的机会，让省外网媒多宣传推介甘肃文化产业发展的优势，吸引更多目光关注甘肃，更多技术集聚甘肃，更多人才来甘肃创业发展。将一个日新月异、奋发向上、开拓创新的甘肃展现在更多受众面前，促进了甘肃对外的信息沟通、文化交流，让甘肃更开放地走进世界的视野，让世界更全面深入地了解甘肃。

故事二　展示科技创业创新成果

　　另一方面，中国甘肃网围绕科技创业创新主题选取参访点，以图折射出甘肃重视科技创业创新的成果与实效。选取了中国第五个国际级新区，西北第一个国际级新区兰州新区为采访点，这里作为兰州、西宁和银川三个省会城市共生带的中间位置，是"丝绸之路经济带"上的重要节点。这里是国家向西开放的新门户，也是中国西部与国内中原地区，以及国际交流往来的重要窗口，具有代表意义。在兰州新区，采访团前往兰石集团、兰州新区综合保税区以及水性科技产业园等地进行了采访。

兰石集团是甘肃能源装备制造业转型升级的典型代表，兰石集团的转型升级作为一个小窗口，正折射出甘肃传统产业转型升级的新变化。作为新中国第一批重工业企业，兰石集团在发展过程中遇到了资源枯竭、企业体制等问题，经过转型升级，兰石集团实现了内部结构的股份制改造，推动企业走入健康、快速的发展轨道，实现产能的极大提升，以兰石集团能源装备研究院为支撑，在深部石油钻采、大型智能海上石油钻采工程、页岩气、可燃冰、特大型智能化炼化装置、煤化工、核电等新能源装备方面谋求新突破。

如何利用当地优势做好创业引导，如何借助于"互联网＋"来推广众创空间，在甘肃省天水市清水县，当地深入贯彻落实甘肃精准扶贫电商支持计划，依托天水农校职业教育资源，实施校地联建"互联网＋"行动，创新探索创客空间、创业咖啡、创新工场等新型孵化模式，建成的集创意策划、创业培训、宣传推介、业务洽谈、网店营销为一体的创新创业孵化园。当地按照把创客培养成老板和专家的"双培育"思路，借助众创空间人才、技术优势和农校师资、生源优势，优先将2100多名农校在校学生培养成电商专业人才，推行"1＋1＋N"农村电商人才培训模式，引导更多贫困群众学习电商、开办网店，主动融入"互联网＋"行动中来。因此，此次活动还选取天水市清水县创新创业孵化园这一典型采访点，来显现甘肃在"互联网＋"产业发展方面的探索与实践。

除此之外，还选取了天水国家农业科技园区、张掖电子商务创业园等地进行采访，这些采访点的选取，让采访团记者们实地感受甘肃科技创业创新的"气场"，展现甘肃科技创业创新的坚实步履，也应了新闻媒体逐新闻、求特色的内在需求，赢得了采访团的好评。

本次大型采访活动深入挖掘了甘肃在转方式、调结构、实施创新驱动方面的新突破，在深化改革扩大开放、激发市场活力方面的新成效，在扩大有效需求、释放发展潜力方面的新举措，进一步提振信心，为继续保持经济平稳健康发展助力。

通过这次活动，中国甘肃网建立起了与省外媒体文宣交流的合作平台，与省外媒体的密切联系有了新突破。这将有利于提高我省对外宣传的力度以及在省外的知名度，扩大甘肃在省外的影响。同时，也吸取了网媒记者们关于甘肃发展建设的意见建议。这些宝贵的意见和建议，对于更好地推进甘肃经济社会发展具有重要的参考价值。

如今，处在"一带一路"建设重要节点位置上的甘肃正以新貌示人。这次活动既让更多的人重新认识了这条新丝路，又让甘肃知名度和影响力显著提高，很好地展示了中外友谊与传承，让丝绸之路黄金段的品牌更加响亮，为推动甘肃内陆开放高地建设营造良好舆论氛围。

凝聚海外正能量　同圆中国文化梦

——中国新闻网、中国侨网"春节文化走出去"中的好故事

【导读】

文化是人类共通的，是民族的同时也是世界的，最精华的文化从审美的角度来讲是没有国界的，如今，随着华人的脚步遍布全球，中华文化正以崭新、开放的姿态展示在世界面前。沉积古老中华文明又融合时代精神的春节文化，正成为中国向世界传递喜庆祥和气氛的重要媒介，达到与世界各国民众共同交流、交融的目的。

"文化中国·四海同春"活动于2009年春节期间正式启动，7年间累计向海外109个国家和港澳地区派出52个文艺团组，在全球223个城市演出320场，观众总数超过412万人次，中国新闻网、中国侨网开通专题页面进行报道。无论是报道"四海同春"文化访演，还是推出"年味儿"征集等春节系列文化品牌活动，抑或中国侨网联合美国《侨报》等海外11家华文媒体共同推出《你在他乡还好吗?》视频专题活动，在营造中华文化"走出去"、全球都过"中国年"的喜庆氛围中，收获更多的不仅是形形色色的好故事，还满足了海外侨胞精神需求，增进了世界人民对中华文化的了解和认知，增强了国家软实力和中华文化国际影响力。

关键词：海外侨胞　文化中国·四海同春　中国新闻网　中国侨网

《2015年"文化中国·四海同春"活动》专题页面截图

一、全程采访专题报道　文化认知没有国界

人类世界是一个由多元文化组成的社会，多种文化的存在构成了丰富多彩的世界，多种文化模式之间的交流、沟通和互动，也是人类文化发展的基本动力。走向世界的华人华侨宛如中华文化的使者，把中国文化带到了大洋彼岸，同时，乡音难忘，乡情难舍，遍布五洲四海的华人华侨无时无刻不在用自己的方式思念着东方沃土。万水千山总是情，中国新闻网、中国侨网通过报道"四海同春"文化会演，推出"年味儿"征集等一系列策划，在把中国故事传播到海内外的同时，也将海外游子的一份深情带回了家。

五千年的积淀，孕育了独具一格的中华文化，它伴随着一代又一代中华儿女的成长；它让全体华夏子孙，在这片肥沃的土地上产生了共同的文化认同感和归属感。随着世界交流的愈加密切，中华文化在不断地推陈出新中，以更稳健的步伐走向更宽广的世界舞台，感染熏陶着世界各国人民。

"文化中国·四海同春"活动，与其说是一次大型文化访演，倒不如说是一次邀约，邀请世界各地的人与中华儿女，共度新春佳节。国侨办副主任何亚非曾表示，"多年来，以'四海同春'为核心的'文化中国'系列活动，不断推出真正体现民族特色、彰显国家意识形象的文化精品，推动构建和谐侨社、弘扬中华文化、增进中外交流。乡音、亲情、欢乐，固根、壮魂、圆梦。一场场演出，一次次交流，让世界读懂中国密码，让中华民族的血脉在五洲四海生生不息"。"文化中国·四海同春"文化访演活动，是一个让中华文化走向世界的重要窗口，通过这个窗口，侨居在外的炎黄子孙华夏儿女，可以寻到一份心灵的慰藉，细嗅到故土母亲的熟悉味道；而世界各地的人民，也可以通过这样的文化展示，感悟到中华文化的博大精深、源远流长。

2016 年"文化中国·四海同春"活动组织了 9 个艺术团和 1 个艺术小组，分赴欧洲、亚洲、非洲、大洋洲、北美洲和南美洲 22 个国家及港澳地区 42 个城市，演出 53 场，演出内容包括歌舞、声乐、器乐、戏剧、武术、杂技、魔术等多种艺术形式，与此同时，"文化中国·四海同春"2016 全球华侨华人春节大联欢晚会于北京时间 2 月 8 日（农历正月初一）19：35 在湖南卫视、湖南交通广播频道同步播出，中国侨网也直播了该场晚会，众多网友得以观看。

以"全球华侨华人的网上家园"为目标的中国侨网，在全方位报道"文化中国·四海同春"活动的过程中，还派出了各路记者进行专访，并发表了多篇专访文章，开通了专题页面，专题页面中，设置了"头条""滚动新闻""访演速递""各团动态""明星对话间""高清图集""精彩视频""微信精选"等多个栏目，全方位报道，第一时间将精彩内容传向全球华人，引起广泛关注和热烈反响。

地理区域有界限，但文化认知没有国界。世界各地的人民，都可以欣赏东方文化，字正腔圆的京剧、无为而治的道家、与人为善的儒学，等等，它们无一不以独特姿态，展现着东方文化的独具匠心，感染着千千万万的世界人民。在广袤无垠的天地中，我们都是沧海一粟。而在文化传播中，我和你都无限倍地被扩大，不是文化在选择我们，而是我们在选择文化，感知文化，传递文化。

"我们侨胞登上'四海同春'的舞台，从过去的观众变成如今的参与者，感到无比荣耀，'四海同春'已经真正成为我们海外侨胞与祖国亲人共同的新春盛会。"悉尼华星艺术团舞蹈演员余思嘉如是说。可以说，以"四海同春"为核心的"文化中国"系列活动坚持精益求精、服务侨胞，不断推出饱含民族特色、代表中华文化的艺术精品，在慰问海外侨胞、构建和谐侨社、弘扬中华文化、促进中外人文交流等方面发挥了重要作用。

二、从华二代到华文学校　脚行五洲四海心系华夏土地

《易经》有记载："上古结绳而治，后世易之以书契"；然后是书画同源，远古人通过图形或绘画来传递信息；再到殷商时代的甲骨文，初步形成我国文字符号体系；最后秦始皇统一中国实行"书同文"，中华文化初具雏形。从结绳而治到现在的电子媒介大众传播，历经上下五千年，才有了如今稳定成熟的中国文化。随着时代的发展进步，交通越来越方便，经济往来愈加密切，文化交流更为深入，世界宛如一个共同体存在。在华人华侨频繁现身世界舞台，更多的中国人奔赴异国他乡的背景之下，也有人疑惑：长期接受外来文化熏陶的华人华侨，是否还记得中华文化是他们的根？所幸，答案是肯定的，无论身在何处，跋涉过多

少山和水，中华儿女心里那股对故土认知的热血，依旧流淌。

中华文化中，春节可以算作是最浓缩也最典型的中国文化，在侨网开展的"海外华侨华人身边的年味儿"征集活动网上启动一文中，侨网真情满怀地写道，"俗话说，过了腊八就是年。春节是中华民族的传统佳节，远在海外的您今年是和谁一起度过呢？还记得在他乡的第一个春节是如何度过的吗？身边又有哪些人和事让您感受到节日的氛围？也许是约上三五好友，逛逛唐人街，共话过去的一年；或是和家人围坐一桌共享团圆饭，拍一张和美的'全家福'……近年来，春节在海外影响力逐渐扩大，作为海外华侨华人，您身边有哪些关于过年的元素？您如何参与住在国春节的活动？欢迎和中国侨网一起，寻找您身边的'年味儿'，讲述在他乡您与春节的故事。我们将把这些'年味儿'故事汇集起来，在中国侨网新春专题页面上予以展示，与您一同留住美好记忆"。

亲切的话语，引海外侨胞纷纷加入。其中，侨网工作人员，收到了一位母亲发来的自家宝贝的照片。照片中一位身穿红色中式旗袍的小女孩，中美混血儿 Kayla，一个 5 岁半的混血萌娃。手里举着用毛笔写就的书法"福"字，兴高采烈地摆出各式各样可爱的造型。她的妈妈是中国人，爸爸是美国人，一家人生活在美国洛杉矶。而之所以拍下这样一组照片，也是因为 Kayla 看到 86 岁的姥爷为迎接中国的农历新年用毛笔写下一个个"福"字，小姑娘对此产生了浓厚的兴趣。

尽管从小生活在美国，长期接受美国文化的教育，但当充满中国气息的符号出现时，Kayla 心中那份源自故土的情怀一下被点燃，对中华文化的认同感油然而生。从参加时代广场举办的"遇见中国"旗袍秀，以及在洛杉矶举办的庆祝中国国庆晚会上演唱《Whatever Will Be, Will Be》中美建交舞台上的演唱，众多的活动中，Kayla 化身成了中华文化的小小传播者，让西方人感受到中国文化的魅力。

了解了小 Kayla 的经历，我们不禁感慨，在中国文化"走出去"的过程中，海外华人的文化传承作用是不容忽视的。华人父母给孩子讲述中国故事，使孩子不忘血脉根本。而华二代、华三代们作为所在国的新生代力量，以自身对中华文化的理解和兴趣带动着身边的人，将中国故事用当地人更容易接受的方式娓娓道来，更具包容性，也更加"接地气"。

在"年味儿"图片征集过程中，芝加哥的一所华文学校提供了图文并茂的"年味儿"大片。芝加哥中国文化学院致力于向主流社会推广传播中华文化，猴年春节来临之际学院举办了"学包饺子　喜迎新春"活动。近百名美国朋友携家带口来到学校，儿童们身着旗袍盛装出席，整个校园内都洋溢着过年的喜庆氛围。现场由学校的老师首先示范包饺子的手法，外国朋友们认真观看过后，自己也纷纷进行实践，一丝不苟地还原着老师教过的步骤。许多外国朋友在包好一个饺子后，还兴奋地拿着自己的"杰作"与身旁的同伴交流，比比看谁包的饺子更好。一阵忙碌过后，包好的饺子下了锅。外国朋友们很多是第一次接触到筷子，还不知道如何使用，纷纷向中国老师请教，老师也手把手为大家示范筷子的握法。席间每个人还收到了学校准备的红包，大家手拿红包合照，脸上洋溢着过年的喜悦。

据了解，该学院每年春节前都举办类似的活动，这项活动已经举行了12年之久，先后有1000多名美国人参加。学院总监杨帆说，由于当地"中国热"方兴未艾，今年特地举办两次活动。

很多外国人都对中国文化有着浓厚的兴趣，而散落在世界各地的海外华文学校为各地的外国朋友们提供了一个了解中国及中国文化的平台，他们举行的很多活动，无不成为在海外讲好中国故事的万千缩影。虽然是小小的一点光，但我们欣喜地发现，有华人的地方，就有这样的光点在闪烁着，在异国他乡，照亮文化交流之路。

三、视频聚焦　你在他乡还好吗

春节前夕，中国侨网联合美国《侨报》西班牙欧华网、《中希时报》、缅甸金凤凰中文网、日本《中文导报》、新西兰天维网、《欧洲时报》、《英中时报》等海外 11 家华文媒体共同推出的《你在他乡还好吗》视频专题，既是对海外华侨华人的节日关怀，又是一种"家"风传统的传递与延伸。

视频采访面对的是海外华侨华人、留学生群体，采集、整合他们对于"幸福""家人"的感受与心声。同时，借助镜头传递他们对祖籍国亲朋好友的思念与期许。

2015 年，对于在新西兰留学不到 2 年的 Mandy 来说是非常重要的一年。毕业、领证、找到喜欢的工作，在 Mandy 眼中，新西兰已经成为她的第二故乡。谈及父母时，镜头前的 Mandy 突然落下了眼泪，记者将这段影像保留在最终的视频中。从小到大没有离开过父母身边的 Mandy，第一次独自在海外过年。"希望父母生活得开心，妈妈越来越漂亮，爸爸少喝点酒"。

在视频搜集、剪辑的过程中，一些华人的真实表达，常常令记者感动。镜头前的他或是华裔政客、商人、普通职员，抑或是留学生情侣、刚刚步入职场的毕业生……谈及"家"时，总句句透露出思念；谈及"父母"时，最关心的常常是健康问题；而说到"自己"，为了让家人多一份安心，快乐的事总会多说些。

视频制作完成后，在中国侨网、中国侨网微信公众号、合作华媒公众号等多个平台展示，收到了热烈反馈。西班牙《欧华报》这样评论此次活动，《你在他乡还好吗》很温暖，华文媒体与国内的媒体联手制作以关注海外华人生活为主题的策划并不多见。华人的故事各不相同，但对"家"的情感却是一样的深厚。春节时，海外华人对家、对祖

（籍）国的思念，达到了最高点，这些镜头记录下了最真实美好的情感。

视频最终剪辑成两集《你在他乡还好吗·华人篇》与《你在他乡还好吗·留学篇》，围绕对幸福的定义、最想对家人说的一句话、2015年最难忘的一件事、身处异乡的困扰等问题设问，从不同视角探析发生在华人、留学生身上的真实故事，感受他们的喜与悲。

 幕后故事

对于海外华人华侨来说，尽管脚下的土地是五洲四海，沟通的语言各式各样，但无论环境如何变，他们心中的归属从未改变。他们依旧沿袭中国传统习俗过春节闹大年，讲着熟悉的中国春节故事；他们在各地举办中国春节活动，宣扬中国文化；他们通过视频《你在他乡还好吗》，表达自己对故土无尽的思念。有中国人的地方，就有中国故事，就有深远的中国文化。

故事一　"四海同春"采访：京剧与歌舞伎共鸣

中国侨网记者随国务院侨办"文化中国·四海同春"春节慰侨访演赴日本、韩国采访时，东京一站印象尤其深刻。在《通讯：从北京到东京　京剧与歌舞伎的"神"共鸣》一稿中，记者描述幸田秀莉对中国京剧的痴迷，在"四海同春"演出现场，幸田秀莉是在场为数不多不喜拍照、不热衷合影的观众。对此，她说："喜欢，也要有规矩。"

记者以为，幸田秀莉所说的"规矩"，应该是日本传统社会中人与人的定位，抑或是受压抑的民族性格，不可逾越的人际法则。这样一个穿着另类，举止优雅，行为特别的女人，任何一个记者都会很好奇。

她们是"伎"，不是"妓"。仅这一点，日本的幸田秀莉就给中国媒体人上了一课。日本东京的采访也是因为她才显得有些意思，记者采

访很直白，几乎所有的问题，她都会坦诚告知，比如为何从艺，比如为何离异，采访的顺利程度曾一度让记者怀疑其真伪，然而当记者询问身边的翻译、在日华人女性交流会会长姜春姬的意见时，这样的顾虑立刻打消，"像她这种情况，在歌舞伎里很常见，有工作到死的，也有一生不婚的"，姜春姬说。

幸田秀莉之前生活在日本的室兰市，这是北海道具代表性的重化工业都市，仅从艺伎的行业规律的角度来说，能从这里走到东京的人微乎其微。"自孩子出生后，丈夫更希望我能在家做一个相夫教子的贤妻。"幸田秀莉说，她自己曾经听劝尝试放弃，可最后还是会偷偷出去，挣点外快。也就是这样，随后的一切都发生了改变，与丈夫离异，独自抚养孩子。苦熬13年，20余张京剧光盘，毫不夸张地讲，京剧成了她从北海道的小剧场，走到东京歌舞伎座的必备技能。

"我第一次听的戏是《文昭关》，我惊呆了，旋律、韵律都是最真的艺术，热血沸腾，当时我就知道，这中国的京剧会伴随我一辈子"，她说，历史上歌舞伎发展的数次转折都与京剧有关，可以说京剧为歌舞伎的传承奠定基础，京剧给她的还有中国文化从善如流的一面。

如今，幸田秀莉已在东京工作，在东京歌舞伎座里，演员的名字统一写在小牌子上，按级别挂在剧场门外，而只有幸田秀莉的牌子里，多了"京戏"二字，显然她正试图给客人传递一些不一样的东西。

故事二 共同的文化根脉，中韩两国人民自觉传承

同样喜爱中国文化的还有一位韩国的大和尚，药泉极乐道场的住持性圆，记者采访他，是从走进他的庙门开始的。

2015年1月20日，"四海同春"访演艺术团参观药泉极乐道场，性圆大开山门，在大雄宝殿的阁楼里，性圆终于谈到了这个话题，"道场每年迎来数万中国信众及游客，他们看到道场破旧，慷慨解囊，他们

的捐助才使得这里重新修缮，他们是真善的，中韩政府的友好、民间的友好大局已定，我如何能逆?"

性圆说，自己从小就有一个去中国的愿望，这也是与中国缘分的开始。《三国志》《水浒传》是伴随性圆成长的书籍。也许是看见记者惊讶的神情，性圆说，小时候家里每年都要请僧人来家里诵经，所以他从小就受佛教的熏陶，聆听过僧人的开示，虽然后来出家了，但还是完成了留学中国的梦想。

能看能听懂中文的性圆还十分喜欢中国的文艺演出，但凡济州来了中国的演出团，性圆必是台下看客之一，他认为，韩国与中国的文化渊源很近，如果排除狭隘的民族偏见，从两国的文化历史谱系中寻根溯源，则可发现两国文化根脉的亲缘性，共同的文化根脉内在地规约彼此的文化承传。其实，在茫茫的宇宙中，人类是一个共同体，在文化传播的过程中，不是文化在选择人，而是人在选择文化。

故事三　讲好中国故事，树立良好国际形象

世界上任何一个国家和民族，都拥有自己的文化制度、道德和价值体系、生活方式。文化的整体性和综合性，是维系一个国家和民族生存和发展的重要前提之一。讲好中国故事，传递中国声音，不只是积极应对现实威胁和挑战的措施；更是在国际舆论场上，树立良好的国际形象，提高中国国际社会地位的重要举措。

杨健，新西兰国家党国会议员，也是新西兰唯一的华裔现任国会议员。20 世纪 90 年代杨健出国求学，踏上了在异国他乡奋斗的艰辛道路。2011 年，他在新西兰近 20 万华人中脱颖而出，成为该国历史上第一位在中国内地接受高等教育后移民并当选议员的华人。杨健在接受中国侨网记者采访时表示，在异乡生活 16 年的他，对自己目前的工作、家庭生活表示很满意，他说："我去过很多西方国家，但更爱这里。一

个很重要的原因，是她的开放性远超其他西方国家。一个在新西兰仅仅生活了十几年的中国移民能够进入国会，就充分证明了这一点。"作为国会议员，杨健希望海外华人在异乡树立落叶生根的理念，安居乐业融入当地社会，同时也希望华人密切与祖籍国的关系，他认为这是双赢的。

因为妻子、孩子都在新西兰生活，杨健不能陪在国内的父母身边。2015年6月，他回到上海陪父亲做了手术。"父母年纪大了，虽不能在他们身边尽孝心，但如今的通信手段这么发达，国内的医疗环境日趋完善，父母的晚年生活总体是很幸福的，也令在异乡生活的我踏实、放心。"近几年，杨健为推动中新两国友好关系发展与维护新西兰华人权益作出了许多贡献。

正如"文化中国·四海同春"港澳艺术团团长、国侨办宣传司副司长刘为杰所说："要帮助华侨华人提高中华文化的认同与自觉；要向全世界展现和传播中华文化的精髓和几千年积累下来的文化艺术思想精品；促进中华文化与其他文化的交流、交融，体现中华文化的包容性。"我们希望用更高的定位，博采众长，厚植侨社，创新发展，以侨为桥，更好地弘扬中华文化，传播中国声音，凝聚海外侨胞正能量，同圆中国梦。在讲好中国故事中，让春节文化"走出去"，是一次值得关注的，以中国为主场，以中国文化为中心的典型案例。

中国—东盟信息港千帆竞发

——广西网信办承办中国—东盟信息港论坛

【导读】

　　中国—东盟信息港建设是中国—东盟合作的重点项目，它借助"互联网＋"的翅膀，以深化网络互联、信息互通、合作互利为基本内容，构建以广西为支点的中国和东盟信息枢纽，推动互联网经贸服务、人文交流和技术合作，发展更广范围、更宽领域、更深层次的互联网经济，携手共筑"信息丝绸之路"，对于推动"一带一路"战略落地生根，建立更为紧密的中国—东盟命运共同体，具有重要意义。

　　以"互联网＋海上丝绸之路——合作·互利·共赢"为主题的中国—东盟信息港论坛 2015 年 9 月 14 日在广西南宁闭幕。为期两天的中国—东盟信息港论坛由国家互联网信息办公室、国家发展和改革委员会与广西壮族自治区人民政府共同主办。为做好本届论坛的宣传报道工作，广西网信办制定了《中国—东盟信息港论坛宣传报道方案》，对宣传报道工作作出总体部署和具体安排。在国家互联网信息办公室和自治区党委宣传部的支持下，本届论坛的宣传报道工作实现了全媒体联动、全视角切入、全方位解读，展现了中国友谊与传承，宣传效果显著，影响广泛。

　　关键词：中国—东盟信息港论坛　海上丝绸之路　跨境电商　广西网信办

《中国—东盟信息港论坛》专题页面截图

"中国—东盟信息港"这一构想是 2014 年 9 月举办的中国—东盟网络空间论坛首次提出的，其内容包括共建基础设施、信息共享、技术合作、经贸服务、人文交流五大合作平台，构想提出后得到东盟各国代表的普遍认同和积极响应。从中国到东盟的双向跨境电子商务、从"中国风"到"东盟味"的网络文化互动、从抓赌到反黑客的合力打击网络犯罪……一条光缆连起了中国与东盟 11 个国家，书写着"互联网改变区域"的故事。

2015 年 9 月 13 日，中国—东盟信息港论坛在广西南宁开幕。时任国家网信办主任鲁炜在开幕式上表示，中方将与东盟各国紧密合作，使中国—东盟信息港成为建设"21 世纪海上丝绸之路"的信息枢纽，让中国与东盟各国共享网络发展成果。为做好本届论坛的宣传报道工作，广西网信办制订了宣传报道方案，对宣传报道工作作出总体部署和具体安排。

中国—东盟信息港基地正式揭牌

9 月 13 日在广西南宁召开的中国—东盟信息港论坛上，中国—东盟信息港基地正式揭牌。按照规划，在南宁市五象新区，中国—东盟信息港南宁核心基地将拔地而起。

中国将推动设立中国—东盟信息港建设基金，依托亚投行、丝路基金，加大信息基础设施投入，建设中国—东盟信息港门户网站，大力推进互联网普及，打破信息壁垒、消除数字鸿沟，与东盟国家共享经济金融、教育科研、医疗卫生、灾害预警等方面的信息服务，助推区域扶贫事业，让信息港建设惠及中国和东盟各国人民。

广西将一手抓"硬件"保障，一手抓"软件"服务，加快通信基础设施互联互通建设步伐，构建连接中国和东盟各国的跨境陆海网络通道；做实互联网产业基础，重点发展面向东盟的跨境电商、网络动漫、云计算及大数据等产业，推动区域经济合作向纵深发展；重点搭建智慧城市、智能电网、远程医疗等技术交流和项目合作平台，畅通中国与东盟国家互联网领域交流合作渠道。

全媒体、全视角、全方位宣传报道

为做好本届论坛的宣传报道工作，广西网信办制订了《中国—东盟信息港论坛宣传报道方案》，对宣传报道工作作出总体部署和具体安排。在国家互联网信息办公室和自治区党委宣传部的支持下，本届论坛的宣传报道工作实现了全媒体联动、全视角切入、全方位解读。

其一，中央媒体强力主导舆论

中央新闻媒体充分发挥主流舆论阵地作用，全力做好本届论坛的宣传报道工作。《人民日报》刊发《"共享信息丝绸之路"红利　中国—东盟信息港论坛举行　拟推动设立信息港建设基金》的报道；新华社刊发《中国—东盟信息港打造"10＋1"合作"信息海丝"》《让更多企业共享信息丝绸之路红利》等新闻；中央电视台在《晚间新闻》栏目对论坛开幕式进行了报道；光明日报刊发《中国—东盟信息港论坛在南宁开幕》《搭建各国互联互通"网上港口"》等稿件；中新社刊发《中国—东盟信息港基地广西南宁揭牌》《中国—东盟信息港建设驶入快车道》《将从五方面建设中国—东盟信息港》《互联网＋海上丝路助推中国东盟合作迈进钻石十年》等报道；《中国青年报》刊发《打击网络犯罪需要运用互联网思维》等文章。

其二，地方和专业媒体的宣传细致多彩

自治区和南宁市媒体以"中国—东盟信息港"为主题，利用重要版面和时段，运用专版、综述、评论等方式集中报道。《广西日报》《南宁日报》连续两天在头版头条刊发新闻，广西卫视对论坛开幕式进行全程直播。凤凰卫视、《南方都市报》《新京报》《中国东盟博览杂志》《网络传播杂志》也从不同视角对论坛进行报道。

其三，新兴媒体宣传快捷灵动

广西网信办组织人民网、新华网、广西新闻网等重点新闻网站对论坛开幕式进行直播，并协调这些网站开设专题专栏，充分运用文字、图片、音视频等多种形式，有效整合微博、微信、手机报、客户端等新媒体资源，多角度全方位对论坛进行宣传报道，形成强大的舆论声势。截至9月16日，通过搜索引擎检索，网上涉及本届论坛的页面达59万多个，新闻报道（含转载）6200多篇。论坛闭幕后，不少媒体又作了后续报道。浓墨重彩、有声有色的宣传报道，营造了热烈浓厚的舆论氛

围，提高了论坛的知名度，扩大了论坛的影响力。

东盟各国凝聚共识，成果突出

在为期两天的论坛上，中国和东盟各国的 280 多位政府、企业和学术界代表围绕中国—东盟信息港建设、电子商务、网络文化建设、网络安全等重大议题，共同探讨发展之策。"政府搭台、企业主体、市场行为、互惠互利、实现共赢"的合作理念深入人心，得到广泛响应。

东盟各国代表认为，建设中国—东盟信息港正逢其时、乐见其成。老挝代表表示，愿在互联互通、电子商务、大数据、移动互联网服务以及互联网安全等领域强化与中国的合作；柬埔寨代表强调，国与国之间应该互联互通，不能画地为牢成为信息孤岛；新加坡代表指出，建设中国—东盟信息港，实现中国与东盟国家互联互通，需要大家同心协力、同舟共济；印度尼西亚代表希望，中国—东盟信息港建设要港港相连，造福于民。

本届论坛凝聚了广泛共识，取得了诸多成果。

一是提出了网络空间合作的八项倡议。在论坛闭幕式上，国家互联网信息办公室副主任庄荣文代表主办方提出了网络空间合作的八项倡议，得到东盟各国的积极响应。这为深化中国与东盟国家在互联网领域的交流互鉴，促进多边合作，推动共建共享打下了良好的基础，同时也为构建国际网络空间新秩序增添了正能量。

二是完善了中国—东盟信息港的规划和构想。论坛举办期间，与会嘉宾围绕中国—东盟信息港建设建言献策，提出了不少真知灼见，为推动信息港建设提供了智力支持和理论支撑，是中国—东盟信息港建设的宝贵财富。

三是推动了中国和东盟在网络建设管理等方面的合作。论坛举办期间，中国国家互联网信息办公室与老挝邮电部签署了《网络空间合作与发展谅解备忘录》，并与印度尼西亚有关部门达成了广泛的合作意向，新华社启动了中国—东盟货币指数、泛北部湾经济指数的编制和研发工作，把中国与东盟在网络建设管理等合作推上了新的境界。

四是提升了广西的影响力和国际形象。海内外众多媒体在浓墨重彩宣传信息港论坛的同时，也充分宣传了广西，展示了广西社会稳定、经济繁荣、民族团结的大好局面，提升了广西在海内外的知名度和美誉度。

从构想到现实，中国—东盟信息港建设方兴未艾。广西正在推进与东盟五网同建，其中包括信息网，中国联通 2010 年在南宁设立了中国第四个国际通信业务出入口局，随后开通了南宁国际直达数据，已经实现与越南、老挝、缅甸、马来西亚、新加坡、菲律宾、印尼等国的直接互联。跨境贸易方面，南宁成为中国国家级跨境贸易电子商务试点城市，引入了京东、腾讯、阿里巴巴等一批龙头电商企业，2014 年广西跨境人民币结算量达 1561 亿元，居中国中西部地区和边境省区第一位。广西发起设立中国—东盟信息港股份有限公司，规划建设中国—东盟信息港南宁基地。

新加坡、缅甸、柬埔寨等国家相关政府部门负责人表达了共建中国—东盟信息港的迫切需求。各国通信企业代表也纷纷表示，要积极参与中国—东盟信息港建设，让网络化、信息化更好地驱动中国—东盟"钻石十年"的全方位合作。

 **幕后故事**

故事一　迎难而上　密切配合　积极承办

2014 年 9 月 18—19 日，首届中国—东盟网络空间论坛在南宁举行。时任中央网信办主任鲁炜在主旨演讲中提出打造中国—东盟信息港，共建基础设施、信息共享、技术合作、经贸服务、人文交流五大平台，得到大家的认同和积极响应。习近平主席对建设中国—东盟信息港高度重视，国家网信办、发改委等部门会同广西壮族自治区研究制订了信息港建设方案、中国—东盟信息港建设重大专题研究及规划编制工作方案。广西认真落实习近平总书记关于广西在新的历史时期的定位，着力构建面向东盟的国际大通道，打造区域发展的战略支点和"一带一路"有机衔接的重要门户，积极推动信息港建设，广西发改委还安排专项经费用于开展中国—东盟信息港建设前期研究。

中央领导对本届论坛高度重视，习近平、刘云山亲自审定了中国—东盟信息港论坛总体方案。中央网信办一直把举办本届论坛作为服务国家周边外交战略、推动中国与东盟务实合作的大事来抓，时任中央网信办主任鲁炜多次听取信息港论坛筹备工作情况汇报，提出明确要求。论坛开幕之前，国家网信办派出先遣工作组，现场指导会场布置、会议组织、嘉宾接待等工作。广西领导们对举办本届论坛非常支持，及时帮助广西网信办解决论坛承办经费问题，要求抓紧与国家网信办及自治区发展改革委、自治区博览局沟通对接，全力以赴做好论坛各项筹备工作。广西网信办同志充分发挥积极性和创造性，迎难而上、主动作为，尽职尽责、尽心尽力做好每一项工作，如期完成了头绪繁多的承办任务。

故事二 分设 6 个小组 精心组织，强力执行

广西网信办以国家互联网信办公室制定的《中国—东盟信息港论坛总体方案》为依据，及时制订《中国—东盟信息港论坛承办方案》，对承办工作作出总体部署，成立了中国—东盟信息港论坛承办工作领导小组，全面负责论坛承办工作。领导小组下设综合协调组、文件资料组、外事礼宾组、新闻宣传组、会务保卫组、跨部门协调组等 6 个工作小组。

国家网信办国际合作局的工作人员提前一个星期到南宁与会务组的同志加班加点制作《中国—东盟信息港论坛会议手册》和《中国—东盟信息港论坛工作手册》，国际合作局的工作人员连续三个晚上和广西的会务组的同志在会议室审稿核稿，还去印刷厂通宵熬夜定样稿，饿了就去吃碗米粉，累了就是在会议室打个盹。

各工作小组根据两个手册安排的各自职责，分别制定文稿起草、证件办理、食宿安排、会场布置、会议翻译、嘉宾接送、参观考察等多个工作细案，对各自负责的工作或活动进行任务分解，明确完成时间，落实具体负责人员，使各项筹备工作有案可依，有人执行。领导小组多次听取汇报，加强督察，协调组加大督办力度，加快筹办工作进程。由于组织严密，推动有力，整个筹备工作忙而不乱，有条不紊，确保了各项筹备工作如期顺利完成。

故事三　细致周到，热情服务，做好国际接待

广西网信办把接待工作作为一项重要任务抓好落实。论坛筹备期间，专门邀请有关专家对参加接待的工作人员和志愿者进行培训，传授礼仪知识，讲清注意事项，要求大家端正服务态度，热情礼貌、周到细致地做好接待服务工作，树立广西良好形象。

论坛举办期间，负责接待的同志按照相关工作细案的安排，认真完成各项接待任务。在嘉宾接送方面，协调区直宣传文化系统10个单位分别接送东盟10国代表团，为每个接送单位配备一辆车况良好的中巴车，协助落实贵宾礼遇，并安排1名懂外语的志愿者全程陪同服务。前方工作人员在机场接到嘉宾后，后方工作人员提前办好入住手续，保证客人到达荔园山庄后及时入住，减少等候时间。在饮食安排方面，要求荔园山庄精心设计菜单，尽量做到每餐的菜品不重复，同时特别注意了解参会嘉宾的饮食禁忌，按其要求提供中西餐或清真餐。在参观考察方面，根据提前到达的中外嘉宾的意愿，分批组织参观广西民族博物馆、广西规划馆、青秀山中国—东盟友谊长廊、中国—东盟信息港园区、南宁保税港区中国—东盟跨境电子商务平台、中国联通沃易购电子商务平台。细致周到的接待服务，展示了广西人民热情好客、文明礼貌、淳朴友善的精神风貌，受到国家互联网信息办公室和参会代表的一致肯定。

"千年潮未落，风起正扬帆"。乘着"一带一路"的东风，顺着"互联网＋"的浪潮，中国—东盟信息港已千帆竞发，破浪前行。随着中国—东盟信息港建设的推进，信息港正在成为连接中国与东盟的"网上丝绸之路"，同时也是海上丝路合作的"神经中枢"。广西网信办也会持续做好后续相关工作，为使中国—东盟信息港成为建设"21世纪海上丝绸之路"的信息枢纽，以及中国与东盟各国共享网络发展成果作出贡献。

从历史走向未来　从国际走向中国

——国际在线《老友记——抗战中的国际友人》

【导读】

习近平总书记在 2013 年全国宣传工作会议上强调，要精心做好对外宣传工作，创新对外宣传方式，着力打造融通中外的新概念、新范畴和新表述，"讲好中国故事，传播好中国声音"。"向世界报道中国，向中国报道世界"，这是国际在线网站的标语口号，做好外宣工作，一直是国际在线的核心工作之一，是国际在线各个业务线策划选题、开展活动、创新报道形式、展现报道内容的出发点和落脚点

2015 年 9 月 3 日，在纪念中国人民抗日战争暨世界反法西斯战争胜利 70 周年的阅兵活动中，有一群特别的来宾，他们是来自 15 个国家的 100 多位抗战中的国际友人及代表，这些国际友人当中有军人、医生、记者，虽然都已离我们远去，但他们的名字却永远留存在中国人民的心中。国际在线集束重磅推出《老友记——抗战中的国际友人》系列专稿，向那些在艰难岁月里和中国人民一起并肩战斗的国际友人致以深深的敬意。国际在线共刊登了斯诺、柯棣华、库里申科、爱泼斯坦、马海德、陈纳德、原清志、蒙哥马利等八位抗战国际友人的稿件，中华民族是重情义、懂感恩的民族，对于 70 年前那些不远万里来到中国，直接参与或支持中国抗战，甚至付出宝贵生命的国际友人，中国人民始终铭记在心，须史不敢忘怀。

关键词：中国故事 国际友人 国际在线 抗战胜利70周年

国际在线《老友记——抗战中的国际友人》专题页面截图

国际在线推出《老友记——抗战中的国际友人》系列专稿，引发国内外多家网络媒体大量转载，国内外网友们的热情关注一直在持续。

一、两线作战 国际友人事迹流芳千古

在纪念抗日战争胜利70周年之际，中国国际广播电台《国际在线》精心策划了《老友记——抗战中的国际友人》专题，系列报道涉及的8位国际友人，分别是飞虎队将军陈纳德、美国记者埃德加·斯诺、援华医生柯棣华、外籍共产党员爱泼斯坦、"对外广播第一人"原清志、苏联飞行员库里申科、最早参加抗战的外国人马海德、英国陆军元帅蒙哥马利等。2015年7月名单确定后，国际在线采取"两线作战"方案，

一方面，动员了常驻美国、英国、印度等国的记者；另一方面，则安排在北京、重庆、沈阳等国内多地的采访。历时 2 个多月的采访，一波三折，记者们不辞辛苦，采访到了陈纳德的外孙女、马海德的妻儿、爱泼斯坦的遗孀、原清志的外孙、蒙哥马利之子，并走访了《西行漫记》作者斯诺的故乡，还有 70 余年坚持为牺牲的苏联飞行员库里申科守墓的重庆母子……结束采访后，记者饱含笔墨写成《老友记——抗战中的国际友人》系列稿件 10 篇，制作专题页面 1 个，在国际在线发布，文章一经发布，在很短的时间内形成了全球范围内的规模传播效应。

"今天，让我们一起，向这些在艰难岁月里和中国人民一起并肩战斗的国际友人致以深深的敬意。"系列报道的开篇语，满怀深情，率先将网民引入一种致敬的氛围，带动全球网民读者与记者一同走进那场艰苦卓绝的抗日战争，看到一个又一个远涉重洋甚至将生命牺牲在此的、给予中国人民最无私帮助和支援的外国友人的故事。这些逝去的故事穿越时间的隧道，冲破历史的雾霾，清晰而又完整地走进我们的视野。

这些带有国际符号的中国故事在中国抗日战争胜利 70 周年系列纪念活动宣传报道中，成为浓墨重彩的一笔。全球网民的视线，从 2015 年 9 月 3 日这个具有历史意义的时刻，从中国北京这个发源地，从纪念中国人民抗日战争暨世界反法西斯战争胜利 70 周年的阅兵活动中国际友人的专队，转落到国际在线推出的《老友记——抗战中的国际友人》系列报道，人们在网上争相阅读，故事有古今，网络传播通全球，这些发自国内外第一现场的中国声音得以在国内外迅速传播。

10 篇系列报道中的国际友人的故事，有的网民们耳熟能详，有的鲜为人知，但英雄事迹同样打动人心，故事还从历史延展这些国际友人们在抗日战争结束后，不同的命运沉浮和持续的生命力与精神的传承，网民们在第一时间阅读，并发表评论，表达着一份感动与感激，并热切地与周围的朋友们分享。国际友人的事迹流芳千古。

二、以史映今　国际主义精神永传承

《老友记——抗战中的国际友人》系列报道在世界范围引起不同反响，离不开国际在线的精准定位，"我们的故事外国人愿意听、听得懂，入脑入心，引发共鸣"，国际在线将讲好抗战时期国际友人故事的关键点放到这四个层面来操作。这些"中国故事"是国际在线向国内网友讲述的老朋友的老故事，也是向全世界网友讲述的中国新时代背景下的新故事。在采写过程中，记者们不忘将老故事和新的时代背景结合，结合当今世界和中国发展现状，给文章打上时代的烙印，奏响时代的强音。

（一）身处逆境，心系中国，促中美文化交流

中国国际广播电台驻美国记者首先走访斯诺故乡——美国密苏里州堪萨斯城，在那里深情写下《发扬斯诺精神　为中美友好续写新篇章》，并附有 17 张最新拍摄的新闻图片。这位美国著名作家和新闻记者是中国人民最熟知的老朋友之一，他的《红星照耀中国》（中译本名为《西行漫记》）于 1937 年在英国出版，便轰动世界，同时也得到无数中国读者的追捧。他的作品让西方第一次了解了红色中国，但同时他也被贴上了共产党的标签而受到迫害，随着时间的流逝，此后没有一个西方新闻机构敢雇用他，写的文章得不到发表，出走欧洲。在那个时期，美国人对斯诺几乎一无所知，也令他在新闻事业上的成就被严重地低估甚至无视，在寻访斯诺早年生活轨迹的时候，记者所碰到的当地人也从未听说过他。

在美国受到迫害不得不客居欧洲，斯诺这位国际友人，依然心系中国共产党和共产党领导的新中国，长期向全世界宣传和介绍中国人民的革命和建设事业，增进西方各国人民对中国的了解。新中国成立后，曾先后三次来华进行访问，他给在美国的朋友写信，鼓励他们到中国

去。受斯诺影响的外国朋友们正在以斯诺的名义推动今天的中美交流，由此作者将斯诺的精神和他对中国的感情将永远激励着中美两国人民为两国友好不断续写新的篇章作为结尾，令网民从历史走向未来，有史有据，是一篇以史映今的好作品。

（二）促青年人交往，延续中印友谊

中国国际广播电台记者专访了柯棣华的三妹马诺拉玛，并带着发现的眼睛为网民勾勒出柯棣华的跨国之爱，动情地写下《马诺拉玛：把柯棣华精神和中印友谊延续下去》的文章，开篇即写："柯棣是他的姓，到中国后为了表示在中国奋斗的决心，在姓后加了'华'字。"一语胜千言，柯棣华的形象瞬间屹立。作者随后立即写道："1942年7月7日抗战五周年纪念日，柯棣华加入了中国共产党。"这种简洁叙述的方式使柯棣华的热爱中国之心沁入网民的脑海。

时光荏苒，记者专访了作为柯棣华大夫的亲属马诺拉玛，并将她长期致力于增进印中友好的故事呈现出来，同时向读者传达中国国家主席习近平2014年访问印度及李克强总理2013年访问印度时一起回忆柯棣华对中国作出的贡献的故事。文章最后，记者写上了一段值得思考的话，"为了继续增进双方友谊，马诺拉玛说她最担忧印度的年青一代，因为他们很少有人知道柯棣华的名字。她希望两国一起创造条件增强中印年轻人之间的交流，把柯棣华大夫的精神、把中印友谊一直延续下去"，这成为此次采访的点睛之笔。

虽然这些人物的相关事迹，媒体早有报道，但是本次记者采访更侧重于抗战结束后这些国际友人与中国之间的故事。这些国际友人，有人离开了中国，却与中国有着难以割舍的情缘。有人留在中国，为新中国的建设继续添砖加瓦。

（三）以史为鉴　见证中国

在《老友记——爱泼斯坦曾立誓：一定要看到日本侵略者滚出中国》一文中，作者采访的对象是爱泼斯坦的遗孀黄浣碧女士，在接受采访时，她深情地介绍："战乱时期，他的笔是一支战斗的枪，和平建设时期，他时刻关注中国的建设，90 载岁月，82 年在中国，爱泼斯坦为中国工作了 73 年。爱泼斯坦先生既是中国抗战历史的见证者，更是中国革命的参与者，把一生都奉献给了中国。"

抗日战争爆发后，随着战局变化，作为战地记者的爱泼斯坦奔赴上海、南京、武汉、广州等硝烟弥漫的抗战第一线采访，真实生动地传播了中国军民顽强杀敌的报道，所写 20 余篇通讯在《纽约时报》发表，并收入《中国未完成的革命》一书，1947 年在美国出版，被译成德、波、匈等多种文字，向全世界介绍了中国的抗日战争。1944 年夏，爱泼斯坦作为《联合劳动新闻》《纽约时报》和《时代》杂志的记者参加了到延安等地采访的中外记者团，并会见了毛泽东，二人坦诚热烈地各抒己见，主要谈论了国际反法西斯战争等问题。据爱泼斯坦后来数次回忆说："令我一生难忘的是 1944 年初夏的延安之行，我看到了中国的未来，当时我就坚信，新中国一定会在中国共产党领导下产生。"

新中国成立后，他参与创办《中国建设》杂志，1957 年加入中国籍，1964 年加入中国共产党。他记录中国的现代化建设，几乎走遍了整个中国，著有《人民之战》《中国未完成的革命》《西藏的变迁》和《见证中国——爱泼斯坦回忆录》等许多反映中国革命、建设、改革的新闻报道和专著。至今，黄浣碧还在爱泼斯坦曾经建立的一些组织当中承担职务，并积极参与活动。"爱泼斯坦在遗嘱中写过，希望把自己的藏书捐助给社会，能让广大的读者受益。前段时间我代表他，向清华图书馆捐书 6000 多册。"在接受记者采访时，黄浣碧说，爱泼斯坦一生被称作是"见证中国、写作一生"，现在对年轻人进行爱国主义的教育是十分重要的，年轻人要学会以史为鉴，要更多地考虑到国家的发展。

（四）隐形的抗战英雄，戎马一生的使命是"和平"

记者采访蒙哥马利元帅之子，这位躺在病床上的老人非常认真地告诉记者，"父亲蒙哥马利元帅指挥的战役都在非洲和欧洲战场，并没有直接帮助中国抗战"，记者在文中写道，蒙哥马利元帅并没有参加过中国的抗日战争甚至远东战争，不过蒙哥马利元帅仍然当之无愧堪称中国人民的朋友。他出色地指挥了"阿拉曼"以及"诺曼底登陆"等一系列著名的战役，逆转了第二次世界大战欧洲局势，使盟军反败为胜；这些胜利对当时全世界的战局都起了重要作用，对中国抗日战争取得最后胜利起到了不可低估的助推作用。他是中国隐形的抗战英雄。

在《蒙哥马利元帅：助推中国抗战　曾伴毛主席游长江》一文中，记者写道，这是一个热爱美好生活的家族，跟千千万万中国人民与世界人民一样。或许蒙哥马利元帅来到世上并戎马一生，只是为了完成一个使命：和平。元帅之子在采访的尾声发出了这样的感慨：中国现在是如此生机勃勃、如此充满活力；经济是如此强劲发展；她在全世界的地位是如此地重要……

（五）常怀感恩之心，母子守墓半个世纪

《老友记——忘不了的苏联飞行员库里申科》一文中，主角并不像前面二位为世人熟知，记者将镜头聚焦到这位在重庆万州献出了年轻生命的援助中国人民抗日战争的苏联空军飞行大队长库里申科。记者采访的是重庆库里申科烈士墓园的守墓人魏映祥，记者写作采用白描手法产生的震撼力令文章过目难忘——"70多年来，库里申科并不孤独，中国人民没有忘记这位英雄，魏映祥和他的母亲谭忠惠已为他守陵半个多世纪。这对普通中国母子的故事去年被拍成了电影，片名叫做《相伴库

里申科》"。

"2000多名苏联飞行员参加了援华志愿飞行队，帮助中国抗击日本侵略者，有200多人牺牲在中国战场。"2015年5月7日，习近平主席在俄罗斯媒体撰文时所言，让人们回望历史。中俄人民在反法西斯和军国主义的战斗中相互支持，相互援助，并肩战斗的情景再次浮现。据中国专家研究资料和俄罗斯驻华使馆提供的数据，中国抗日战争胜利后，各地修建的苏联红军抗日胜利纪念碑、苏军烈士纪念碑、苏军烈士陵园和苏军烈士墓达百余座。包括魏映祥母子，这些烈士墓的守墓人都怀着一颗感恩的心，默默守护着一座座苏军烈士陵园。

文章最后，记者将守墓人魏映祥的一段质朴的话记录在文中，"退休后我也是这么想的，我让我的儿子和孙子继续守好库里申科墓地。库里申科并不孤单，我们一定会长期把这个墓地守护好。"这段发自肺腑的言语感人至深，而讲好中国故事的目的，也正是希望引发更多的网民在为这些中国抗日战争中国际友人们的事迹感动的同时，更多地去思考其历史意义、现实意义，以及未来的人文价值与精神传承。

讲好中国故事，有两个重点。一是中国故事如何讲，二是如何选好故事。有时候，选好故事比讲好故事更为重要，《老友记——抗战中的国际友人》就是一则精心选取新闻素材的成功案例。

 幕后故事

2015年是世界反法西斯战争胜利70周年，围绕这个宏大的主题，该如何讲好中国故事，该如何做好对外宣传？专题策划人员在几次讨论后，找到了一个融通中外的切入点，那就是抗战期间外国友人们的故事，以及由此延续的一段中国人民与他们之间的历久弥新的情谊。通过对抗战期间援华国际友人亲属的寻访，缅怀和铭记国际社会给予中国的

巨大帮助，同时也从外国友人的视角，重温抗战历史，了解中国抗战对于世界反法西斯战争胜利所作出的巨大贡献。他们的故事，都值得再次被传颂、被铭记；他们的故事，是中国的故事，更是世界的故事。

一、扎实采访　值得回味的小故事

故事一　一个月的坚持使采访成功

记者通过采访渠道得到了爱泼斯坦的遗孀黄浣碧女士的联系方式，然而该座机长期无人接听，但记者依然每天拨打这个座机号码，近一个月过去，在记者就快要放弃线索的时候，电话终于接通了，原来老人之前一直住在国外的女儿家里，接通电话的当天，老人刚刚回到中国。听说了采访意愿后，老人非常愉快地与记者约定了采访的时间和地点，由此才诞生了这篇3000余字的稿件《爱泼斯坦曾立誓：一定要看到日本侵略者滚出中国》。

故事二　按迹索踪，寻求政府部门帮助

另一位受访者黄明先生，其外婆是"对外广播第一人"原清志。记者多方查找，也无法取得他的联系方式。最终，记者根据他"沈阳工程师"的身份和原清志老人生前的职务，向沈阳市委宣传部发函请求找人，得到了对方积极配合。在当地公安机关的协助下，记者最终得到了黄明先生的联系方式，从而顺利完成了采访。

故事三　最后一次接受采访，弥足珍贵

由于年代久远，受访者们多数是耄耋老人，他们口述的这些历史，也弥足珍贵。印度站记者早前在孟买采访了印度援华医生柯棣华的三妹马诺拉玛女士，通过她的讲述，人们进一步了解了柯棣华大夫这位伟大的国际主义战士不平凡的一生。2015年7月2日，马诺拉玛因心脏病

发作去世，对她的采访材料，也成为更为宝贵的历史资料……

从这几个故事中，记者也感受到，虽然采访过程有波折，但是无论是被采访对象，还是协助联系采访的机构，对待记者的态度都非常积极和热情，说明这个采访主题的设置，得到了广泛的认同和积极的评价。对于被采访这来说，他们能够借记者的笔再一次向社会讲述那些尘封的历史，直抒胸臆；而对于民众、社会和国家，这些资料更具有宝贵的历史价值和教育意义。

二、大背景下集中发布　网络推广效果显著

从内容上看，这些故事真实而又传奇，可读性强，同时，对这些素材进行的包装和通过网络传播推广，赋予了新闻作品第二次生命。从推广渠道和技术手段上，编辑在后期制作中，借助新媒体的呈现手段，采用 H5 形式集中展现采访成果，采取手指滑动翻页的样式，页面互动性强；通过满载历史感的封面设计，将读者带入那段充满硝烟战火的难忘岁月。产品在 PC 端和移动端多端发布，广泛推广，吸引了大批受众；国际在线官方微信连续刊发了这些国际友人的采访稿件，累计阅读量上千次。从内容到产品实现了一次采集、多端呈现的效果。

推出时机上，编辑也进行了精心挑选。据报道，"9·3"阅兵上，有来自 15 个国家的 100 多位国际友人受邀参加阅兵活动，也再一次印证了中华民族是重情义、懂感恩的民族。本批稿件在这一新闻背景下集中发布，契合宣传主题，得到了广泛关注。

总结起来，本次主题采访，还有很多不足之处，但若只谈经验和心得，《老友记》的成功之处在于前期策划，能够在"纪念反法西斯战争胜利 70 周年"这样一个宏大的背景中，按照观照中外的思路，另辟蹊径，取材新颖。这一题材能够得到网友广泛关注的原因，一是本身故事性强，具有可读性；二是稿件体现出了时代背景和现实意义。同时，

正如参与参访的记者所说，"这是属于中国的故事，也是属于世界的故事"，把这样的故事带到世界舆论场上去传播，会得到更多受众的支持和认可。

2016 年 2 月 19 日，习近平总书记在北京主持召开党的新闻舆论工作座谈会并发表重要讲话。他用 48 个字概括了在新的时代条件下，党的新闻舆论工作的职责和使命。在这 48 个字里面，"联接中外、沟通世界"是对新闻舆论工作的国际视野的强调，尤其需要我们长期从事外宣工作的新闻工作者学习、贯彻和落实。这是时代赋予我们的使命，也是外宣网站的新机遇和新挑战。作为身在外宣媒体的新闻工作者，要时刻思考：向海外世界展示一个什么样的中国？如何理解和认同中国？用什么样的手段和渠道才能让外国网友正确认识这个庞大国度的真实面貌？如何有效、及时地回应国际社会对中国的关切？笔者认为，只有精心做好策划，顺应受众的接受心理，契合网络传播规律，注重引导策略，讲究沟通技巧，我们才可能把中国故事讲好，把中国声音放大，营造国内外良好的舆论环境。

《老友记——抗战中的国际友人》这些系列"中国故事"，是国际在线向国内网友讲述的老朋友的老故事，也是向全世界网友讲述的中国新时代背景下的新故事。记者们不忘将老故事和新的时代背景结合，结合当今世界和中国发展现状，给文章打上时代的烙印，奏响时代的强音，也让这些中国故事，从历史走向了未来，也正如 2016 年 4 月 19 日中央网络安全和信息化领导小组组长习近平在北京主持召开网络安全和信息化工作座谈会并发表重要讲话时所强调的，"网络空间是亿万民众共同的精神家园"，讲好中国的故事，也是世界的故事；向世界报道中国，向中国报道世界，就是在共同构筑美好的网络精神家园。

后　记

在信息时代的舆论航船中成为掌握传播规律的舵手

如何把握信息时代传播规律？如何更好地发挥媒体的时代责任和历史使命以引导舆论？如何既强调新闻工作的党性，又不忽视新闻工作自身的规律性？一代又一代的中国新闻人，他们用灯塔般的时代巨笔，以每时每刻的殚精竭虑为人民共和国的新闻大厦奠基。讲好中国故事的读本就是这万千大厦中的一块基石。

"挖掘新题材，丰富新语言，探索新手法，创造新风格。"这是2002年习近平同志对中央驻浙新闻单位和浙江省主要新闻单位负责人提出来的期望。今天读来，如此穿透岁月年轮的色彩，不就是我们讲好中国故事的原则吗？

进入新时代，新闻舆论行业如何为改革汇聚合力，为中国梦的实现提供不竭动力？答案就是："把握好网上舆论引导的时、度、效，使网络空间清朗起来。读者在哪里，受众在哪里，宣传报道的触角就要伸向哪里，宣传思想工作的着力点和落脚点就要放在哪里。"这也是2014年2月27日，习近平主持召开中央网络安全和信息化领导小组第一次会议并发表的重要讲话。

关键在落实。

踏着时代"践行再践行"的强音，中国新闻人重整行装，开始了网络空间的新征程。这一次，我们将步伐迈进祖国的每一寸土地，让互联互通的天下大网成为我们展示中国人性之美的巨型广场，成为我们播撒中外友谊的连心桥梁，成为我们讲好中国故事的标本清样，成为网络空间中激浊扬清的利剑长缨，最终我们在这里呈现出一个又一个见微知著的中国故事，让网络空间每时每刻焕发出与时代同步的奋斗能量与乐彩华声。

值此，衷心感谢各地网信办、各新闻网站积极踊跃投稿，是你们一篇又一篇的勤奋书写和智慧创作让网民心智随行。一个又一个或大或小、入脑入心的中国故事，正在向着既定的目标——"铸精魂，润物无声；聚能量，悄然在焉"全力前进。

这场中国故事的网络书写，让我们又一次零距离——学综内外、化洽东西、融通天地。

讲好与时代同步的中国故事，是这个伟大时代赋予中国新闻人的新使命。我们看到数十万中国新闻人自觉地在此号角下集结，启后，承前，向着胜利——再出发！

2016 年 7 月